인텔리겐차는 더 이상 낡은 단어가 아니다.
80년대의 변혁과 열정, 90년대의 환멸과 냉소를 넘어 다시금 던지는 화두!
"지식인답게 산다는 것은 무엇인가."
'아는 만큼 살고, 사는 만큼 알기'를 꿈꾸는 인텔리겐차 4인의 내면 풍경.

인텔리겐차

인텔리겐차

'지금, 여기' 우리 지식인의 새로운 길찾기

장석만 | 고미숙 | 윤해동 | 김동춘

푸른역사

■ 일러두기

1. 실천적 지식인을 뜻하는 'intelligentsia'의 올바른 한국어 표기는 '인텔리겐치아'이다. 그러나 이 책에서는 70~80년대 사회화된 용어로서 광범위하게 통용되었던 '인텔리겐차'라는 단어를 사용하였다.

2. 독자들의 이해를 돕기 위해 인터뷰에서 오간 내용 중에 좀더 깊이 있게 소개할 부분은 본문 중간 tip에 정리하였다.

인텔리겐차는 낡은 용어가 아니다

1

삶이 힘겨울 때면 선배들의 삶을 훔쳐보곤 합니다. 홀로 완전한 성인(聖人)도 있는 듯합니다만, 평범한 이들에겐 자신의 모습을 비출 거울이 필요합니다. 화가들의 자화상을 보신 적이 있으십니까? 공재 윤두서(1668~1715)의 호랑이를 닮은 강인한 눈매는 신념과 원칙이란 단어를 떠오르게 하고, 네덜란드 화가 고흐(1853~1890)의 귀에 칭칭 감긴 하얀 붕대는 극한을 넘어 삶의 바깥의 울부짖음까지 옮기려는 한 인간의 고뇌를 생각하게 만듭니다. 그림이나 글 뒤에 서서 혀를 끌끌 차며 이쪽을 노려보는 선배들에게 말을 걸고 싶어집니다.

  인터뷰란 그런 것입니다. 풍문으로만 접하던 사람을 만나 그의 육성과 표정을 살피며 내면 풍경을 그려보는 것. 어둠 속에서 흙덩이를 쥐며 수맥을 찾는 뿌리처럼, 한 인간의 총체적 근원에 밀착해 들어가는 것.

  시간은 빠르게 흘러가고 삶은 언제나 경황없습니다. 우리가 《인텔리겐차》라는 인터뷰집을 기획한 것은 늦기 전에 그 선배들과 만나기 위해서입니다. 선배들이 지천명의 그림자 속으로 사라지기 전에 만나, 20대의 방황과 30대의 열정을 듣기 위함입니다. 추억과 낭만으로 덮이기 시작하는 70년대와 80년대, 그리고 90년대의 눈부신 지성과 단단한 실천을 불러들이기 위해, 그리하여 '제대로' 안다는 것이 무엇이고 '잘' 산다는 것이 무엇인가를 배우기 위해, 네 사람의 '인텔리겐차'를 마이크 앞으로 초대한 것입니다. 여기서 인터뷰를 요청한 '우리'는 80년대 후반에서 90년대 초반에 고등학교를 졸업하고 87년 민주화 운동과 페레스트로이카의 물결 속에서 20대를 보낸 후 30대로 접어든 이들을 통칭합니다. 우리보다 열 살 어린 후배들로부터 우리보다 열 살 많은 학자이자 실천가인 선배들까지를 모두 아우르는 대화와 토론의 장을 마련할 수는 없을까? 하는 고민의 결실이 바로 《인텔리겐차》입니다.

인텔리겐차!

이 단어는 지식인 혹은 지성인과는 다른 느낌을 가지게 합니다. 어원을 굳이 따지지 않더라도, 우리는 이 단어에서 앎과 삶을 하나로 만들기 위한 인간들의 피와 땀, 눈물을 봅니다. 지식인이 기능인으로 격하되는 이 시대에 우리는 개인의 삶과 공동체의 역사를 하나로 묶으려고 시도하는 이들을 감히 '인텔리겐차'라고 부르려고 합니다. 이 책을 읽고 더 많은 '인텔리겐차'가 양산되기를 바라는 것이 우리의 바람입니다.

2

　새로운 지식 생산의 공간과 주체가 서서히 만들어지고 있습니다. 자생적인 연구단체·새로운 성격의 사회교육 단위·인터넷에 기반한 자생적인 네트워크·지식정보를 다루는 기업의 연구조직 등이 기존 제도가 포괄하지 못하는 지식과 담론을 생산하고 수용하는 새로운 공간적 중심이 되고 있습니다. 낡아버린 대학 시스템의 바깥에서, 그리고 이전과 다른 개념을 띤 대학에서 활발한 생산력으로 앎의 편재 방식과 내용을 바꿔나가는 사람들도 있습니다.
　장석만·김동춘·윤해동·고미숙 선생은 이러한 실천의 주체입니다. 그들은 기존 시스템과 관계망에 적당히 타협하거나 적응하는 것이 아니라, 대안적인 학문적 실천을 직접 조직하거나 경험함으로써 원하는 것을 얻어내려는 전략을 구사합니다. 이러한 실천을 통해서만이 학문의 발전과 더불어 개인적 삶도 고양될 수 있다고 판단하는 듯합니다.
　《인텔리겐차》는 2001년 겨울부터 2002년 봄 사이에 네 분과 가졌던 인터뷰와 그들이 참여한 좌담으로 구성되어 있습니다. 불혹을 지나고 있는 그들이 가르쳐주는 삶의 방식과 앎의 방법은 우리 인문·

사회과학과 지식인들이 어떤 경계적 상황에 놓여 있는지를 상징적으로 드러내는 시금석입니다.

우리는 이 책에서 우리의 선배이며 동시에 우리 후배의 스승인 그들의 다양한 표정을 봅니다. 그들은 70년대 중·후반에 대학을 다니기 시작하여 학생운동과 마르크스주의의 세례를 입었으며, 90년대 이후의 '환멸'과 새로운 풍파를 겪으면서도 학문과 실천의 길을 꾸준히 병행하고 있습니다.

그들이 걸어온 삶의 길과 앎의 과정은 마르크스주의의 풍미와 스러짐, 근대성의 독재로부터의 탈출 과정을 보여줍니다. 또한 선배들은 한국 역사학과 종교학, 사회학과 문학의 영역에서 지난 20여 년간 한국학 연구, 또는 한국적 근대에 대한 연구의 패러다임과 주조(主潮)가 어떻게 변화했는지를 자신의 방식대로 설명합니다. 특히 이 책을 통해 우리는 한국학 연구의 거대한 뿌리를 이루는 담론과 태도로서의 '민족주의'와 이에 대한 '탈근대론'적 비판의 근거를 살필 수 있습니다.

3

장석만·고미숙 선생은 '근대'가 그 속의 인간들에게 강요하는 억압과 그로부터의 탈출에 관심이 많습니다. 근대로부터의 탈주는 사유와 언어의 틀을 근대성의 바깥으로까지 확장할 때 가능하다고 주장합니다. 그들은 또한 앎의 길과 삶의 길을 일치시키려고 끝없이 노력하고 있습니다. 각각 〈한국종교문화연구소〉와 〈수유연구실〉을 이끌며 제도의 '바깥에서' 삶의 '다른 길'을 모색하는 그들의 행보는 각자의 공부 주제와 결코 무관하지 않습니다.

시민단체에서의 활발한 활동을 통해 더 잘 알려진 성공회대 사회과학부의 김동춘 선생은 '탈근대론'이 갖는 이론적 의의를 인정하면서도 '근대의 완성'이라는 프로젝트가 갖는 실천적 의의가 여전히 유효하다고 주장합니다. 이에 비해 윤해동 선생은 '결여' '완성' 등의 관점에서 한국의 근대를 사고하는 방식에, 근대에 대한 서구적 이념형이 작동하고 있음을 지적하고, 나아가 민족주의 담론이 근대 한국사를 제대로 보는 데 장애물이 되기 시작했음을 예리하게 짚습니다.

마르크스주의와 '한국적 근대'를 공통의 지적 출발점이자 사유의 제재로 가지고 있다는 것은 곧 근대 한국 지식인의 계보를 반성하게 만듭니다. 이 책에 등장하는 네 명의 선배는 '인텔리겐차'의 존재 조건에 대해서 다양한 양상의 '실천'을 통해 각각 흥미로운 답변을 내리고 있습니다. 달라진 지식 생산의 조건이 이들에 의해서 어떻게 새로운 실천의 토양으로 활용되고 있는지를 살피는 것은 독자들의 몫이 될 것입니다. 선배의 앎과 삶을 듣고 읽는 과정에서 자신의 미래를 발견하는 행운이 찾아들기를 빕니다.

《인텔리겐차》는 분명 어떤 세대적 공감대 위에서 출발하고 있으나 인간과 사회에 대한 보편적 물음을 담고 있습니다. 앎과 삶의 합일―아는 만큼 살고 사는 만큼 알기―을 추구하는 것은 실존적 삶에 의미를 부여하려는 모든 이들의 바람입니다. 이 책은 그 길에서 용맹하게 전진하는 네 가지 탁월한 방법을 가르쳐줍니다. 스스로 생각하고 행동하기를 원하는 이들, 그 앎을 좀더 체계화시키기 위해 인문학의 길로 접어든 이들, 그리고 인문학적 교양으로 세상을 조금 더 넓고 깊게 이해하려는 이들에게, 이 책은 열정의 근거로 자리잡을 것입니다.

《인텔리겐차》는 '지금·여기'의 사람과 삶에 대한 진지한 관심과 열정을 바탕으로 쌍방향 대화와 열린 커뮤니케이션을 추구하는 문화 집단 퍼슨웹이 처음으로 기획한 단행본입니다. 2000년 6월에 인터뷰 전문 웹진으로 출발한 퍼슨웹은 그 동안 1백여 회의 인터뷰를 진행하였으며, 문화기획·출판·웹진 등 온라인과 오프라인을 넘나드는 새로운 문화적 실천을 모색하고 있습니다.

끝으로 깊은 애정을 가지고 우리의 첫 책을 만들어주신 푸른역사 박혜숙 사장님과 편집부 김주영 씨께 감사의 인사를 드립니다.

2002년 11월
퍼슨웹

| 차례 |

좌담 _ 탈근대의 사유와 새로운 한국학을 위하여

1_마르크스주의와 80년대 이후의 한국학 • 17
2_한국의 근대성 • 34
3_글쓰기, 오늘날 지식인의 삶 • 59
4_권위화된 지식의 생산 공장 '대학' • 78

장석만 _ '다른' 삶을 찾아 나서는 모험

1_'긴' 세대의 자유주의와 마르크스주의 • 101
2_근대성과 대결하기 • 112
3_관계하고 초월하는 지식인 • 137
4_주변에서 얻는 전체 • 151
5_뒷풀이, '다른 삶'을 찾는 모험 • 167

고미숙 _ 우정의 교육과 유목적 지식

1_아무도 기획하지 않은 자유 • 183
2_혁명은 일상 속에서 이루어진다 • 196
3_근대의 경계를 넘어서다 • 214
4_코뮌을 꿈꾸다 • 234

윤해동 _ 항상 주변화시켜라, 그리고 낯설게……

1_프롤로그 • 245
2_힘에 겨운 민족주의, 결별을 생각한다 • 252
3_거꾸로 선 식민사학, 내재적 발전론 • 268
4_분단과 냉전, 정면으로 바라보기 • 289
5_분노와 반성을 넘어, 식민잔재 청산과 대안의 모색 • 300

김동춘 _ 발(足)로 생각하는 지식인

1_새로운 사회학을 향한 출구 • 327
2_제도의 안팎, 그리고 대학 문화 • 341
3_비약 없는 역사 • 357
4_발로 생각하는 지식인 • 382

좌담
탈근대의 사유와 새로운 한국학을 위하여

좌담회는 각각의 인터뷰를 통해 추출할 수 있었던 공통의 주제와 관심사에 대해
한 자리에 모여 이야기를 섞음으로써 나올 수 있는 마찰과 생산적인 융합을
보고 싶다는 뜻에서 기획되었다. 따라서 좌담회의 주제는 이 책 전체의 주제이자,
개별적인 인터뷰를 통해 논구된 주제들의 역동적 혼융이면서 그 이상이기도 하다.
이 좌담회를 통하여 공통된 논제인 '탈근대'의 방법론 · 국가주의 문제 등에 대하여
비교적 뚜렷하게 갈라지는 두 경향을 확인할 수 있었다.
한편 마르크스주의의 유산과 글쓰기의 문제에 대한 논의에서는
개별적 인터뷰에서는 기대하기 어려웠던 동의와 이견의 상승작용이 나타났다.
좌담의 주인공들은 서로의 글을 통해서는 충분히 '구면'이었으나,
실제로는 이날 자리에서 초면인 사이였다.
좌담회는 2002년 2월 신대방동에 있는 퍼슨웹 카페에서 열렸다.

좌담(왼쪽부터)
김동춘__성공회대 NGO학과 교수
장석만__종교문화연구연구소 연구위원
고미숙__수유연구실 연구원
윤해동__서울대 강사

사회
류준필__성균관대 동아시아학술원 상임연구원, '퍼슨웹' 공동 대표

1 마르크스주의와 80년대 이후의 한국학

류준필 | 지금 한국학계는 기존 지식생산 패러다임의 한계가 드러나기 시작했지만, 뭔가 타개책은 만들어지지 않고 그런 와중에 현실에 관여하는 능력이 현저하게 떨어지고 있습니다. 이런 때 여러 분야에 계신 선생님들을 한 자리에 모신 이유는 우선 이런 상황 자체를 함께 '문제화'해보자는 데 있습니다. 문제화를 통해서 어떤 '타개책'이 있는지 들을 수 있다면 좋겠고요, 한편으로는 선생님들께서 각자 공부하면서 마주친 문제의식이나 작업 과정에 대해서도 듣고 싶습니다. 그럼으로써 우리가 맞닥뜨린 현재의 상황을 최대한 객관화하고 상대화할 수 있다면 좋겠지요.

그래서, 외람된 말씀입니다만 네 분 선생님은 선택받은 분들입니다. (웃음) 왜냐하면 만약 한국학계에서 어떤 새로운 가능성이 열린다면 네 분으로 대표되는 흐름이나 문제의식 내부에서, 혹은 상호간의 소통 과정에서 마련될 것이라고 생각하기 때문입니다. 그런 점에서 오늘 좌담회는 일종의 '사건' 이죠. 현실적으로 이런 만남 자체가 이루어지기가 쉽지 않기 때문입니다.

먼저 한국학에 임하는 기본 시각과 연구방법에 대해 이야기했으면 합니다. 선생님들께서는 근대성 자체에 깊은 관심을 가지고 탐구해오셨고, 또한 세대적으로는 70년대 학번들로 80년대 중·후반부터 90년대를 거치면서 연구자로 성장하셨습니다. 궁금한 것은 선생님들 세대에 공통된 지적 분위기가 있는가? 그리고 이념적으로 아무래도 마르크스주의나 사회주의의 영향을 받을 수밖에 없었을 텐데 이런 배경과 근대성에 대한 탐구는 어떤 관련을 맺고 있는가 하는 점입니다.

먼저 80~90년대 한국 사회운동과 마르크스-레닌주의 문제에 대해 논의해오신 김동춘 선생님께서 한국에서 마르크스-레닌주의의 수용이나 혹은 그와 관련된 80~90년대의 지적 상황에 대해 먼저 말씀해주시지요.

마르크스주의는 80년대판 근대화론인가?

김동춘 | 벌써 조금 지난 이야기죠. 저는 80년대에 마르크스주의가 유행할 때 약간의 거리를 두고 있었던 사람이기 때문에 제가 보는 입장이 정확한지는 잘 모르겠어요.

어디선가 비슷한 이야기를 했지만, 저는 마르크스-레닌주의가 '신판 근대화론'이 아닌가 하는 생각을 해봤습니다. 60년대에 '근대화론'이 유행병처럼 퍼지고, 1964~1965년에서 70년대 초까지 근대화 담론이 한국을 지배하다시피 했죠. 그 근대화론은 60년대 초에 민족민주 혁명노선 같은 발전전략[1]이 현실적으로 실패할 수밖에 없는 세계체제에서, 다른 지적·정치적 대안세력이 존재하지 않는 상황에서 선택된 겁니다. 주류 지식인들이라 할 일군의 사람들이, 이제 미국 중심의 세계를 일방적으로 좇아가는 것을 발전 이데올로기로 택한 것이 근대화론이었죠.

그러다가 70년대 이후부터 대항 세력이 생겨나 분단 이후 처음으로 반독재 민주화운동 세력이 사회적 세력으로 형성되기 시작했습니다. 이 세력이 근대화론을 뛰어넘을 수 있는 새로운 보편주의적 대안으로 선택한 것이 마르크스주의였죠. 마르크스주의도 근대화론처럼 굉장히 빨리 넓게 마치 유행병처럼 퍼졌는데요, 우리들에게 지적인 중심이 없었기 때문에 훨씬 더 빨리 무차별적으로 확산됐다고도 볼 수 있죠. 유행은 그것을 받아들이는 세력이나 주체의 자기 정체성이 약할 때 급속히 퍼지는 경향이 있잖아요. 그 과정에서 일본 강단 좌파들의 책이 학생 운동권에 상당한 영향을 끼치기도 했고요. 극심한 탄압을 받는 상황이어서 마르크스주의 내 여러 분파들의 차이에 대해 깊이 사고할 여유가 없었죠. 이런 마르크스주의도 있고 저런 마르크스주의도 있는데, 그런 것을 고민할 여유가 없었고, 그 영향은 아주 도그마화한 형태로 올 수밖에 없었어요.

---

[1] | 4·19혁명은 이승만 정권에 대한 반독재 민주화운동에 머무르지 않고, 반외세 민족통일운동으로 확산되어나갔다. 그러나 이 운동이 5·16 쿠데타로 급격히 패퇴하게 되면서 미국의 발전전략에 따른 근대화론이 담론의 중심을 차지하게 되었다. 이에 대해서는 박태순·김동춘의 《1960년대의 사회운동》(1991) 중 맺음말 〈민족, 민주 운동의 깃발〉에 자세히 서술되어 있다.

특히 그 수용의 맥락이 아주 정치적이었다는 점을 지적할 필요가 있습니다. 억압적인 정치 상황에서는 저항 세력 내의 다른 목소리를 마치 적(敵)의 소리처럼 취급하는 경향이 있죠. 일제 말기에도 그런 상황이 있었는데, 도그마화한 이데올로기에 대해서는 작은 논란조차도 허용되지 않는 상황이죠. 그런 정치적 상황이 마르크스주의를 도그마적인 방향으로 몰고 갔고, 일종의 스탈린적인 이념에 경도되게 했습니다. 이것이 한국에서 마르크스주의 수용의 전반적인 특징이라고 생각합니다.

또 주요한 측면으로 마르크스주의에 대한 금압이 오히려 수용을 부추긴 점을 들 수 있습니다. 탄압 때문에 훨씬 더 호기심이 발동했다고 할까요? 예를 들면 60년대 중반까지만 해도 북한 책들이 일부 학생 운동권에 소개되어 읽히기도 했습니다만, 유신체제 이후에는 그런 일이 전혀 불가능했기 때문에, 젊은이들 특유의 지적 호기심이 발동했다고 볼 수 있습니다. 또 한 가지 마르크스주의를 받아들인 사람들이 20대였다는 점을 염두에 둬야 합니다. 지적 호기심이 최고조인 연령대인 데다가 선배들의 가르침이나 지적 전통이 취약한 상황이니까 젊은이들 특유의 호기심과 열정이 마르크스주의에 몰두할 수밖에 없는 상황을 만든 것이죠. 마르크스주의의 급격한 수용은 전체 우리 사회의 지적인 병리현상을 보여주는 면도 있어요.

류준필 | 한국에서 마르크스주의 수용의 특징을 정리해주셨는데요, 그것이 어떤 점에서 '신판 근대화론'의 면을 갖고 있는지 좀더 구체적으로 이야기해주시죠.

김동춘 70년대 이후 사회적 대안세력으로 형성된 반독재 민주화운동 세력이,
근대화론을 뛰어넘을 수 있는 새로운 보편주의적 대안으로 선택한 것이
마르크스주의였죠. 마르크스주의는 근대화론처럼 굉장히 빨리
유행병처럼 퍼졌는데요, 그건 우리의 지적 중심이 없었기 때문일 겁니다.
마르크스주의를 신판 근대화론이라 한 것은 그 수용의 정서적 구조가
근대화론과 동일한 측면이 있다고 보기 때문입니다.
겉포장은 마르크스주의로 했지만 속에 깔린 정서는
근대화론을 추종했던 지식인들과 같다는 것이죠.

김동춘 | 그것을 신판 근대화론이라 한 것은, 그 수용의 정서적 구조가 과거의 근대화론과 동일한 측면이 있다는 겁니다. 겉포장은 마르크스주의로 했지만, 속에 깔린 정서는 근대화론을 추종했던 지식인들과 다르지 않다는 거죠. 만약 그 사람들이 80년대에 태어났다면 마르크스주의자가 됐을 것이고, 90년대에 태어났다면 또 전혀 다른 반대 입장에 섰을 것이라는 생각이 듭니다. 이것은 개인의 문제는 아니죠. 60년대부터 한국 사회를 관통하는 지평이 있는 것 같아요. 그것이 80년대에는 유별나게 마르크스-레닌주의로 나타난 듯합니다. 약간 거리를 두고 보면 그렇습니다.

역사학에서의 마르크스주의 수용, 부정할 유산이 더 많다

류준필 | 김동춘 선생님께서 당시의 역사적인 조건과는 약간 차원이 다른 사회적·지적 지반에 대해 말씀해주셨는데, 거시적 역사인식 혹은 사관 차원에서 마르크스주의 수용 문제에 접근해볼 수도 있을 것 같습니다. 전통적으로 민족주의를 강하게 표방해온 한국사 분야는 80년대의 맥락에서 마르크스주의 역사관과 어떤 방식으로 관계를 맺었나요?

윤해동 | 제가 아는 한에서 80년대 대학원에서의 한국사 연구 풍토에 대해 말씀드리겠습니다. 전체적으로 보면 김동춘 선생님이 말씀하신 것이 한국사 연구 풍토에도 거의 그대로 적용될 것 같습니다.
　사실 "마르크스주의가 일종의 신판 근대화론으로 작용했다"라는 말씀은 상당히 '충격적인' 발언이기도 합니다. (웃음) 그때는 아무도 그렇게 생각하지 않았을 텐데, 지금 돌이켜보면 그런 생각이 상당히 강하게 듭니다. 60년대 유행했던 근대화론과 마르크스주의를 수용한 '발전론' 사이에서 차별성을 찾기가 어렵다는 생각이 드는군요.

80년대 초반은 졸업정원제[2] 때문에 석사논문만 쓰고도 교수가 되는 상황이었는데요. 그런 젊은 교수들이나 대학원생들이 마르크스주의를 공부하는 데 몇 년의 세월을 보냈죠. "마르크스주의를 공부하지 않고 역사학 논문을 쓰는 건 엉터리다"라는 생각이 일반적이었어요. 이게 80년대 초·중반 한국사 대학원의 풍토였죠.

그렇다면 그때 수용된 마르크스주의가 어떤 것이었는가가 문제가 되겠죠. 대체로 일본에서 건너온 해적판 마르크스주의 해설서를 기초 소양자료로 읽고, 또 일본 역사학계에서 논의되었던 마르크스주의의 틀을 가지고 한국 역사를 재해석하거나 역사서술에 적용하는 문제를 고민하는, 그런 공부를 했던 것 같아요. 80년대 후반 근현대사 연구가 활성화되면서, 그런 풍토가 근현대사 연구에도 거의 그대로 이어졌다고 생각합니다.

---

[2] | 1980년 정권을 장악한 신군부는 몇 가지 '혁명'적인 조치를 단행했다. 그 중에는 언론통폐합·삼청교육대·교수해직 같은 폭력적인 반동과 더불어, 교복자율화·통금해제와 같은 당근 정책도 포함되어 있었다. 대학 졸업정원제는 본고사 폐지·과외 금지와 함께 '교육' 부문에서 민심을 얻기 위한 일련의 정책 중 하나였다. 이 정책의 시행으로 1981년부터 1985년 사이 대학 정원이 갑자기 30퍼센트나 늘어났고, 준비가 안 된 대학에서는 교실이 콩나물시루가 되는 현상이 벌어졌다. 졸업정원제가 실시되면서 대학교육은 엘리트교육이 아니라 대중교육의 의미를 갖게 되었다. 이는 '일반적인' 사회구성원으로서 살아갈 자격이 '고졸'에서 '대졸'로 바뀌게 됨을 의미하는 것이기도 했다. 결국 졸업정원제는 1987~1988년을 거치면서 폐지된다.

저도 그런 데 빠져 있었습니다만, (웃음) 예를 들어 일제시대 민족해방운동에 대해 공부한다 하면, 일단 사회주의 노선을 표방한 민족운동에 대해 공부하지 않으면 안 된다는 사명감 같은 것이 있었죠. 잘 아시다시피 일제 치하 한국의 사회주의는 혁명 이후의 러시아를 통해 수입된 것이고, 또 코민테른(Comintern)³ 노선에 절대적으로 종속되어 있었지요. 그렇기 때문에 그때의 마르크스주의는 결국 코민테른 노선, 즉 지금 보면 전부 레닌주의 또는 스탈린주의예요. "이 코민테른 노선을 정확하게 이해하면 80년대 한국에 적용할 수 있을 것이다, 한국의 변혁에 도움이 될 것이다"라는 생각을 했어요. 말하자면 코민테른식 역사발전 법칙론을 한국 사회에서도 그대로 증명해낼 수 있다는 생각이 80년대 한국사 연구 풍토에서 하나의 핵심적인 문제의식이었고, 어떤 측면에서는 90년대에도 이런 문제의식이 뿌리깊게 유지되고 있는 것 같습니다.

---

3 | Communist International. 1864년 마르크스·엥겔스(Engels)·바쿠닌(Bakunin)·프루동(Proudbon)에 의해 창설된 국제노동자협회와, 1889년 창설되어 카우츠키(Kautsky)·베른슈타인(Bernstein)의 지도를 받은 제2인터내셔널에 이어 혁명 후 소련에서 1919년에 창설된 제3인터내셔널을 일컫는 별칭이다. 코민테른은 아시아와 유럽의 혁명운동을 지도하는 기관 역할을 했으므로, 일제하 조선의 사회주의운동 역시 코민테른 노선에 큰 영향을 받을 수밖에 없었다.

4 | 내재적 발전론은 60년대 이후 일제 식민사학에 대한 비판으로 출발하여 좁게는 한국사학 내부의, 넓게는 한국 사회에 대한 이해를 도모하는 많은 학자들 사이에서 형성된 일종의 '공감대'라고 할 수 있다. 한국 사회의 정체성과 타율성을 강조하는 식민사관과는 달리 주체적으로 한국 사회 내부에서 역사 발전의 계기와 동력을 찾고자 하는 연구방법론이다.

류준필 | 90년대에도요? 그럼 내재적 발전론[4]은 마르크스주의와 어떤 관련을 맺고 있는 건가요?

윤해동 | 좀 보충하여 말씀드리면, 내재적 발전론으로 개념화돼 있는 한국사 연구의 지배적인 인식론이나 방법론 역시 언표(言表)상으로는 드러나지 않지만 아직까지도 코민테른적 발전도식에 지배되고 있다고 생각합니다. 이런 측면에서 보니 '신판 근대화론'이라는 말이 더 실감이 나네요. 코민테른식 발전론과 내재적 발전론은 시공간 인식의 측면에서 보면 그리 큰 차이가 없고, 다만 이 역사법칙을 한국사에 적용시켜보겠다는 식이니까 적용 대상만 다른 거죠. 내재적 발전론이란 게 전형적으로, '내재적'이라는 함의와 '발전론'이라는 함의를 지니면서 민족주의와 마르크스주의적 발전법칙을 전부 결합하고 있는 양상이거든요. 너무 거칠게 이야기하는 건지 모르겠습니다만, 제 느낌은 그렇습니다.

그래서 지금 돌이켜보면 역사학에서 80년대식 마르크스주의 수용은 어떤 측면에서는 부정적인 유산이 더 많다는 쪽에 혐의를 두고 싶습니다.

마르크스주의에서 일상과 습속의 혁명으로

류준필 | 흔히 80년대의 지적 상황을 두고, 거대 담론의 시대였고 그래서 '작은 것'들이 부당하게 희생된 시대였다는 비판을 많이 하죠. 이 또한 한물 간 비판이긴 합니다만, 어쨌든 90년대 이후부터 그와 반대되는 입장에서 소수자 문제나 미시권력 등으로 관심이 이동되

었고, 한국학 안에서도 문화·풍속·미시사와 같은 더 '세부적인' 주제들이 부각되었습니다. 공부하는 분위기 자체도 진지함과 무거움보다는 '즐겁고 재미있는 쪽'을 추구하는 것으로 바뀌고 있고요.

고미숙 선생님께서는 리얼리즘론이나 민족문학 개념을 비판하시면서, '일상과 습속의 혁명' 문제나 일상의 문제까지 고민하고 끌어안아야 된다는 입장을 펴오셨는데요, 이와 관련해서 좀 '재미있게' 말씀해주십시오. (웃음)

고미숙│〈한겨레 21〉과 인터뷰를 했는데 제목이 '민족문학 폐기하자' 이렇게 나와서 엉뚱하게 비판을 받았지요. 그런데 그때 놀란 것은 민족문학론이 "벌써 폐기된 줄 알았더니 아니었구나" 하는 것이었어요.

무엇이든지 "이제 모두 폐기하자" 한다고 폐기되는 게 아니라, 어떤 담론의 배치에서 외곽으로 밀려나면 더 이상 어떤 효과도 발휘하지 못하게 되는 것 아닙니까? 그런 맥락에서 '민족문학'을 갖고 논쟁할 의도도 관심도 없다는 것이 제 뜻이었어요. 그런데 표제를 그렇게 붙이니까 "절대로 폐기할 수 없다" 또는 "폐기하려면 대안이 있어야 하지 않는가" 이런 식의 논란이 일더군요. 그걸 보면서, 살아 있지도 않은데 계속 미련을 갖고 집착하는 것이 아닌가, 또는 한국의 논쟁 풍토가 참 희한하다, 이런 생각을 잠깐 하고 넘어갔습니다.

사실 저는 '80년대의 세례'를 받지 못하고 뒷북을 치면서 80년대 말에 마르크스주의를 뒤늦게 만났어요. 모두들 썰물처럼 빠져나갈 때 마르크스주의에 열광하는 '해프닝'을 벌인 거죠. 그렇게 된 것은, 제가 고전문학을 전공한 탓일 거예요. 한국에서 국문학이나 고전문학을 하면 이론을 선도하지 못하거든요. 특히 80년대에는 더 그랬고요. 그러니까 이론을 열심히 수혈받는 거예요. 저는 솔직히 PD하고 ND 차이도 몰랐어요. 그래서 《노동해방문학》도 열심히 읽고, 《사사방》도 읽고 열심히 학습하긴 했어요.[5] 그런데 워낙 늦게 시작해서 다른 노선을 취하면 어떻게 다르게 글을 쓰는지도 모르고, 그 차이를 구별할 줄도 모르는 그런 수준이었죠. 그래서 남들은 90년대 초반에 마르크스주의가 다 끝났다고 하는 상황에서도 마르크스-레닌주의자로 남아 있을 수 있었습니다. 또 문학을 연구하는 기본 화두로 리얼리즘이나 '민족' '계급' 이런 틀을 지킬 수 있었고요.

그런 게 저를 마르크스주의자로 규정 짓게 해주는 요소들이었는데, 90년대 후반에는 문제틀을 좀 옮기면서 마르크스를 떠나는 게 아니라, 다른 종류의 마르크스를 만나고 싶었어요. 그리고 혁명에

---

[5] | PD(People's Democracy)는 AIAMC PDR(반제반독점 민중민주주의 혁명론: Anti-Imperialism Anti Monopoly Capitalism People's Democratic Revolution)의 준말로 80~90년대의 대표적인 운동 분파를 일컫는 별칭이고, ND는 National Democratic Revolution(민족민주주의 혁명론)의 준말로 제헌의회 그룹(CA)에 뿌리를 둔 사노맹(사회주의노동자해방투쟁동맹) 등의 운동 분파를 통칭하는 별칭이다.

《노동해방문학》은 사노맹에 근거를 둔 노동문학사에서 1989년부터 펴낸 잡지로, 외관은 '문학잡지'였으나 사실상 사노맹의 이론적·정치적 입장을 대중적으로 선전하기 위한 기관지였다. 박노해·김사인·조정환 등이 주요 필자였다.

《사사방》은 현재 '너머+수유연구실'의 연구원으로 있는 박태호가 '이진경'이라는 이름으로 1987년에 펴낸 《사회구성체론과 사회과학방법론》을 가리킨다. 당시 서울대 사회학과 대학원생이던 박태호가 이 책을 통해 NL과 북한의 남조선 혁명론의 근거가 된 '식민지반봉건(자본주의)론'을 '신식민지국가독점자본주의론'의 입장에서 논파하여 '화제'가 되었을 뿐 아니라, PD가 유력한 정치 세력으로 등장하는 데 기여하였다.

대한 사유도 달라지면서 그 전에 텍스트를 해석하는 데 중요한 척도였던 리얼리즘·민족문학·계급 이런 것들을 폐기했다기보다는 이제 제 삶에서 내려놓은 상태죠.

지금 제가 하는 공부는 '문학'이 아니라 '담론'에 대한 연구이고요, 이런 틀로 근대 계몽기와 고전문학, 아니 '근대 이전의 텍스트'들을 만나려고 하는 방식입니다. 그런 텍스트들을 만나서 조금 더 나가보면, 마르크스주의든 리얼리즘론이든 그 기저에는 '역사'나 '진보' 또는 근대가 만든 시공간 의식 같은 것이 근원적으로 어떤 표상의 틀에서 작동하고 있다는 것을 볼 수 있을 듯합니다. 그게 '좋다' '나쁘다'의 차원을 떠나서 절대적으로 믿었던 것들, '리얼리즘' 이런 정도가 아니라 시간 공간까지 시야를 확장해보니, 내가 어떤 초험적 장 안에서 놀고 있었구나 하는 생각이 들어요. 그리고 지금은 지식과 삶, 욕망, 혁명 이런 것을 일상 속에서 어떻게 통일시켜 실현할 것인가로 초점을 바꾸어서 공부도 하고 연구실 활동도 하고 있죠.

윤해동 | '일상 혁명' '습속(Habitus)의 혁명'이란 표현을 쓰시는데, 그런 틀이 선생님 공부에서 어떤 방식으로 드러나는지 궁금합니다. 왜 이런 질문을 드리는고 하니, 일상을 사고하는 방식 자체의 혁명은 굉장히 중요하다고 생각합니다. 이건 방금 말씀하신 것처럼 선험적으로 또는 초험적으로 강요되는 '국민국가'라는 틀 자체에서 벗

---

6 | 중국 송(宋)대에 일어난 학술·사상을 총칭하는 말로, 주로 성리학을 가리키는 용어로 사용된다.

어나기 위해서도 필요하죠. 11세기의 신유학[6]이나 주자학적 발상, 그건 굉장히 혁명적인 인식론적 변화인데, 그것을 20세기 후반에 프랑스 철학자들이 시도하고 있다는 느낌을 받았어요. 고미숙 선생님이 고민하는 것도 그런 차원 아닌가요?

고미숙 | 글쎄, 딱 집어 말하기는 어려운데요. 일단 '문학'을 근대적인 대학제도가 부과한 틀에서 좀 자유롭게 하자는 건데요, 역사학도 다르지 않겠지만 그런 틀이 채 1백 년도 안 되는 시간 동안 구축된 거잖아요. 국문과의 경우 고전문학·현대문학·국어학으로 구획을 지어놓고, 그 중 하나를 택하면 그 커리큘럼을 쭉 따라가는 과정 속에서 삶이 다 만들어지거든요. "새로운 삶을 살고 싶다" 그럴 때는 이 코스를 비틀거나 뛰쳐나가서 다른 길을 만드는 수밖에 없어요. 전혀 없죠.

저는 근래 박지원이나 양명 좌파[7]에 관심이 있는데, 지금 그 텍스트들을 전에 '문학 연구자'로서 만날 때와 전혀 다른 차원에서, 다른 종류의 지식체계 안의 사고로 만나요. 그 전에 '문학 연구자'로서 만날 때는, 나의 일상이나 삶과 그 텍스트가 계속 괴리되었거든요. "문학이 얼마나 유용한 것인가" 이런 생각을 하기 위해 계속 자

---

7 | 양명학은 송(宋)대에 확립된 주자학(朱子學)과는 대립된 성격을 가지고 있어 심학(心學)으로도 불린다. 창시자인 왕양명의 후계자로 전서산(錢緒山)과 왕용계(王龍溪)가 있다. 전서산이 인간의 마음은 지선무악(至善無惡)이라고 생각한 데 대하여, 왕용계는 그러한 주장은 스승의 이론에 대한 철저한 논(論)이 아니라고 반대하였으며, 사람의 마음은 본래 무선무악(無善無惡)이라고 단정함으로써 종래의 성선설(性善說)의 전통에 대결하였다. 왕용계의 이론은 반드시 스승의 이론을 따르지 않았기에 전서산의 학통에 비해 좌파로 불렸다.

료를 찾아내고 뭔가를 보태야 했고, 아무리 그걸 멋지게 해내도 제 일상이 즐거워지거나 흥이 나는 건 전혀 아니었죠. 그런데 지금은 좀 달라요. 그 텍스트와 텍스트의 '외부'가 동시에 보이는데요, 이 양명 좌파나 신유학 학자들이 강학(講學)하면서 대중과 직접 만나고 대중에게 자신이 공부한 걸 보여주면서 자신의 삶과 대중의 삶을 같이 바꾸는 그런 지식이 보여요. 저도 제 일상을 그런 식으로 구성하고 싶은 거죠.

그럼에도 마르크스주의는 절박한 무기였다

류준필 | 장석만 선생님은 좀 예외적인 경우라고 생각됩니다. 선생님께서는 상당히 일찍 근대성 일반에 관한 문제, 또는 푸코적인 문제의식을 적극적으로 적용하신 걸로 알고 있습니다. 그렇게 본다면 일반적인 당대의 분위기나 공부하는 또래들과는 문제의식이 약간 다를 수도 있었을 텐데요.

장석만 | 제가 푸코를 좀 먼저 공부한 편이기는 한데, 저도 마르크스주의를 공부할 수밖에 없었습니다. 별로 다르지 않죠.(웃음) 일본어를 배운 것도 마르크스주의 서적을 읽기 위해서였고, 평생 경제학 서적을 본 적이 없는데 학부 때 유일하게 마르크스주의를 공부하느라 좀 봤죠. 저만 그런 건 아닐 겁니다. 사실 그 당시에는 공부하러 대학원에 간다는 걸 남 앞에 내세워 말할 수 없었어요. 상황이 워낙 심각했으니까요. 눈앞에서 학생들이 몸을 던져 죽고, 여학생들이 데모하다 질질 끌려가는 상황에서 도서관에서 책을 들여다보고 있

장석만 70~80년대 마르크스주의의 문제는 한국 사회 진보의 문제라기보다도,
지식인 사회의 문제라고 생각합니다. 우선 엄청난 폭력을 휘두르는
개발독재에 지식인들이 나름대로 일관된 관점을 가지고 대항할 수 있는 무기가
그것 말고 무엇이 있었는가 하는 생각이 들고요.
또한 마르크스주의의 힘이 점점 커지면서 내부 분열이 심해진 것도
주로 지식인들에게 수용된 탓이라고 생각합니다.
그럼에도 당시 마르크스주의가 국가폭력에 저항할 수 있는
유일한 무기로 여겨졌기 때문에,
그건 '공부'가 아니라 일종의 신앙과 같은 것이었죠.

다는 게 문제가 있는 거 아닙니까? 제 주변에서도 정말 똑똑하고 샤프한 친구들은 지금 학계에 남아 있는 사람 별로 없어요. 그때 전부 감방에 가거나 공장에 들어갔으니까요.

그런 상황에서 선생들 말이 귀에 들어올 리가 없었죠. 수업을 들어보면 서울대 교수들 수업이 참 지리멸렬한 게 많았죠. 상황 탓이겠지만 수업이 학생들 마음을 전혀 당기지 못했어요. 그런데 마르크스주의 체계를 딱 접하는 순간, 매혹당하지 않는 게 이상할 정도였죠. 군사독재는 거의 절대적인 강적(强敵)이었는데, 거기에 저항할 수 있는 유일한 방법론으로서, 그러니까 물에 빠진 사람이 지푸라기 잡는 절박한 심정으로 마르크스주의를 잡았던 겁니다.

저는 70~80년대 마르크스주의의 문제는 한국 사회 전반의 문제라기보다도, 지식인 사회의 문제라고 생각합니다. 우선 엄청난 폭력을 휘두르는 개발독재에 지식인들이 나름대로 일관된 관점을 가지고 대항할 수 있는 무기가 그것말고 무엇이 있었는가 하는 생각이 들고요. 다음으로 마르크스주의의 힘이 점점 커지면서 내부 분열이 심해지는데, 이 또한 주로 지식인들에게 수용된 탓이 아닌가 합니다.

김동춘 선생님과 윤해동 선생님이 마르크스주의와 근대화론을 연결시켜 말씀해주셨는데요, 덧붙여 말하고 싶은 것은 교조화하고 신판 근대화론의 양상을 띠는 그런 현상이 70~80년대 한국에서 처음 나타난 게 아니라, 동아시아에서 마르크스주의가 수용됐을 때부터 나타난 문제라는 점입니다. 한국·중국·일본의 근대화가 다 서구를 추종·모방하는 과정으로 이루어졌고, 아직도 이런 근대화 과정에 포섭되어 있죠. 이런 근대화 과정에서 나타난 빈익빈 부익부 등의 여러 모순을 극복할 방법을 모색하는 과정에서 마르크스주의가 떠올랐던 거죠. 서구의 근대화 모델은 극복되지 않고 그대로 남아 있는 상태에서, '소련 모델' '중국 모델' 같은 것이 유일한 '대안'으로 나타난 겁니다. 20세기 초에 나타났던 이런 현상이 70~80년대에 다시 반복되어 나타났다고 보입니다.

그럼에도 당시 마르크스주의가 국가폭력에 저항할 수 있는 유일한 무기로 여겨졌기 때문에 그건 '공부'가 아니라 일종의 신앙과 같은 거였죠.

2 한국의 근대성

류준필 | 네 분 다 한국의 근대성에 대해 깊이 연구해오셨지만 공부하시는 영역을 갈라 이야기해보면 장석만·고미숙 선생님은 1900년대라는 비슷한 시기를 주로 '담론'을 대상으로 연구해오셨고, 김동춘·윤해동 선생님은 일제시대와 현대를 대상으로 주로 역사적·경험적 현실에 강조점을 두어서 연구한다는 점에서 비슷합니다.

　물론 세밀하게 따지면 각각 적지 않은 차이도 있습니다. 예컨대 장석만 선생님은 근대의 체계를 반성적으로 사고하는 것 자체가 이미 근대에 내재되어 있는 자기 근거, 또는 자기 의식 차원에서 기인한다는 입장을 피력해오신 데 비해, 고미숙 선생님은 근대성 형성 과정에 대한 계보학적 탐사를 통해서 근대의 외부 혹은 탈근대적인 사유의 공간을 마련하자는 문제의식에 주력하신다고 생각합니다. 한국에서 근대 초기의 '근대성' 형성 문제와 관련해서 두 선생님께서 먼저 말씀을 나눠주셨으면 합니다.

근대 속의 탈근대

장석만 | 제가 근대성 문제에 관심을 갖게 된 배경을 먼저 말씀드리면, '지금, 여기'의 모습을 좀더 전체적인 시야에서 조망할 수 있는 위치를 잡는 것이 중요하다는 생각을 갖게 되었어요. 그래서 '지금, 여기'에서 우리가 사고하는 틀이 언제부터 만들어졌는지를 살펴 거슬러 올라가다보니 19세기 말 20세기 초에 이르게 되었고, 거기에 '근대성'의 시원이 있다고 생각하게 되었습니다.

근대성의 기준에 대해 갑론을박이 있습니다. 주로 산업화·민주주의·자본주의·민족국가 형성 등이 근대성의 요건으로 거론되는데, 저는 좀 다르게 생각합니다. '근대성'을 고정적인 틀로 잡고, 거기에 어떤 요건이 갖춰졌는가를 따지는 논의방식에 문제가 있다는 겁니다. 이러한 요건들은 모두 서유럽 나라의 근대 사회를 기준으로한 겁니다. '근대'라는 말은, 말 그대로 현재와 가장 가까운 시대, 즉 현재와 연속성이 있는 시대를 가리키는 거죠. 우리의 근대는 유럽 국가의 그것과 다를 수밖에 없는데 왜 유럽 어떤 사회의 특징이 한국의 근대성을 논하는 기준이 되어야 하는지 모르겠습니다.

제가 19세기 말 20세기 초에 관심을 갖게 된 것은, 그 시대가 현재의 시대와 연속성을 갖고 있다고 생각했기 때문입니다. 그렇다면 그 시대는 그 앞 시대와는 또 다른 어떤 단절의 지점도 있겠죠. 그것을 연속이냐 단절이냐로 보는 것은 후대인의 '자의'일 수 있습니다. 그래서 오히려 저는 당시 사람들이 끊임없이 새로움을 추구하며 만들어낸 담론들에 주목하고자 합니다. 이때 앞 시대와 단절하고 자기 시대를 '새로운 시대'라 의식하는 시간의식이 생깁니다. 이는 한국뿐 아니라 중국이나 일본의 경우도 마찬가지입니다.

마지막으로 근대성의 반성적 기제 문제인데, 하나의 시스템이 작동하려면 항상 피드백 메커니즘을 자체 내부에 갖고 있을 수밖에 없다고 생각합니다. 그래서 포스트 모던을 비롯해서 '포스트'가 붙는 것은 모두 근대의 영역 안에 있을 수밖에 없고, 단지 여태까지 좀 활발하지 않았던 면들이 두드러지게 나타나는 것을 가리킨다는 생각이 듭니다. 사실 한 개인이나 집단이 근대의 시스템 안에서 완전히 벗어나거나, 그것을 벗어나서 새로운 무엇을 추구하는 것은 불가능하다는 생각을 해봅니다. 저는 시스템 안에서 주변적인 위치에 설 때 그 시스템 전체를 볼 수 있다고 생각하는데, 이 또한 그것에서 벗어나는 것은 아니지요.

고미숙 | 그러면 선생님이 해오신, 계보학적으로 근대성의 기원을 찾는 작업도 근대성의 좀더 완성된 어떤 것을 위해서, 또는 '근대 안에서' 유효하다고 보시는 건가요?

장석만 | '근대 밖'에 서 있을 수는 없다는 얘기죠. 그러니까 근대의 제도가 만들어놓은 연구소나 대학이 참 묘하다는 생각이 듭니다. 이 제도가 두 가지 기능을 동시에 한다고 보는데, 첫 번째는 그 시스템이 재생산되도록 정당화하고 이데올로기를 만들어주는 기능이죠. 그리고 어떤 시스템이 정말 원활하게 돌아가려면 보이지 않게 이 시스템 전체를 체크해주는 뭔가가 필요한데, 대학 같은 제도가 바로

시스템을 전면적으로 비판하는 기능을 담당하고 있어요. 그게 두 번째 기능입니다.

근대 '밖에서', 근대를 넘어서게 할 '외부'는 있는가?

고미숙 | 국가 시스템이 어떤 지식을 배치하면서, 스스로의 능동성이 저하됐을 때 그것을 체크해줄 수 있는 자체 프로그램을 갖는 것은 근대뿐 아니라 다른 시스템도 마찬가지죠. 그런데 어떤 상황에 이르면 '체크'의 수준이 아니라, 통제 불능의 상황이 올 수 있거든요. 이 시스템이 어느 날 느닷없이 균열돼서, 시스템 자체를 완전히 다른 것으로 만드는 경우가 있지요. 좀 극단적인 예일지 모르지만, 9·11 테러에서 민간기를 폭격기로 쓰는 이런 식의 '배치'는 전혀 예상하지 못한 새로운 것이잖아요?

　이와 같이 전혀 다른 것을 꿈꿀 수 있는가, 이건 또 다른 문제인 것 같아요. 우리가 많이 노력했는데도 결국은 근대의 자장(磁場)에서 벗어나지 못했다고 평가하는 것과, 내가 지금 하고 있는 어떤 '외부적' 작업이 상상할 수 있는 한 전면적으로 배치를 바꾸어 사유하는 것은 다른 것 같거든요.

장석만 | 좀 다르죠. 그러니까 시스템을 비판하는 것도 자기 혼자 하는 게 아니라 주어진 어떤 틀 내에서 수행될 수밖에 없고, 그걸 스스로 변혁시킬 수 있는 비전을 제시하면서 이끌어갈 만한 추동력을 어떻게 마련할 것인가가 문제가 될 텐데, 그게 단번에 되기는 힘들지 않나요?

고미숙 | 저는 좀 다른데요. 제가 중세 쪽 공부를 하다 보니까, 중세적인 시스템 안에서는 도저히 소화할 수 없는 사유들, 그러니까 계보에서 완전히 이탈해 있는 사유들이 있다는 것을 알았어요. 이제껏 근대성의 기원을 탐색한다는 게, 자본·국가·민족·가족 등의 계열들이 새로 들어오면서 일상과 신체를 조직해내는 국가 시스템의 '근대적' 원천을 보기 위한 일이었죠. 하지만 제가 아까 말씀드린 것처럼 거기서 근본적으로 더 나아가면 '역사' '진보' '시간' 같은 개념 자체가 의심스러워지고, 그럴 때 중세도 전혀 다르게 보이거든요. 중세 속에서 가장 근본적으로 밀고 나간 사유는 '근대적'인 것일 듯하지만, 그렇지 않고 근대적인 것의 영역에 도저히 포괄되지 않고 넘어가버린다는 거죠. 양명 좌파나 박지원의 사유는 중세나 주자학이 담아내지 못하는 영역까지 나갔는데, 이제까지는 그것을 '근대적인 것'이라 이름 붙였잖아요. 그런데 그건 근대가 소화할 수 있는 합리적인 이성의 사유가 아니에요. 그랬을 때 이것은 완전히 외부거든요. 그렇다면 지금 이 근대성의 틀 안에도 근대가 소화할 수 없는 것들이 가능하다는 거죠.

장석만 | 그럼요. 가능하죠. 그리고 어떠한 분류체계를 만들어도 빠져나오는 건 항상 존재할 수밖에 없으니까요. 어떤 틀에 뭔가 하나를 포함시킨다는 것은 다른 하나를 배제시키는 것일 수밖에 없으니까요. 그러니까 굉장히 다양한 이질적인 흐름들이 항상 있는 거죠. 그런데 우리는 이질성을 용납하지 않는 획일적인 분위기를 만들려다 보니까 폭력이 자행되는 사회를 안고 있었죠. 근대 안에도 다양한 흐름들이 존재하고, 그래서 저는 사회의 건강성 문제는 이질적인 것

들을 동질화시키지 않고 용납할 수 있느냐 하는 데 기준이 있다고 생각합니다.

근래 윤해동 선생님께서 민족주의를 비판하는 논리를 펴고 계시다는 이야기를 들었는데요. 이 민족주의라는 게 하나의 동질적인 공간을 마련하는 대표적인 매개체거든요. 동질적인 공간을 마련하는 것까지는 좋은데, 그 동질성이 다른 집단에게 폭력을 행사하게끔 하는 성질을 갖기 때문에 문제가 되죠. 전에는 그거 비판 안 해도 됐을 거예요. 일제시대 때 민족주의는 저항의 거점 역할을 했으니까요. 그런데 지금은 윤해동 선생님께서 비판할 정도의 그런 상황까지 된 거죠.(웃음)

윤해동 | 저도 얼마 전까지는 그걸 제 무기로 삼고 있었습니다.(웃음)

고미숙 | 저는 전공이 정치나 역사 이런 게 아니라서 제멋대로 나가는 건지는 모르겠는데요. 이런 문제를 생각하다 보니까, 근대라는 시스템이 있고 비판적인 체계가 있으니 그걸 조금 더 확장하고 유연하게 하자, 이런 정도에서 머무를 수 있는 게 아니더라고요. 우리의 경우는 시스템의 경계가 다른 문화권에 비해 굉장히 치명적으로 좁고 약하다는 거예요. 특히 한국학의 기반이나 상상할 수 있는 범위가 말이죠. 문득 그런 사실을 발견했고, 그래서 이제 조금 더 과격하게 상상력을 발휘할 필요가 있다는 생각이 들었어요. 그걸 부르는 이름이 '근대의 외부'든 '탈근대'든 말이죠. 마르크스주의를 통해 뭔가 열심히 했는데도 결국은 민족주의 중심으로 다시 또 배치되고 있잖아요? 이걸 어떻게 할 것인가.

'근대'에서 벗어나지 못하는 근대에 대한 사유란 '근대성의 빈곤'이 아닌가 싶은데요. 근대의 지적인 풍토가 굉장히 병리학적이고 뿌리깊고 강한 중력을 가졌다면, 한국학의 지반에서 새로운 뭔가를 만들기 위해서는 '강력한 외부성' 즉 상상의 경계를 넘는 근대 외부가 사유되어야 통제 불가능한 지식이 생산될 수 있지 않을까요?

윤해동 | 고미숙 선생님 말씀은 '이질적이고 외부적인 것'을 가지고 어떤 측면에서는 거의 초역사적인 특수성이라고 할 만한 동일성을 공격하고 깨겠다는 발상 같습니다. 그런데 그 발상 자체가 초역사적인 동일성 속에 내재돼 있는 근본주의적인 속성을 그대로 반영한다는 느낌입니다.

고미숙 | 글쎄요. 메타적인 측면에서 보면 그렇게 분석할 수도 있겠네요. 그러나 현실적으로 그처럼 근대로부터 벗어날 수 있는 사유의 결과를 만든다면 이제 지형은 달라지겠죠. 근대 1백 년 동안 한국학의 사유와는 다르고 굉장히 강렬한 힘을 가진 어떤 상상력을 작동시킬 수 있다면요.

윤해동 | 제 말은 그런 것이 '외부적이고 이질적인 것'만 가지고 가능하겠는가 하는 의문인데요…….

고미숙 | 그게 될 수 있느냐는 해봐야 아는 거고요. 출발의 자세가 그러해야 한다는 것입니다. 예를 들어 시야를 동아시아에 두는가, 아니면 동아시아와 다른 문화권으로 확장하는가에 따라 스케일이 굉

고미숙   한국학의 기반이나 상상할 수 있는 범위는 치명적으로 좁고 약합니다.
그래서 이제 조금 더 과격하게 상상력을 발휘할 필요가 있다는 생각이 들어요.
그걸 부르는 이름이 '근대의 외부'든 '탈근대'든 말이죠.
'근대'에서 벗어나지 못하는 근대에 대한 사유란
'근대성의 빈곤'이 아닌가 싶은데요. 근대의 지적인 풍토가
굉장히 병리학적이고 뿌리깊고 강한 중력을 가졌다면,
한국학의 지반에서 새로운 뭔가를 만들기 위해서는
'강력한 외부성' 즉 상상의 경계를 넘는 근대 외부가 사유되어야
통제불가능한 지식이 생산될 수 있을 겁니다.

장히 달라질 수 있거든요. 우리가 아는 것과는 다른 식의 '근대 외부의 코스들'도 많이 있었는데, 우리와 우리 선배들은 굉장히 충실한 근대주의자였지요. 그래서 그 안에서만 근대를 완성하려 하거나, 또는 비판적으로 완성하려는 식으로 굉장히 모범적인 인문학을 했다는 생각이 들어요. 이렇게 '모범생'이어서는 새로운 판을 만들기는 어렵겠죠.

한국은 근대주의의 '모범생' 혹은 '포로'

윤해동│그와 관련해서 저는 좀 생각이 다릅니다. 어떤 측면에서 동아시아의 세 나라가 외래사상을 수용하는 방식이 상당한 차이가 있다는 것을 많이 느낍니다. 특히 한국에서는 외래사상, 가령 불교나 주자학, 근대 이후에는 마르크스주의가 대표적일텐데 이런 사상이 굉장히 강력한 '동일성' 또는 '억압성'을 가지면서 수용됩니다. 들어와서는 또 굉장히 근본주의적인 성격을 갖게 되고요. 만약 이게 한국 역사에서 문화 수용의 특징이라고 한다면, 이건 절망적이라는 생각을 한 적도 있어요. 이런 현상은 외래 사상을 수용한 이후에 그것이 원래 외래의 것이었다는 자각을 하지 못하기 때문에 나타나는 특징이라는 생각이 들어요.

고미숙│그런데 도대체 외래적이지 않은 사유가 있나요?

윤해동│글쎄 말입니다. 그러나 외래사상을 수용할 때 그 근본주의적 추구가 우리 역사에서는 상당히 강렬하게 작용하지 않았는가 하는 겁니다.

고미숙 | 그 근본주의는 '이슬람 근본주의' 같은 것과는 좀 다르지 않나요? 그러니까 종교적인 열광에서 나타나는 근본주의와는 다른데요. 주자학의 경우에는 그 사상이 국가장치와 결속하면서 현실적인 도그마로서 근본주의적으로 작용한 것 아닌가요? 주자나 그 사상의 무엇과 나의 신체를 완전히 일치시키는 그런 식은 아니지 않습니까?

윤해동 | 16세기까지는 그랬던 것 아닐까요? 장석만 선생님이 어디선가 쓰신 것 같은데, 예학(禮學)의 수용이나 소중화(小中華) 발상도 상당히 근본주의적인 면이 많은 것 아닌가요?

김동춘 | 사상의 수용에 있어서 자유로운 사고가 나타나지 않는 양상은 근대 이후에도 마찬가지라고 봐요. 북한의 주체사상도 그렇다고 생각되는데, 거기에는 지정학적인 이유나 정치적인 이유도 작용했으리라 봅니다.

윤해동 | 저도 동의합니다. 그런 수용의 양상이 결국 권력 또는 국가 성격과 관련되어 있고, 그것에 지정학적인 면도 작용했을 것이라는 점도요.

김동춘 | 제 생각에 전근대 사회에서는 지정학적 상황이 훨씬 더 컸을 것이고, 근대 이후에는 그보다는 시장규모와 관계가 있으리라고 봅

니다. 자본주의적인 시장규모 말이지요. 자본주의의 취약함·시장의 협소함이 탈시장적인 흐름이나 '다른' 사상을 전혀 용인하지 못하게 하는 힘으로 작용한 게 아닌가 합니다.

장석만 | 저는 고미숙 선생님의 말씀에 동의합니다. 동아시아 3국의 근대성 수용 양상이 비슷하다는 점과, 우리가 근대주의의 모범생이라는 점에 대해서요. 우리나라처럼 미국이나 유럽에 기준을 두고 우리의 미래를 예측하고 따라가려는 나라도 드물 겁니다. 우리가 미국에 몇 년 뒤졌는가, 일본에 몇 년 뒤졌는가를 따지잖아요. 그래서 어떤 면에서 우리에겐 '어두운 미래'란 있을 수 없지요. 그 선배들, 즉 유럽·미국이 끝없이 발전해나가면서 늘 우리보다 앞서 있는 것처럼 보이니 말이죠.

'우리의 상상력 자체가 식민화되어 있다'고 볼 수 있습니다. 고미숙 선생님이 지적한 내용도 이런 게 아닌가 합니다만. 그런데 이처럼 '근대성의 포로'가 되어 있는 정도가 한국이 특히 심하고, 중국과 일본도 그에 못지않다고 보입니다. 동아시아 3국이 왜 그런 양상을 띠는가가 하나의 연구주제 아닌가요? 가령 인도만 보더라도 별로 안 그렇습니다. 근대 전반에 걸친 문제를 자기 나름의 시각에서 검토하는 경향이 굉장히 강하죠.

고미숙 선생님은 중세를 공부하셔서 '근대' 아닌 다른 삶의 양태와 시스템을 찾고 보신다 했는데, 그런 방식의 공부는 서양 학자들이 고대 그리스를 계속 논의의 대상으로 검토하는 문제의식과도 상통하죠. 그런 식의 자유로운 사색의 공간이 필요해요. 우리에게 그 대상이 되는 시대가 조선일 수도 있겠죠.

아무튼 그런 식으로 매여 있던 상상력을 푸는 작업이야말로, 한국 학계에서 정말 절실하게 필요하다는 생각입니다. 그런데 '고대'나 '중세' '조선'을 통해 상상력을 해방시키자고 하는 것이, 고대나 중세에 다른 삶의 방식에 대한 답이 있을 거라는 얘기는 절대 아닙니다. 비유하자면 비틀거리는 주정꾼이 둘 있을 때 이들을 세우는 방법은, 둘을 기대게 해서 서로 지탱하도록 해야 된다는 겁니다. 이것이 어쩔 수 없는 방법 아닌가요? 결국은 근대적 삶의 어디에선가로부터 뛰어넘을 돌파구를 찾을 수밖에 없다는 겁니다.

윤해동 | 식민지시대 이래로 우리 사회 구성원 대다수가 공유한 의식, 즉 오늘보다는 내일이 당연히 더 나을 것이고 그렇게 가다 보면 우리가 다른 나라를 따라잡을 수도 있을 거라는 발상이 아무리 진보적인 의의를 갖고 있다 하더라도, 그런 생각을 일단 빨리 버려야 한다고 생각합니다. 그런데 어떻게 버리느냐, 어떤 대안이 있는가를 고민해야 하는 단계에 와 있는 게 아닌가 합니다.

장석만 | 예. 문제제기의 도발성에 대해서는 크게 의의를 인정하고 싶습니다. 그런데 뭔가 도발하려면 책임도 필요할 텐데, 그 책임은 다른 게 아니라 '그렇다면 대안이 될 만한 삶의 방식이 뭘까'에 대한 생각도 첨부되어야 할 텐데, 그것은 아무래도…….

윤해동 | 현재 우리 속에서 찾아낼 수밖에 없다…….

장석만 | 예. 전 그런 생각이죠.

류준필 | 장석만·고미숙 선생님은 역시 '상상력'의 스케일이 크시네요. 두 분은 연구하는 시대가 지금보다는 상대적으로 멀고 또 주로 근대성의 담론을 테마로 글을 쓰셔서 그런 것 같습니다. 그래도 말씀은 "현재의 우리 속에서 다른 가능성을 찾아낼 수밖에 없다"는 데까지 이르렀습니다. 자연스럽게 식민지 시대나 한국전쟁 후의 한국을 대상으로 하면 이야기도 풀려나갈 것 같고, 순서도 맞는 듯합니다.

'근대의 완성'이라는 실천적 무기

김동춘 | 고미숙 선생님과 장석만 선생님 말씀을 잘 들었는데, 사실 연구자로서 저는 두 분의 생각에 상당히 공감하는 측면이 있지만, 아무래도 사회과학을 하는 입장이고 또 현실 문제에 개입하다 보니까 자꾸 자기 분열증이 일어납니다. 한 쪽에서는 두 분과 비슷한 생각을 하면서도 현실 문제에 부딪히면 다른 생각이 들기도 합니다. 그러니까 근대성 문제를 이론적인 문제이기 전에 실천적인 문제로 바라보면, 예를 들어 노동자들에게 "노동이 고통스러운 것만은 아니야, 마음속에 행복이 있어." 이렇게 얘기할 수는 없다는 겁니다.

그리고 전통적인 노동운동 노선의 옳고 그름의 문제를 서구 노동계급 운동사의 관점에서 따져볼 수는 있겠지만, 그런 것도 학문적인 문제가 아니라 실천적인 문제일 때는 원칙적으로 잘못된 노선이라 해도 노동자들이 눈앞에 두고 있는 작은 현실 문제도 비판하기가 쉽지 않다는 겁니다.

이런 점에서 저는 '근대의 완성'이라는 명제에 동의하는 편입니다. '실천적인 차원'에서 그것을 견지하는 게 옳을 것 같습니다. 어떤 면에서 이런 입장은 제 직접적인 경험과도 관련이 있습니다. 저는 대한민국에서도 최고로 보수적인 경상북도 북부지방에서 자라 대학에 와서 어쩌다 돌 한 번 던지고는 무기정학을 당했어요. 그러면서 조금 '의식화'되었는데, 그런 눈으로 고향이나 집의 현실을 보면 견딜 수 없이 고리타분한 거예요. 대학 1~2학년 때는 집에만 내려가면 아버지랑 싸우게 되죠. 제사 문제에서부터 각종 혼례나 동성동본 혼인 문제까지, 이런 게 아버지하고 싸운 쟁점이었어요. 사회에 대한 비판적 의식이나 민주적인 의식이 전혀 없는 유교문화의 보수성을 몸으로 겪었다고 할까요.

그리고 이건 민족주의 문제인데요. 유신 정권을 비판할 때, 그 비판의 논리가 약간 헷갈렸던 측면이 있었어요. 예를 들면 박정희의 근대화를 민족주의 담론에서 일본·미국에 대한 매국외교와 종속성을 비판해야 하는가, 아니면 완전히 반대로 '민주주의'의 관점에서 박정희식 '충효 이데올로기'나 민족주의의 전근대적인 측면을 비판해야 하는가. 그게 제가 대학교 다닐 때 했던 고민이에요. 그러다 계급 담론을 알게 되면서 그 문제는 해소된 편이죠. 물론 양쪽의 관점을 지금도 다 갖고 있는 편이지만, 역시 기본적으로는 '민주주의'의 관점에서 박정희의 전근대성이나 보수성을 비판해야 한다고 생각합니다.

한국에서 사회운동에 관심을 갖는 사람이라면 당연히 기본적으로 그런 입장에 설 수밖에 없겠죠. 다르게 말하면, 우리 사회에 대해서 비판하거나 실천적인 입장에 서려면 반드시 래디컬(radical)한 의미에서의 '근대의 완성'이라는 입장을 가질 수밖에 없을 것 같습니다.

만약 그걸 뛰어넘어서 갈 경우에는 비판의 각도가 흐려질 수 있죠.

이런 문제의식은 한국 노동계급에 관한 연구를 하면서 연장됐습니다. 한국 노동계급의 형성을 어떻게 봐야 하는가 하는 문제에 대해 학위논문 서문에 이런 말을 썼던 게 기억납니다. "왜 한국의 노동자는 시민도 계급도 아닌가." 제가 '근대화론'적인 사고를 갖고 있는 거죠. 한국 노동자는 '노동자계급'은 차치하더라도 '시민'이라도 되면 좋을 텐데 왜 그것도 되지 못하는가?

지금은 이 문제에 대해 이렇게 생각합니다. 결국 세계 자본주의는 그리스·로마까지 거슬러 올라가는 유럽적인 사고나 문화가 자본주의 문명으로 된 것이 아닌가. 그 속에는 자유주의·법치·합리성 등의 요소가 있는데, 그것들이 갖는 보편주의적이고 해방적 측면이 나름대로 최근 몇 백 년의 세계 역사를 이끌 수 있었던 것이 아닌가. 그렇게 본다면 우리의 '근대'는 물론 굉장히 왜곡된 형태로 나타났는데, '과잉 근대(Over-Modernization)'[8]와 '전근대'가 혼재한다고 생각됩니다. 한편으로는 서구보다도 더 서구적이고, 다른 한편으로는 전혀 서구적이지 않은 면이 있죠. 이처럼 과잉근대와 전근대가 혼재하는 이유는 한국이 세계 자본주의 문명권의 주변부에 속해 있기 때문입니다. 일국 단위로 보면 이 문제가 아예 안 보이고, 세계 단위에서 보면 과잉 근대와 전근대가 공존하는 것이 별로 이상하지 않은 거죠. 사실 그래서 근대를 뛰어넘더라도 이 유럽적 문화가 자본주의 문명으로 전화하게 된 힘, 그 힘의 단계를 우리가 어떤 형태

---

8 | '과잉 근대'에 대해서는 이 책 〈김동춘·발로 생각하는 지식인〉에서 자세하게 다루고 있다.

로든 믿고 넘어가지 않으면 안 됩니다.

류준필 | 그러면 '단계론'을 설정하는 게 아닌가 하는 비판이 있을 수 있는데요.

김동춘 | 그게 국가·법·개인의 해방과 같은 '근대'의 과제들을 무시할 수 없는 이유라 생각해요. 그러니까 유럽적인 문화가 자본주의 문명이 되게끔 한 그 힘을 문명의 최저치 곧 미니멈이라고 생각하고 맥시멈은 그 이상의 것이 있다고 생각하는 것, 그게 아까 말씀하신 '탈근대'에 대한 사고겠지요. 그렇지만 미니멈을 뛰어넘으려고 할 때는 더 최악의 상황이 초래될 수 있다는 겁니다. 예를 들면 '탈근대'의 사유로 "법치가 과연 타당한 것인가, 법치가 과연 인간을 해방시킬 수 있는가" 이렇게 문제를 제기할 수도 있고, "그렇지 않다"라는 답을 낼 수도 있습니다. 그런데 현실에서는 법치가 이루어지지 않으면 최악의 고통을 당하는 사람들이 있습니다. 그렇기 때문에 '법치'조차 슬로건 혹은 전술로, 어떻게 본다면 최종 목표를 넘어가는 경과의 지점으로 제기될 수밖에 없는 그런 측면이 있는 게 아닐까요? 그래서 전 '탈근대/근대의 완성' 양자의 생각을 같이 가지고 있는데, 실천적인 측면에서도 그게 유용하다고 생각합니다.

이론적으로는 90년대 들어 마르크스주의를 반성하고 '근대'의 문제의식에 약간 눈을 뜨게 됐고, 그러다 50년대에 주목하게 됐어요. 마르크스주의나 근대화론이 공히 가지고 있는 근대화론적인 발상을 넘어설 수 있는 지점들을 생각하다 보니까, 50년대 한국에서 그런 부분들이 눈에 많이 띈 거예요. 더 거슬러 올라가면 일제시대도 마찬가지겠죠. '과잉 근대'와 '전근대'가 어떻게 한국 사회에 존재하는지 좀더 거시적으로 보고 싶습니다.

노동계급 문제도 아직은 답을 찾고 있는데요. 한국의 노동운동이나 노동계급이 앞으로 어떻게 될지 생각해보면, 한국의 노동운동은 유럽의 과거인 동시에 미래인 측면이 있습니다. 현재 한국의 비정규직 노동 문제는 유럽의 미래이고, 한국 노동운동의 기업별 체계는 유럽의 과거입니다. 이런 현실이 실제 사례로 존재하고 있는 거죠.

'민족'과 '국민국가'를 넘어

윤해동 | 90년대 한국에서 근대성 논의가 시작될 때 《창작과 비평》에서 내놓은 틀이 김동춘 선생님이 말씀하신 것처럼 '완성과 극복' 또는 '과잉 근대'와 '전근대' 이런 식이었는데, 그 발상 자체가 뭔가 아이디얼 타입(Ideal Type : 관념형)을 설정해놓아야 나오는 게 아닌가 합니다. 그런 기준이 없으면 '완성'이나 '극복' 같은 발상 자체가 불가능하죠. 그런데 과연 우리 근대를 이런 방식으로 사고하는 것이 타당한가요? 그러면 다른 방식의 발상법은 무엇인가 하는 것도 문제이고, 앞에서 고미숙 선생님·장석만 선생님이 하신 말씀도 역시 이런 문제의식에서 나온 거라 생각됩니다. 저 역시 김동춘 선생님처럼 '완성/극복'이라는 발상이 갖는 현실성은 충분히 인정합니다만, 이것을 가지고 문제를 풀어나가는 것에는 반대합니다.

'완성/극복'의 틀은 식민지 지배나 분단 같은 한국적 상황을 왜곡이나 결여로 해석하게끔 합니다. '정상'을 상정한 것이니까요. 그런데 저는 근대 자체가 '왜곡·결여'를 구성적 요소로 가지고 있다고 생각합니다. 우리는 흔히 제국주의가 만드는 자본주의적 현상이나 국민국가 형태, 이런 것만을 근대로 설정하지만 사실 제국주의의 자본주의적 형태나 국민국가는 식민지나 그 외 전근대적 경제 형태가 없다면 결코 유지될 수 없거든요. 그래서 '완성' 대 '왜곡·결여'란 틀은 우리 사고를 진전시키는 데 문제가 있다고 생각합니다.

그리고 김동춘 선생님 말씀 중에 '문명'과 '법치'가 강조되었는데요. 제가 보기에는 '문명'이라는 발상 자체도 기원부터 굉장히 위계적인 개념이고, '법치'도 상당히 가치 판단이 많이 개입된 개념으로 동아시아적 사고와 대비되는 것이기도 하죠. 존재와 가치, 말하자면 자연과 도덕의 분리가 우선이라는 사고를 깔고 있는데 그게 보편타당한 것인지 의문이 들기도 합니다.

류준필 | 김동춘 선생님의 논지에 비판적인 태도를 취셨는데요. 윤해동 선생님께서 근래 내놓으셔서 논란의 대상이 된 '민족주의 비판'과 관련이 있나요?

윤해동 | 예. 고민을 근본적으로 다르게 할 필요가 있을 것 같습니다. 이런 견지에서 제가 몸담고 있는 역사학 분야를 보면, 근대 역사학이 성립된 지 이제 1백여 년 남짓 됐고, 그것이 주로 해온 일은 네이션 빌딩(Nation Building : 국민국가 형성)과 관련되어 있습니다. 해방 이후 또는 일제시대부터 개념화된 한국에서의 근대 역사학은 아주 충실하게 국민국가 형성이라는 과제에 복무·복속해왔습니다. 국민국가 건설을 가장 중요한 근대의 과제로 내세우는 발상, 또는 '민족' 담론으로 식민지 상태나 분단 상황을 바라보는 발상은 전형적으

로 근대 역사학이 국민국가 건설을 위한 '국민 통합' 또는 '국민화' 전략에 기여해왔음을 보여줍니다.

그러나 이제 한국 근대 역사학은 자기 반성이 필요한 시점이 아닌가 생각합니다. 그럼 뭘 문제삼아야 하는가? 제가 보기에는 근대 역사학의 두 가지 기본 틀인 진보 관념과 시공간 인식인 것 같습니다.

진보 관념에 대해서는 앞서 '발전론'으로 좀 얘기가 됐죠. 저는 근대 역사학의 시공간 인식이 굉장히 단성(單聲)적이고 직선적이어서 그 발상도 단성적인 것밖에 없다는 생각을 갖고 있습니다. 공간 개념도 국민국가의 경계와 상상력 속에 완전히 갇혀 있고, 그 공간은 시간에 의해 압도적으로 지배되고 있습니다. 그렇기 때문에 근대 역사학이 새로운 상상력을 갖기가 굉장히 어렵고, 전략 자체도 대체로 '국민화'에 복무할 수밖에 없었다고 봅니다.

어찌 보면 거기에 얽매여 있는 정도가 역사학이 가장 심각하기 때문에 근대성 문제에 대한 고민의 중점이 국민국가의 경계를 넘어서 역사적 상상력을 발휘하는 것, 그리고 진보 문제에 대해 자기 성찰을 해보고 시공간 인식을 열어놓는 것으로 종합될 수 있다고 생각합니다. 근대성을 하나의 기준 틀로 두고 우리의 모습을 결여나 왜곡의 방식으로 이해하지 않는 것, 이것은 우리의 상상력이 국민국가의 경계를 넘어설 때 가능할 것입니다.[9]

---

9 | 이 문제와 관련해서는 《기억과 역사의 투쟁》(《당대비평》 특별호, 2002)에 실린 윤해동의 〈억압된 주체와 맹목의 권력: 동아시아 역사논쟁과 국민국가〉와 〈좌담-동아시아 역사학의 반성 : 국민국가의 담 밖에서〉에 자세히 기술되어 있다.

윤해동   근대 역사학의 공간 개념은 국민국가의 경계와 상상력 속에 완전히 갇혀 있고,
그 공간은 시간에 의해 압도적으로 지배되고 있습니다. 그렇기 때문에
근대 역사학이 새로운 상상력을 갖기가 굉장히 어렵고,
전략 자체도 '국민화'에 복무할 수밖에 없었다고 봅니다.
따라서 근대성 문제에 대한 고민의 중점은
국민국가의 경계를 넘어 역사적 상상력을 발휘하는 것,
그리고 진보 문제에 대해 자기 성찰을 해보고 시공간 인식을 열어놓는 것으로
종합될 수 있습니다. 근대성을 하나의 기준 틀로 두고
우리의 모습을 결여나 왜곡의 방식으로 이해하지 않는 것,
이는 우리의 상상력이 국민국가의 경계를 넘어설 때 가능할 것입니다.

장석만 | 그런데 '국민국가의 틀을 넘어서'라는 주장은, 자본주의가 국민국가 단위를 넘어 전지구적인 규모로 확산하는 데 필요한 논리라는 비판이 있을 수 있습니다. 그래서 그런 자본의 논리와 구별될 수 있는 논리적 보완이 필요할 듯합니다.

윤해동 | 예, 그렇죠. 근대 자본주의는 묘하게도 20세기 후반까지는 철저하게 구획하는 것을 확산의 주요 전략으로 삼았죠. 그런데 국민국가의 틀을 확실하게 가르는 것이 자본 이동이나 상품 이동에 큰 지장을 초래하게 되자, 이제는 벽을 낮추는 쪽으로 자본주의의 확산 전략이 바뀌었습니다. 그렇기 때문에 지금 국민국가 비판을 하면 "자본의 논리에 놀아나는 것 아닌가"라는 오해나 비판을 받을 여지가 많다는 것을 인정은 합니다. 그런데 우리가 '국민국가 완성'을 기준으로 분단을 왜곡이나 결여로 말할 때, 큰 함정이 하나 있습니다. 말하자면 '법치' 문제와도 결부되어 있는 주권국가의 주권성 확립 문제가 독재의 논리와도 상통한다는 사실을 놓칠 수 있는 것이죠. 헌법을 입안할 수 있는 주권성 자체가 국가에 위임되는 것인데, '주권의 독재'라고 할까요? 그런 문제를 놓칠 수 있죠. 그리고 현재는 국가 자체가 '국민 만들기 전략'을 통해 국민화된 사람들에게 더 이상 장밋빛 꿈을 가져다 줄 수 있는 상황은 아닌 것 같습니다.

그래서 이제는 국가의 '주권'에 갇혀 있지 않고 세계 시민적 발상을 가질 때, 제대로 된 개인의 자율성이나 자기 주권 발휘가 가능하다는 겁니다. 국민국가 틀 안에 닫아놓고서 제대로 '인간'을 사유할 수 있을까요? 그것은 20세기적 사고입니다. 국가가 우리한테 뭘 더 줄 수 있겠습니까?

김동춘 | 제 생각에는 윤해동 선생님이 역사학계 내의 국가 중심주의・민족 중심주의를 과도하게 의식하고 있는 것 같습니다. 왜냐하면 역사학계 밖으로 나오면, 윤 선생님 같은 생각은 전혀 새롭지도 놀랍지도 않습니다. 이미 상당히 많은 사람들이 이야기하고 있거든요. 주권의 한계 문제도 전혀 새로운 게 아니죠. 그런데 역사학계는 민족주의적 측면이 지나치기 때문에 그 쪽을 의식하다 보면 그런 생각을 하시는 것도 이해는 됩니다.

그런데 저는 '세계 시민'이라는 말을 인정하지 않습니다. 좀 다른 측면이지만, 예를 들어 부시의 '악의 축' 발언을 어떻게 볼 것인가 하는 문제인데요. 그와 관련해서 제가 신문에 칼럼을 쓰면서 구사한 논법은[10] 바로 윤해동 선생님이 비판하는 그러한 지평에 서 있습니다. 물론 그 글은 연구자로서 제 생각을 100퍼센트 담은 것은 아니에요. 신문을 보는 일반인들이 생각하는 지평 속에서 대중적으로 이야기한 거죠. 신문 독자들이 지닌 국가 중심・민족 중심적 지평에서 부시를 비판한 겁니다.

한편으로는 그렇고, 또 저는 전술적으로 예를 들면 '국가와 민족'

---

10 | "북한을 공격해대면서 극히 험악하고 공격적인 담론을 구사한 것은 그 동안 인내를 갖고 대북 화해정책을 추구해왔던 '우방국' 대한민국과 김대중 정부를 궁지에 몰아넣고, 상봉을 열망하는 수많은 이산가족의 기대에 찬물을 끼얹는 막가파식 발언이 아닐 수 없다. 만약 부시 행정부가 말로서가 아니라 실질적으로 북한과 대화하고 남북 화해를 도모할 의사가 있었다면, 한국을 파트너로 생각했다면, 그리고 실질적으로 지구상에 평화를 가져올 의지가 있었다면 당사자인 이라크나 북한은 물론 중도 보수적인 미국언론조차 어리둥절하게 만드는 이러한 발언을 하지는 않았을 것이다." - 김동춘, '부시 협박, 떨고 있는 한반도'(《경향신문》, 2002년 2월 6일)

이라는 개념을 떠날 때, 한반도가 전쟁 위기에 몰린 상황에서 부시의 '악의 축'을 넘어설 수 있는 실천적 대안이 있는가 물어본다면 노(No)라고 봅니다. 현재로서는 그렇습니다. 한반도가 전쟁터로 변하고 '인간의 가장 중요한 권리'인 생명권이 결정적으로 침해받는 상황이 전개될 때, 우리가 '민족'을 넘어 중국이나 일본 사람들과 연대해서 그런 상황을 막을 수 있는 가능성도 현재로선 굉장히 희박합니다. 이게 물론 우리만의 운명은 아니죠. 그런 점들 때문에 저는 '실천적으로' 본다면 또 전술적으로 민족·국가 단위의 문제의식이 전혀 허황되지는 않다고 생각합니다. 적어도 현재는 말이죠. 아무리 세계화된 지평 속에서도 말입니다.

물론 '논리적'인 면에서는 윤해동 선생님 이야기가 타당하고 당연하다는 생각까지 들어요. 그런데 그 '세계 시민' 대신 자본주의 세계체제에서와 일국 내에서의 중심과 주변의 문제로 보는 게 더 객관적이라고 생각합니다.

윤해동 | 제가 한국에서 특히 강하게 나타나는 근대 역사학의 특질에 너무 신경질적으로 반응했는지는 모르겠습니다. 그런데 저는 그 문제를 김동춘 선생님처럼 '전략적 사고'의 틀에 넣지는 않고요, 궁극으로 가는 예비적 사고라는 점에서만 그런 발상이 타당하다고 생각합니다. 지금 '세계 시민'은커녕 '동아시아 시민'도 형성돼 있지 않고 탈민족국가적 발상의 지평이 봉쇄되어 있는 상황에서, 그런 주장을 이해는 합니다만⋯⋯.

장석만 | 저는 '민족국가냐 지구화냐' '세계 시민이냐 한 주권국가의

국민이냐 하는 것이 양자택일적인 문제로 제기되는 데 반대합니다. 그 문제틀 자체가 잘못된 것 같습니다. 문제의 축을 "왜 우리한테 지금 이런 식의 대한민국이 있는가"로 맞춰야 하지 않을까요? 우리가 만든 '국민국가'란 것이, 제국주의가 대포 들고 와서 막 때려부수는 상황에서 맞설 수 있는 방패막이가 필요한데 왕조로는 더 이상 안 되니까 단군도 만들고 민족도 만들어서 이룬 것이라는 사실을, 그 역사적인 과정을 심각하게 생각한다면 '세계 시민' 같은 발상은 쉽게 가능할 것 같지 않습니다.

고미숙 | 김동춘 선생님이 말씀하신 문제를 풀어갈 때 필요한 '네이션 스테이트(Nation State : 국민국가)'와 제가 말씀드린 문제틀에서의 '네이션 스테이트'는 약간 층위가 다른 듯합니다. 동일하면서도 어긋나는 점이 있는데요. 우선 '네이션 스테이트/세계 시민' 이런 구도는 아닌 것 같아요. 이게 바로 자본의 세계화 전략이잖아요. "국민국가 안에 있을래, 아니면 세계 시민 될래?" 대포 대신 자본이 제국주의의 무기 아닙니까?

근대 '민족국가'라는 것이 엄청난 힘을 가지고 그 동안 자본의 전략으로서 작동해왔기 때문에, "이 민족국가를 넘고 가로질러야 새로운 삶이 펼쳐질 수 있다"라는 문제의식으로 가려고 하는데요, 기실 세계화 전략은 화폐의 힘에 의해 실행되고 있거든요. 그래서 세계화 전략에 포획되지 않는 새로운 흐름이 형성되어야 합니다. 어떻게 보면 오히려 자본이야말로 지금 국가의 벽을 다 깨나가고 있단 말입니다. 이 지반을 역으로 능동적으로 이용하는 방법밖에 없는 것 같아요.

그러니까 제국주의가 침범해 올 때 그에 대항해서 수동적인 위치에서 맞상대로 민족국가를 건설한 것처럼, 자본에 의한 세계화 전략이 발호하고 있으니까 거기에 수동적으로 상대하는 게 아니라, 자본의 전략에서 수많은 균열의 지점들을 만들어낼 수 있어야 하는 거죠.

자본의 블록을 깨면서 세계화 전략과는 전혀 다른 방식의 '세계적인' 흐름을 만들어내는 게 지식인들이 앞서서 해야 하는 일입니다. 그래야만 '세계 시민인가 주권국가 국민인가'라는 이분법 안에서 가질 수밖에 없는 수동성에서 벗어나 다양한 전략이 가능해질 수 있습니다. 이것이냐 저것이냐가 아니라, 이럴 때는 '국가'를 상대적으로 이용하고, 또 그 지반 위에서 싸우면서 국가를 넘어선 자본의 힘을 역이용할 수 있는 전략이 만들어질 수 있지 않을까요?

윤해동 | '자본의 세계화'와 '네이션 스테이트의 세계화'가 상호 길항하는 측면이 있기 때문에 문제가 복잡하다는 데 동의합니다. 그런데 그것말고 또 다른 층위에서 진행되고 있는 세계화에도 충분히 주목할 필요가 있을 것 같습니다. 하나는 문화적 차원에서 세계화의 진전이고 또 다른 층위는 INGO(International Non-Governmental Organization : 시민단체 국제연대기구)의 활동입니다. 제가 볼 때는 INGO의 활동은 국가를 넘어선 시민사회의 형성과도 관계가 있습니다. 이 두 가지 차원의 내부에도 서로 충돌하는 문제가 있겠죠. 문화가 세계화됨으로 해서 지역문화가 죽는다든지 하는 것처럼 말이죠. 이런 양면을 다 고려할 수 있어야 상호 길항하는 것처럼 보이는 자본이나 국가의 역할 문제도 풀릴 거라는 생각이 듭니다.

3 글쓰기, 오늘날 지식인의 삶

류준필 | 지금부터는 좀더 마음에 와닿는 주제를 이야기해보죠. 우선 지식인의 '글쓰기'에 대해 이야기했으면 합니다. 지식인의 위상이 변화했다고는 하지만 오늘날에도 '지식인'이라는 존재의 대사회적 활동의 중심은 역시 '글을 쓰는 것'입니다. 여기 계신 선생님들도 각각 독특한 글쓰기로 나름의 실천을 해오고 계십니다. 윤해동 선생님은 《역사비평》《당대비평》에 주로 '논문'에 가까운 글을 많이 쓰시고 칼럼이나 흔히 말하는 '잡문'은 잘 쓰지 않는 것 같습니다. 고미숙 선생님은 〈한겨레〉를 비롯한 다른 매체에 다양한 글을 많이 발표한 바 있고, 장석만 선생님은 《사회비평》《이머지 21》《당대비평》 등에 미디어 비평에서 종교 비판까지 문화 비평에 관련된 다양한 글을 쓰셨습니다. 김동춘 선생님이야 언급할 필요 없이 칼럼을 많이 쓰시고, 또 '참여연대'와 '민간인학살진상규명과 명예회

복을 위한 범국민위원회' 등에서 아주 활발한 '참여' 활동을 하고 있습니다.

　글쓰기를 비롯한 지식인의 참여 문제를 이야기했으면 하는데요. 먼저 윤해동 선생님은 특별히 '잡문'을 안 쓰는 이유가 있는지요?

'잡문'과 논문

윤해동 | 상황과 능력이 안 되어서 쓰지 않은 것이고, 앞으로도 별로 쓸 생각이 없습니다. 이건 어디까지나 제 능력 문제입니다.

장석만 | 저는 지식인들이 이른바 '잡문'에 관해서 "나는 그런 글은 안 쓴다" 이런 태도를 취하는 것은 바로 지식과 삶의 유리(遊離) 문제와 관련이 있다고 봅니다. 근대의 지식체계가 특정한 글들에 위계를 부여하고, 또 '논문'과 관련해서는 "객관적이고 과학적이어야 할 것" "대상과 거리가 있어야 하고 주관적이거나 감정을 개입시키지 말 것"을 요건으로 가르칩니다. 글쓰기와 관련하여 이런 글만 권위를 얻을 수 있게 됐죠. 글에 '자기 문제'나 자서전적인 것이 들어가면 "여자들이나 하는 것"이라거나 "학자의 자질이 부족"하다는 평가를 받습니다.

　글쓰기가 권위 있는 지식, 또는 지식의 권위와 이런 방식으로 연결되는데요, '권위'는 논문의 '형식'에도 있습니다. 그리고 대학이 '권위 있는 지식'을 만들어내는 곳이기 때문에, 거기 몸담고 있는 연구원이나 교수는 "권위 있는 지식을 만들어내는 일 외에 다른 일을 하면 안 된다"는 이데올로기가 있습니다. 그래서 '학자가 되기 위해' 가장 중요하게 배우는 것이 바로 '논문 쓰는 법'이죠. "말줄임표는 점을 몇 개 찍어라" 하는 차원에서부터 "참고문헌·각주는 어떻게 달아라" 등 시시콜콜한 데 이르기까지 지시하지 않는 게 없습니다. 어떤 분야의 어떤 지식이 권위를 얻는 방식은, 그런 글쓰기를 익혀 쓸 수 있는가 하는 문제와 깊은 관련이 있죠.

이런 걸 뒤집어엎기 위해서는 '좋은 논문'을 쓰는 것도 한 방법이겠지만, 글쓰기 방식 자체를 바꿔야 하고, 그러기 위해서는 '잡문'도 상당히 필요하다고 봅니다. '잡(雜)'이란 단어에는 권위를 부여하는 어떤 틀에 맞지 않는 것은 모두 배제하겠다는 의미가 담겨 있습니다. 정원에서 매일 관리해서 예쁘게 키우는 화초말고는 전부 '잡초'이듯 말이죠. '잡문'이 갖고 있는 전복적인 힘을 키워야 합니다. 그렇지 않고 '논문'만 쓴다면 결국 그 '권위'의 대열에 편입하고 머무는 것이 아닌가 생각합니다. 물론 신문이나 잡지에 글 쓰는 것만 '잡문'으로 한정해서는 안 되죠. 다른 방식을 끊임없이 모색해야 합니다. '잡문'을 정말 '잡'되게 할 수 있는 끊임없는 노력이 있어야 기존의 것에 구멍을 낼 수 있겠죠. 아니면 그 자체도 상투화될 가능성이 있으니까요.

류준필 | 논문 자체도 그런 식의 힘에 의해 바꾸어야 한다는 뜻인가요?

장석만 | 예. 저는 논문 자체도 '자기 얘기'를 한다든지 그런 식으로 틀을 바꿀 필요가 있다고 봅니다. 이미 외국에서는 다 되고 있고 별로 새로운 이야기도 아닙니다. 우리나라에서는 90년대 중반에 김영

장석만   지식인들이 이른바 잡문에 관해서
"나는 그런 글은 안 쓴다"는 식의 태도를 취하는 것은
바로 지식과 삶의 유리(遊離) 문제와 관련이 있다고 봅니다.
근대의 지식체계가 특정한 글들에 위계를 부여하고,
일정한 요건을 갖춘 글에만 권위를 준 것이죠.
이런 걸 뒤집어 엎기 위해서는 글쓰기 방식 자체를 바꿔야 하고,
'잡문'이 갖는 전복적인 힘을 키워야 합니다.

민 씨(한일장신대 교수)가 몇 가지 문제제기를 하다[11]가 단발성으로 논의가 끝났죠. 문제는 대학들이 그런 문제제기를 들은 척도 안 한다는 겁니다.

윤해동 | 제가 '잡문'을 안 쓰는 이유는, 원고지 7~8매짜리 글을 쓸 능력이 없다는 걸 인정하는 건데요. 대학에 있는 사람들이나 공부하는 사람들이 쓰는 글이 대부분 '청탁을 받아서' '단기간'에 써주는 글이기 때문에, 자기 방법이나 자존심이 배어 있는 글쓰기를 하기 어렵고 그래서 독자적인 글쓰기의 틀을 가진 사람이 드문 것 같습니다.

저는 신문이나 잡지에서 청탁받는 원고지 몇 매짜리 짧은 글보다는 장석만 선생님이 말한 후자의 문제에 보다 중요한 게 걸려 있다고 생각합니다. 제가 힘을 기울이고 싶은 것도 그런 면이고요. 주(註) 많이 달리고 엄격주의가 지배하는 방식의 글쓰기만 논문으로 통용되지 않도록 말이죠. 김동춘 선생님도 그런 측면에서 노력을 많이 하시지 않습니까? 전에 나온 《전쟁과 사회》에서도 그런 느낌을 받았습니다만, 그것보다 조금 더 대중화시킨 글도 대학에서 논문으로 인정받을 수 있는 분위기를 만들어가야 하고, 특히 역사학처럼 엄숙주의에 익숙해져 있는 학문 분야에서는 더욱 그런 시도가 필요한 것 같습니다. 저도 그런 시도를 해볼 생각이고요.

---

11 | 김영민은 《탈식민성과 우리 인문학의 글쓰기》(1996) · 《지식인과 심층근대화》(1999) 등의 저서를 통하여 인문학자들의 '글쓰기' 문제를 제기한 바 있다.

김동춘 | '논문 형식'에 대한 고집을 이야기하면 제일 먼저 김용섭[12] 선생이 떠오릅니다. 저 자신 논문을 쓰다가 그 선생님을 의식한 적이 있고요. 그 다음 문학하는 사람 중에서는 황순원[13] 선생이 연상이 되죠. 그분들의 태도가 '잡문'은 절대 쓰지 않는다는 엄격주의였습니다. '정해진 그 형식' 외에는 절대로 외도하지 않는 방식이죠. 그런데 엄격성은 높이 살 만하지만 두 분 다 레드 콤플렉스가 작용한 게 아닌가 생각됩니다.(웃음) 왜냐하면 잡문을 쓰게 되면 자기 생각을 표현해야 하는데, 그간 한국 사회에서는 자기 생각을 표현하는 게 위험한 일이었거든요. 개인적으로 그분들을 잘 모르는 입장에서 감히 막말을 하는 건지도 모르지만, 저는 그렇게 봅니다. 그분들의 레드 콤플렉스가 엄격주의를 만들었다고. '권위적'이어서가 아니라 민감하게 정치적 분위기를 의식한 결과라고 봅니다.

제가 주로 '잡문'이라 불리는 글을 많이 쓰게 된 것은 대학에 자리 잡고부터입니다. 그 전에는 기회도 별로 없었죠. 사실 개인적으로는 20대에 습작으로 문학평론 같은 것도 시도해본 적이 있어요. 그래서 그런 부분에 대해 스스로 제한을 두지는 않지만, '학문 사회'에서 인정받기 위해서는 논문의 형식을 지키는 문제에서 자유로

---

[12] 金容燮(1931~) : 1955년 서울대 사학과를 졸업하고 서울대와 연세대 교수를 역임한 대표적인 사회경제사학자이다. 조선 후기 농업경제사를 연구하여 내재적 발전론을 이론적으로 정당화하고 '식민사관'을 극복하는 데 크게 기여했다.

[13] 黃順元(1915~2000) : 소설가. 경희대 국문과 교수를 역임하며, 〈소나기〉 《카인의 후예》《별과 같이 살다》《나무들 비탈에 서다》 등의 '명작'을 남겼다. "작가는 작품으로 이야기한다"며 일체의 잡문을 쓰지 않았고, 문학과 학문 활동 외에는 어떠한 감투도 쓰지 않았다고 한다.

울 수가 없었죠. 1997년부터 2000년까지 《경제와 사회》 편집장을 하면서 부딪혔던 딜레마가 바로 그겁니다. '학술진흥재단'에 등재[14]되기 위해서는 그 형식에 맞춰야 하는데, 그 형식에 따른다는 것은 곧 학문하는 사람들의 상상력을 빼앗는 것임을 알았습니다. 그런데도 거부하지 못했어요. 학계에 진입하고자 하는 다수의 열망을 뭉갤 수가 없기 때문에, 제도권의 길로 스스로 투항한 것이죠. 들어가서도 결국 계속 이렇게 양다리를 걸치고 있죠. 제도권에서 요구하는 걸 무시하지도 못하고, 또 바깥의 요구도 무시하지도 못하는 이런 상황에서 왔다갔다하고 있습니다.

저는 잡문에 관해서는, 스스로 '글에 대한 통제'를 할 수 있고 자기 주장을 마음대로 쓸 수 있다면 쓰는 것이 '좋다'고 생각합니다. 그렇지 않고 외부에 의해 '통제되는 글'에서의 잡문은 안 된다고 봅니다. 그렇게 되면 스스로 제어하는 것이 아니라 통제하는 자들의 논리에 빠져들기 때문에 주체할 수 없는 상황으로 갈 위험성이 있죠.

그리고 '학문적인 글'의 경우 엄격한 학문적 엄밀성을 지녀야 한다는 것 자체는 중요하다고 봅니다. 제가 생각하는 원칙은 예를 들면 한나 아렌트(Hannah Arendt)가 제도권 학자가 되기 전에 쓴 《전체주의의 기원》이란 책을 보면서 느꼈던 건데요. 기본적으로 한나 아렌트는 그 책을 쓸 당시에는 운동가였고, 운동가의 입장으로 책을

---

14 | 각 학회에서 나오는 학술 저널은 공식성을 갖기 위해서 교육인적자원부 산하의 '학술진흥재단'이 정한 규정에 따라 '등록'하여 심사를 받고 등급을 부여받아야 한다. 이를 '등재'라 하며 이처럼 공식적인 등급을 받은 저널에 기고하여 실린 논문만 연구자들의 '업적'으로 인정된다. 그리고 이 '업적'이 있어야 연구자들은 교수가 되거나 연구 지원금을 받을 수 있다.

썼어요. 그런데도 그 책은 학문적으로도 전혀 손색이 없어요. 그걸 보며 학문의 기본적인 원칙은 동서고금에 불변이라는 생각을 해봤거든요. 이건 다산 정약용도 말한 건데, 우선 '기존의 논의를 파악하고 잘못된 논의를 확실하게 논파하는 것' 그 다음에 '현실을 분석하여 보여주는 것' 그리고 '전망을 보여주는 것'이 기본 원칙이고, 이를 지키는 데는 동서고금에 차이가 없다는 겁니다. 그렇게 본다면 흔히 생각하는 '논문'의 형식을 떠난 '학문적인 글'은 필요하다고 봅니다. 재야에 있든 대학에 있든, 학문의 경계를 넘어서든 필요하고, '형식'이 아닌 '원칙'을 지키는 것에 대해서는 학자로서 엄격해질 필요가 있다고 생각합니다.

류준필 | 칼럼 같은 글을 쓰실 때는 말하고 싶은 수위의 어느 정도까지 쓰시나요?

김동춘 | 70퍼센트 정도입니다. 현재의 지평 속에서 일반 독자들이 어리둥절하지 않을 정도, 그리고 편집하는 쪽에서 내 글을 고치지 않을 정도면 됩니다. 학자로서 자기 주장을 하는 것과, 일반 사람들에게 읽히게 쓰는 건 약간 다른 차원의 문제거든요. 두 가지 차원을 다 겸비한다는 건 어떻게 보면 불가능한 일이거나 무의미할 수도 있어요. 그런데 저는 아무래도 사회과학을 전공하고, 또 현실 문제와 운동에도 관여하니까 지금까지는 칼럼 쓸 기회가 있으면 되도록 쓰려고 했죠.

윤해동 | 좀 다른 차원의 이야기입니다만, 청탁 받은 내용으로 쓰는

게 아니라 독자적인 자기 생각을 쓰는 공간이 필요합니다. 그런 공간이 거의 없거나 제한되어 있는데 그런 걸 만들어내야 합니다. 학계에 진입하고자 하는 사람들이 요건을 갖춰서 써야 하는 그런 글 말고, 자기가 하고 싶을 때 쓰고 싶은 글을 쓰는 독립적인 저널을 다양하게 많이 만들 필요가 있다고 생각합니다.

장석만 | 우리가 어떤 식으로든 이 현실 속에 포함되어 있고 개입하는 존재라면, 자기 나름의 관점을 갖고 살아가고 있는 거죠. 그렇다면 문제는 '논문'인가 '잡문'인가가 아니라 삶의 실천이라는 점에서 여러 가지 방식의 글이 필요하고 또 가능하리라 봅니다. 삶에 대한 충실성이나 현실에 개입하는 진지한 자세의 여부가 새로운 스타일을 만들고 글쓰기의 패턴을 만드는 동력인 것 같습니다.

윤해동 | 그런데 글 쓰는 사람이 외부의 힘이나 관습 따위에 독립적이지 않을 때는 새로운 형식이 개발되지 않는 건 분명한 사실 같습니다. 얼마 전에 조너선 스펜스(Jonathan D. Spence)라는 미국의 중국학자가 쓴 《강희제》라는 책을 보고 깜짝 놀랐어요. 서술체계가 강희제가 독백하는 형식으로 되어 있는 거예요. 역사서술을 그런 식으로 할 수 있다는 데 깜짝 놀랐죠. 대단한 자신감과 상상력이 동원되지 않으면 도저히 불가능한 일이죠. 한국에서도 그런 시도가 필요하다는 생각을 해봤습니다.

문체 혁명, 새로운 글쓰기의 가능성

류준필 | 논문이 '길들이기'의 역할을 하는 핵심 기제란 것, 그리고 '문체'가 지식권력의 일부로서 움직인다는 데 대해 대체로 동의하시는 듯합니다.

지식인의 글쓰기 문제라면 강준만 식 글쓰기에 대한 의견이 궁금해집니다. 최근 4~5년 간 가장 많은 이슈를 만들어내기도 했고 또 어떤 면에서 글쓰기의 한 종류를 연 사람이 강준만 씨가 아닌가 합니다. 그 글쓰기는 저널리즘에 기반을 두면서, 대상과 논의를 단순화시켜 '피아(彼我)'를 구분하고 매번 문제를 논란거리로 만들어내는 방식인데요. 강준만 식 글쓰기에 대한 평가는 좀 엇갈리는 것 같습니다.

김동춘 | 저는 '근엄한' 우리 사회에서, 그렇게 강하게 목소리를 내는 사람이 한 번씩 확 뒤집어놓는 게 큰 의미가 있다고 봐요. 한국 사회는 겉으로는 정말 엄숙하고 자기 위치와 위신을 중요시해서 실명을 거론하지 않는 풍토인데, 강준만 씨가 그런 걸 뒤집었죠. 자의든 타의든 위선과 체면을 벗어던지고 사람들이 좀 적나라하게 대면하는 그런 문화를 만든 게 공로가 아닌가 싶어요.

그런데 문제라고 느끼는 것은, 강준만 씨가 제 이야기에 대해 반론도 했는데, 이제 그 글쓰기가 '소비된다'는 느낌입니다. '소비된다'는 말은 글이 사람들에게 힘과 비전을 주고 운동의 동력이 되어야 하는데, 그게 아니라 그냥 한 번 재미로 읽어보고 내던져버리는, "어 누구 누구 한 번 공격했구나" "이번엔 누가 타깃이네" 하는 식의 의미만을 가지게 되는 면이 있다는 거죠. 그래서 이제 그 속에서 어떤 긍정적인 힘은 적어졌다는 생각이 듭니다.

고미숙 | 지식을 자기 삶의 근거로 살지 않는 대중들에게 강준만 식 글쓰기가 굉장히 큰 영향을 끼쳤고, 그 힘이 이제 지식인들한테도 영향을 미치는 것 같습니다. "아 이렇게 가도 되는구나" 하는 것을 의식하게 된 거죠. 그 글쓰기는 그런 점에서 의의가 있는 듯합니다.

그런데 저는 그런 방식과는 달리 '지식인이 지식인을 향해 할 수 있는 새로운 글쓰기'가 필요한 것 같습니다. 이런 글은 새로운 패러다임을 창출해내는 것과 관련이 있을 텐데요, 정말 무거운 인문학적 주제를 이전과는 전혀 다른 방식으로 쓸 수 있다면 강한 힘을 만들어낼 것 같습니다. 물론 일반 대중에게는 좀 어려울 수도 있겠지만요.

저는 역사 속에서 그런 모델이 두 가지 있다고 보는데, 하나는 박지원의 《열하일기》이고, 다른 하나는 푸코(Michel Foucault)의 《말과 사물》입니다. 《열하일기》는 제가 본 텍스트 중에서 제일 '강한' 텍스트입니다. 고문(古文)을 고문주의자보다 더 완벽하게 구사할 수 있는 사람이, 문체를 정말 자유자재로 하면서 거기에 엄청난 사상을 담을 수 있다는 점이 놀라웠습니다. 그래서 그 텍스트는 18~19세기까지 모든 사람들을, 담론을 생산하는 사람들조차 불편하게 만드는 힘을 가졌죠. 심지어 후손인 박규수가 영의정일 때도 《연암집》을 편찬하기가 어려울 만큼요.

글쓰기에 대한 지식인들의 사유를 완전히 바꾸게 하면서, 대중들에게도 영향을 미치는 새로운 글쓰기 작업이 계속 시도되어야 하는

고미숙 '근대'의 힘에 의해 분열되고 찢어져 있던 어떤 것들이 한순간에 힘으로
응집돼서 탁 투여될 수 있는 글을 쓸 수 있다면,
그건 내용이든 문체의 문제든 간에 그런 것이 곧 혁명이 아닐까 합니다.
지금 이 순간의 내 삶이 온전하게 구현되는 것이,
그런 글을 쓸 수 있는 능력을 만들어내는 게 아닌가 합니다.
결국 지식인은 글쓰기와 문체를 통해 표현하니까요.
이런 것을 전제로 삼고 노력하면 지축을 흔들고
인문학의 패러다임을 바꾸는 글쓰기가 나올 거라 생각합니다.

데 거의 잘 보이지 않죠. 제도화된 '논문'과 같은 글쓰기에서 벗어나는 방식으로 '평론'이나 '잡문'이 이야기되지만, 그것은 지식인들에게 충격을 주는 데에는 한계가 있다고 생각합니다. 지식의 추구가 왜 일상하고 분리되는가가 제 고민인데, 글을 쓰는 순간에도 글 안에서 '근대'의 힘에 의해 분열되고 찢어져 있던 어떤 것들이 한 순간에 힘으로 응집돼서 탁 투여될 수 있는 그런 글을 쓸 수 있다면, 그건 내용이든 문체의 문제든 간에 그런 것이 곧 혁명이 아닐까 합니다. 아까 근대적인 역사와 시간 개념도 의심스럽다고 했는데, 그렇다면 지금 이 순간의 내 삶이 온전하게 구현되는 것이, 그런 글을 쓸 수 있는 능력을 만들어내는 게 아닌가 합니다. 결국 지식인은 글쓰기와 문체를 통해 표현하니까요. 이런 것을 전제로 삼고 노력하면 지축을 흔들고 인문학의 패러다임을 바꾸는 글쓰기가 나올 거라 생각합니다.

윤해동 | 일종의 '패러다임 비약'을 생각하시는 건가요?

고미숙 | 글쓰기 자체가 전면적으로 그 문제와 결부되니까요.

장석만 | 글쎄, 강준만 씨는 현재의 한국 정치 상황 속에서 자기 스타일을 만들어낸 거죠. 그래서 싸움닭처럼 그렇게 쪼아대는 건데, 굉장히 도발적이면서도 사회에 기여한 바가 많다고 생각합니다. 그 동안 정권이나 자본과 야합했던 교수·지식인 사회에 대해 폭로하고 자극을 주었으니까요. 강준만에게 적대적인 사람도 많은데, 그건 그만큼 효과를 발휘했다는 얘기죠. 너무 좋은 표현을 쓰는 것인지 몰

라도 강준만 씨가 하는 일은 마치 촛불처럼 자기 몸을 태우는 거라 보입니다. 타인에 대한 그런 식의 비판이 결국 자기한테 돌아올 것을 뻔히 알면서도 그런 일을 하니까요. 강준만이 만든 모델이 아류들을 만들어내고 있는 듯한데요. 그런 스타일의 글말고 좀 다른 글쓰기가 개발될 수 있다면 좋겠죠.

지식인의 현실 비판, 그 공(功)과 과(過)

윤해동 | 저는 실명 비판이 가지는 미덕이 있지만 위험성도 있다고 봅니다. 그런 비판의 방식은 다른 측면에서 보면 일종의 파시즘적 방식 아닌가요? 자기가 세운 일방적인 기준으로 재단하고 거기에서 벗어나면 무조건 지식인이 아니라는 것 말입니다.

장석만 | 저는 그게 파시즘이라고 생각하지 않습니다. 좀 과한 면이 있다손 치더라도, 강준만의 글쓰기에 기본적으로 깔려 있는 '분노'를 이해하는 편입니다.

윤해동 | 그런 분노가 직설적이고 직접적으로 지식인의 글쓰기 방식으로 표출되는 것은 위험한 면이 많다고 생각합니다. 자기 기준에 의해서 일방적으로 남을 재단하는 방식이니까요. 게다가 실명 비판을 통해서 하니까 말입니다.

장석만 | 누구든 '자기 기준'에 의해서 비판하지 않습니까?

윤해동 | 물론 그렇죠. 그런데 비판의 대상을 일종의 '적(敵)' 개념으로 설정하는 것이 문제죠. '민중의 적' '시민의 적'이라고 하는데 그 사람들이 자기 적이지 왜 시민의 적입니까? 저는 그런 글쓰기의 위험성이 거기에 있다고 봅니다. "〈조선일보〉에 기고하는 지식인은 굉장히 문제가 많다, 반동이다"라고 하는데 이건 말도 안 되는 얘기죠.

장석만 | 그게 일방적인 개인적 기준이 아니라, 설득력 있는 공적(公的)인 성격을 갖고 있습니다.

윤해동 | 강준만 씨가 설정한 공공적 성격이 사실은 자기 기준에 의한 것이고 주관적일 뿐이라는 겁니다.

장석만 | 그렇지 않은 기준이 어딨습니까? 무엇을 이야기하든 다 자기 얘길 하는 거죠.

윤해동 | 제가 말하고 싶은 게 바로 그겁니다. 그러니까 "〈조선일보〉에 기고하는 사람은 민중의 적이다"라는 식의 이야기는 소통 가능성을 차단하는 발상에 지나지 않습니다. 〈조선일보〉에 대한 공격이 공공성을 갖기 위해서는 거기에 반드시 필요한 소통의 가능성을 열어놓아야 합니다. 하물며 〈조선일보〉는 가장 많은 독자를 가지고 있습니다. 그 독자를 적으로 돌리는 발상이 될 수도 있다는 겁니다.

장석만 | 공공성이라는 기준이 단순하게 양적 차원은 아니지 않습니까?

윤해동 | 저는 '안티조선' 운동 역시 굉장히 위험한 발상을 밑에 깔고 있다고 봅니다. 〈조선일보〉가 초래한 여러 가지 폐해를 익히 경험했고, 그 논조가 가진 파시즘적 성격을 잘 알고 있습니다. 그러나 안티조선운동 역시 마찬가지의 파시즘적 방식을 동원하고 있다는 겁니다. 그것은 부메랑이 되어 돌아올 겁니다.

류준필 | 강준만 식 글쓰기가 문제가 되는 것은 그 글쓰기가 이데올로기적인 비판 기능을 수행하는 대표적인 형태로 우리 앞에 제시된 때문인 것 같습니다. 자연스럽게 이 글쓰기가 대상으로 한 문제들이 나오는데요. 저는 이런 의문을 품기도 했습니다. 박정희·서울대·조선일보에 대한 반대운동이 어떻게 보면 60년대 이후에 아주 익숙한 비판방식과 사회운동 논리를 그냥 재생산하는 게 아닌가? 이런 문제를 글쓰기 차원에서 이야기해보는 게 필요한 듯합니다.

윤해동 | 글쓰기 차원은 일단 두고요. 안티 박정희·안티 〈조선일보〉·안티 서울대가 강준만 씨가 제기해서 나타난 운동이라는 면에서가 아니라, 각각 문제가 있는 방식의 운동이라 생각합니다. 물론 박정희 신드롬이나 〈조선일보〉나 서울대가 가지고 있는 어떤 불균형적인 권위, 즉 너무 비대화되어 있는 권력의 망을 깨자는 사회적 합의나 공감대를 이 운동이 반영하고 있다는 점은 긍정적이라고 생각합니다.

그런데 왜 그것들이 문제가 있는 방식인가 하면, 박정희 신드롬 자체가 문제를 풀 지향점을 어디에 두어야 할지 모르는 몽매한 의식을 표현하는 현상인 것처럼, 박정희 신드롬에 반대하는 운동방식도 몽매한 상태에 빠져 있는 게 아닌가 합니다. 칸트적 의미로 얘기하면, '계몽된 상황'이 아닌 것 같다는 겁니다. '자기 발로 혼자 설 수 없는' 즉 박정희에 대한 반대나 찬성으로 현하의 문제에 대해 발언할 수밖에 없는 그런 상태에 우리 사회가 놓여 있음을 반증하는 것으로 보인다는 겁니다.

장석만│그럼 윤해동 선생님은 어떤 위치나 입장에 서고자 하시는 겁니까? 박정희 신드롬이나 반(反) 박정희 쪽이나 둘 다 정상이 아니라는 비판은 상당히 강한 발언인데요. 그런 평가를 할 수 있는 입지란 게 뭔지 궁금합니다. "정상이다, 아니다"라는 평가는 양자를 다 굽어보는 위치에 있는 것이라고도 할 수 있는데요.

윤해동│아니요. 그 논리에 포획된 사람들은 2000년대 지금 우리가 살고 있는 시점과 70년대의 시점을 그냥 동일시하고 있다는 겁니다.

장석만│아니, 그런데 김종필이 70년대에도 총리를 했고, 지금도 강력한 정치분파로 킹 메이커 노릇을 하고 있는 상황이잖아요. 게다가 박근혜가 아직도 현실정치에서 막강한 영향력을 행사하고 있는데요. 박정희는 실제로 살아 있는 거 아닌가요?(웃음)

윤해동│물론 그렇기는 하지만 지금은 명백히 지형이 변화했죠. 박근혜 아니 뭐 박지만이 대통령 나온다고 해도 상황 자체는 명백히 다릅니다.

장석만 | 그런데, 박정희를 업은 세력이 현실적으로 강고하지 않습니까?

윤해동 | 강고하다고 할지라도, 박정희를 '찬성/반대' 하는 운동방식은, 변화한 상황을 제대로 보지 못하는 발상이라는 겁니다. 그러니까 '친' 아니면 '반' 이것밖에 여지가 없는데 어떻게 그렇게만 사고할 수 있겠는가? 안티 박정희 운동도 일종의 신드롬 속에 빠져 있는 것 같다는 이야기입니다.

장석만 | 예. 그러니까 김대중과 박정희가 닮을 수밖에 없는 구조를 가지고 있죠. 싸우다 보면 그 대상과 비슷해질 수 있으니까요. 그런데 닮지 않기 위해서 싸우지 않겠다는 건 더 말이 안 되는 것 아닌가요? 그렇다면 어떤 다른 방책이 가능한지를 말씀하시면 되는 것 아닙니까? 그 운동 자체가 이미 현실에 존재하는 한 경향이 되어 있는데, 거기 문제가 있다면 나름대로 새로운 투쟁방법을 추구하는 게 제대로 된 방법이지, "너도 병들었다"고 지적만 하는 것은 납득하기 어렵습니다.

김동춘 | 전 이렇게 봐요. 박정희·조선일보·서울대와 같은 문제를 '사회적으로' '세력적으로' 제기하고 대응하는 것이 70~80년대식 방식이라면, 90년대 이후에는 그것이 불가능해지거나 또 '운동'이 낡아버렸기에, 지식인이 개인적 방식으로 대응했을 때 나오는 모습이 바로 강준만 식 글쓰기나 안티조선운동 같습니다.

과거처럼 접근해서는 더 이상 호소력을 갖지 못하는 이 개인주의 시대에, 지식인 강준만 씨가 자기 방식으로 대응을 하는 거죠. 저는 강준만 씨가 벌인 '개인적' 운동을 그렇게 해석하면 되지 않을까 싶어요.

4 권위화된 지식의 생산 공장 '대학'

류준필 | 지식인이 현실에 개입하는 글쓰기 방식은 언제나 논쟁거리가 되는 사안이죠. 이번에는 역시 풍부한 논쟁거리를 안고 있는 대학과 관련된 문제에 대해 이야기해보았으면 합니다. 앞서 김동춘 선생님께서 역사학계의 민족주의 문제에 대한 말씀을 하시면서 "이미 다른 분야나 현실에서는 그러한 담론을 넘어섰다"라고 하셨는데, 그 말이 학계의 '세상 물정 모름'을 지적하는 듯했습니다. 한편으로는 이제 지식을 생산하는 사람들의 힘, 혹은 '연구자'라는 존재가 현실에 관여하는 능력이 그만큼 떨어졌음을 반증하는 것 같습니다.

그런데 90년대 중반 이후 기존에 보지 못했던 연구자들의 집단이 생겨나기 시작했습니다. 이는 기존에 독점적인 권위를 누리던 한국의 '대학제도'에 대한 의문과 반성에서 비롯되었다고 이해할 수 있을까요? 고미숙 선생님은 대표적인 '비(非)'법 단체, '불법단체'는 아니지만 법과 제도 바깥에 있으니 '비법단체'라 불러달라 하셨는데요.(웃음) 장석만 선생님이 계신 '한국종교문화연구소'는 사단법인이니 합법단체죠. 이 비법단체 '너머 + 수유연구실'에 대한 이야기를 듣고 싶습니다. 대학, 혹은 대학 내의 연구소와 어떻게 다릅니까?

대학, 희망이 없다

고미숙 | 대학에 대해 관심이 많이 떠나서 지금은 어떻게 작동하는지 잘 모르지만, 대학원생들과 대화해보면 별로 변한 게 없는 것 같고 바로 그게 문제 같아요. 국문학과만 보더라도 한국 대학은 희망이 없고, 앞으로 10~20년 뒤에도 여전히 그럴 것 같습니다. 다른 어디서 또 새로운 힘이 나타날지도 알 수가 없어요. 제도권이나 비제도권이나 마찬가진데요. 예를 들어 80년대에는 제도권에서 학생들에게 뭘 가르쳐준 게 아니고, 언더 서클이나 학회 같은 완전히 자생적인 학습 코스가 있었잖아요. 그런데 그런 것도 완전히 약화되었다고 하고, 제도가 뭔가 해주기를 기대하기 이전에 제도 주변에서 대학을 살아 있게 했던 힘, 지적인 열정 이런 것들이 현저하게 약해진 것 같습니다. 현재로서는 대학 안에서 지적인 열정이 일어나기를 기대하는 건 희망이 없다는 생각이 듭니다.

그렇다면 어떻게 새로운 생산방식을 만들어야 하는가? 일단은 지적인 열정을 일깨우는 방식으로 계속 '배치'를 만들어나가야죠. 학교의 분과 커리큘럼과 관계없는 지식에 대한 열망이 형성되면서 거기에서 새로운 욕망들이 모이고, 그것들이 또 제3의 것을 만들고, 이런 식으로 가는 거죠. 저희 연구실에 오는 연구자들은 "내 전공은 뭐다" 이런 의식이 없거든요. 그건 거꾸로 대학에서 구획해놓은 분과체계가 굉장히 무기력하다는 걸 말해주기도 해요. 지금 대학도 '세계화'하고 '자본화'하는데, 대학의 체계는 이것과도 잘 맞지 않아 시장성을 갖기도 어렵고 운신의 폭도 좁죠. 그런 거라도 일단 열어놓으면 최소한의 활력이 생길 텐데 말이에요.

수유연구소는 그런 것과는 무관하게 새로운 시도를 해보는 곳입니다. 활동하면서 제일 놀란 것이 지적인 욕망도 본능이라는 사실이에요. 특히 최근에 절실히 느꼈는데요. 식색(食色)만 본능이고 그 다음에 지식욕 같은 차원이 만들어진다고 생각했는데, 그게 아니라 본능적으로 지식에 대한 욕구를 가지고 태어나는구나 하는 거죠. 참 새로운 발견이었어요. 나이가 많든 적든 일단 불이 당겨지면 지식을 알아가는 과정을 통해서 완전히 새로운 자신을 발견하는 경우를 많이 봤습니다. 저 자신조차 "아, 나에게 이런 욕구가 있었구나" 하는 생각이 자주 들거든요. 대학의 분과체계나 마르크스주의가 줬던 자극보다 훨씬 다양한 차원의 지적 자극을 느끼고 있습니다.

류준필 | 연구실의 활동이나 성과를 '아마추어리즘'이라고 비판하는 것에 대해서는 어떻게 생각하십니까? '대학'이 그래도 권위가 있는 것은, 내적인 권위든 제도로부터 나온 형식적인 권위든 '전문가'라는 인식, 곧 '대학 교수' '박사' 이런 게 사람들한테 신뢰를 주게끔 제도 자체가 마련되어 있지 않습니까?

고미숙 | 그런데 사실 대학이 별로 신뢰를 못 받잖아요? 지금 양산되는 대학의 학위도, 사실 박사라 해도 스스로를 신뢰하지 못하잖아

요. 그런 양상은 이제 정말 갈 데까지 간 상황 아닌가요?

예컨대 저처럼 고전문학을 전공했고 그 중에서도 '시조를 전공한다'는 이런 '전문지식'이 현실에서나 자기 일상에서 효과적인 힘을 발휘하지 못하잖아요? 대학의 구조 자체가 '학위'를 위한 글쓰기 코스로 짜여져서 계속 반복되어왔기 때문에, 자료를 뒤집어보고 새로 '접속'하고 그런 것 없이 그냥 쭉 그 길을 따라가다 보면 나오는 식이잖아요. 그런 걸 '전문성'으로 부르기 때문에 전혀 권위나 힘을 가질 수 없는 상황이 아닌가 합니다.

윤해동 | 그런 지식만 '전문성'으로 인정되도록 대학 내에서 조장하는 측면이 있죠.

고미숙 | 사실 그런 전문성은 서로 공공연하게 '영토 확보'를 위해서 하는 것이지, 현실에서 어떤 효과적인 발언을 할 수 있거나, 무엇이 될 수 있다 해서 하는 건 전혀 아니지 않나요?

윤해동 | 역사학에서도 분야가 '한국사'와 '동·서양사'가 갈라지는데, 그 자체는 헤게모니 싸움이나 밥그릇 싸움의 측면도 있었고, 한편 더 근본적으로는 오리엔탈리즘적 사고가 그러한 구분을 만드는데 일조했습니다. 그게 굉장히 많은 문제점을 양산하고 있죠. 한국사 전공자는 동·서양사에 관심이 없고, 한국사 전공자 중에서도 근대사 전공자는 다른 시기에 관심이 없을 뿐만 아니라 사료를 읽지도 못하고, 심지어 같은 근대사를 한다고 해도 주제나 분야가 다르면 서로 관심도 없고 읽어도 무슨 말인지 모르는 상황까지 왔죠.

학과체계의 한계와 '학제간 연구'

류준필│일반적으로 대학을 두 가지 관점에서 비판합니다. 하나는 역사학의 예를 들면 역사학에서 인용되는 논문을 읽는 사람은 몇 명 안 되지만, 넓은 의미에서 '역사' 분야에 속하는 책들은 대중적으로 무척 많이 팔리거든요. 이것 때문에 학문의 '대중화'니 '교양'이니 이런 말들이 한편에서 이야기됩니다. 또 한편 그에 대한 대학 내의 내적 논리로서 '학제간 연구'가 문제입니다. '학제간 연구'의 깃발이 올라가긴 하는데, 현재의 체계상 '학제간 연구'라는 말 자체가 모순이죠. 역설적으로 기존의 분과체계에서는 연구의 시야에 포착되지 않는 문제가 있고, 또 기존의 방식으로는 해결 안 되는 문제가 있다는 것을 스스로 인정하는 셈입니다.

그런 문제에 대해 인정하면서도 실제로 인문대 교수들은 대부분 학부제에는 반대하잖아요. 이것은 한편으로 인문학의 대사회적 영향력이 떨어지는 '현실'은 인정하지만, 새로운 제도 개혁에 대해서는 기득권 때문에 완강히 저항하는 꼴이라고 볼 수 있지요.

장석만│'학제간 연구'는 기존의 학과 구분을 고정시켜놓은 채 거기서 발생하는 문제를 땜질하면서 기득권을 유지하는 방편이죠. 그런데 대부분은 그런 땜질도 하지 않으려고 합니다. 아무것도 개혁하지 않고 한 번 터지면 그냥 죽든지 말든지 양자택일하겠다. 이런 태도라고나 할까요? 망하려면 한꺼번에 망하는 게 오히려 낫겠다는 생각마저 들 때가 있죠.

윤해동 | 그런데 저는 그렇게 욕할 것도 없고,(웃음) 망하려 해도 시간이 많이 걸릴 것 같다고 생각합니다. 왜 그런고 하니, 1백 년 전에 서양에서 생긴 분과를 한국에 적용해서 학과체계를 만든 게 70년대부터입니다. 30년 남짓밖에 안 되었기 때문에 체계의 정체성이 아직 제대로 서 있지도 않고, 그것을 극복하자는 발상도 나오기 어려운 게 당연하다는 겁니다. 학문 분과란 사회의 분화를 반영하고, 학문의 전문성은 여기에서 출발하죠. 그런데 사회가 점점 더 복잡해지면서 기존의 전문성만으로는 포괄할 수 없는 지경에 다다르게 되자 학제간 연구라는 발상이 나온 것 아닌가요? 아직 자기 정체성을 갖지 못한 상태에서 학제간 연구는 유행 이상일 수 없다고 봅니다. 하지만 현상은 그냥 있을 수만은 없게 만드는 딜레마에 처해 있는 것 아닐까요?

장석만 | 그러니까 그게 하루 이틀만의 문제가 아닌데 말이죠. 가령 '사회학'이 우리한테 왜 필요했겠습니까? 완전히 일본을 통해서 수입된 것이죠.

고미숙 | 그렇죠. 국어국문학도 다 일본 모델에서 만들어진 거죠. '국문학'이란 말 자체가 일본에서 만들어진 말인데요.

윤해동 | 한국사도 그렇게 볼 수 있죠. 제국주의를 위한 일본사 연구를 주어하고 목적어만 바꿔놓은 셈이죠.

장석만 | 그처럼 국문학, 국사학, 정치학, 사회학 등의 학과 구분이 어

윤해동 학문 분과란 사회의 분화를 반영합니다. 그런데 사회가 점점 더 복잡해지면서
기존의 전문성만으로 포괄할 수 없는 지경에 다다르게 되자
학제간 연구라는 발상이 나온 것입니다.
아직 자기 정체성을 갖지 못한 상태에서 학제간 연구는 유행 이상일 수 없습니다.
하지만 현상은 대학을 그냥 있을 수만은 없게 만드는
딜레마에 처해 있는 것 아닐까요?

떻게 만들어지고 왜 있는지에 대한 최소한의 자기 성찰도 없는 상태에서 그냥 일본이 하고 미국이 하니까 따라가고, 세계가 다 하는 것처럼 보이는 거죠. 그러니까 '공부'도 바깥에서 주어진 틀을 그대로 받아들여서 그 안에 내용을 채우는 식으로 해왔던 겁니다.

윤해동 | 그게 김동춘 선생님이 말씀하셨듯이 외국에서 틀을 배워와서는 한국 현실에 끼워 맞추는 식의 공부인데, 이게 일정하게 역할을 해왔죠. 수입이라도 안 했으면 아무것도 모르고 있었을 테니까요.

장석만 | 아까 '수유연구실'을 '아마추어'라고 비판한다고 했는데요, 저는 그 '아마추어'라는 평가가 오히려 굉장한 찬사라는 생각이 듭니다.(웃음) '프로페셔널 학자'라는 건, 자기가 공부해가지고 어디서 돈을 받는다는 얘기거든요. 그런데 돈을 그냥 줍니까? 돈을 주는 곳에 뭔가 기여하는 바가 있으니까 주는 거겠죠? 그건 이 사회가 매끄럽게 돌아가고 사회체계가 '재생산'되도록 하는 기능, 대부분 그것은 이데올로기적 기능이죠. 그런데 '아마추어'는 그런 기능을 하기 위해 공부하는 건 아니라는 의미로 들립니다. 그 사이클 안에는 늘어가 있지 않다는 말이죠. '자기가 원하는 것, 좋아하는 것, 돈 안 되는 것'도 한다. 그게 정말 중요하고 좋은 거 아닌가요! 그러니 '아마추어'니 뭐니 하는 말이 비난이 될 수 없죠.

고미숙 | 수유연구실이 지식 생산성 측면에서 충분하게 활동하고 있는가 하는 문제를 저희도 계속 고민하고 있습니다. 사실 '지적인 욕구'가 본능이라고 그랬는데, 그것도 수준과 층위가 다양하거든요.

그래서 '지적 본능의 조그만 발현' 정도에 그치지 않고 정말 강렬한 것으로 접속되게 하는 것이 목표입니다.

장석만 | 지적 욕구를 본능이라고 말씀하시는 걸 보니까, 고미숙 선생님도 '교수'가 되시긴 어렵겠어요.(웃음) 왜냐하면 그런 식의 공부를 꿈꾸는 사람을 '대학'이 좋아하지 않거든요. 대학은 기본적으로 '권위화된 지식 공장'입니다. 거기서 만들어진 '지식'에 '권위'를 붙여서 팔리게 하는 거 아닙니까? 제도 바깥의 지식하고 다르죠.

대학이 '권위화된 지식'을 만든다고 할 때, 어디서 그 '권위'가 만들어지는가가 중요하겠죠. 이 권위는 원래부터 있었던 게 아니라 만들어진 겁니다. 역사적으로 보면 한국학계에서 권위는 주로 '외국 박사학위'에서 온 겁니다. 자체 생산된 것이 아니라 빌려온 거죠. 그러니 전 그들이 적응하지 못한다고 해서 동정의 여지가 있다고 생각하지 않습니다. 아주 치밀하게 '권위'를 재생산하는 여러 장치를 마련해놓고, 사람들을 꼼짝 못하게 하니까요.

류준필 | 말씀하신 것처럼 한국사학계, 그 중에서도 근·현대사 쪽은 비교적 일찍 80년대 후반부터 대학 바깥에 연구단체들이 생겨난 까닭에 대학에 대한 입장이 다소 느슨해진 것은 아닐가요? 윤해동 선생님께서 "대학을 이해해야 한다"는 입장에 서실 줄 몰랐습니다. '민족주의' 비판과 같은 선생님의 논조를 볼 때는 상당히 강하게 현재의 '대학'을 비판하시리라 생각했는데 말이죠.

윤해동 | 저는 대학이 지금 제 역할을 잘하고 있다고 생각합니다. 대

장석만   대학은 기본적으로 '권위화된 지식 공장'입니다.
거기서 만들어진 '지식'에 '권위'를 붙여서 팔리게 하는 거 아닙니까?
그런데 그 권위는 원래부터 있었던 게 아니라 만들어진 겁니다.
자체 생산된 게 아니라 주로 외국에서 빌려온 것이죠.
그러니 대학이 현재 사회변화에 적응하지 못한다고 해서
동정의 여지가 있는 것은 아닙니다. 아주 치밀하게 '권위'를 재생산하는
여러 장치를 마련해놓고, 사람들을 꼼짝 못하게 하니까요.

학이 근대 한국 사회에서 요청받는 바 임무를 충실히 하고 있다는 뜻입니다. 한국의 대학은 그 탄생 과정에서부터 전면적으로 체제나 국가에 종속되지 않은 대학 나름의 이데올로기적 지향성이나 이념을 표방했던 적이 한 번도 없습니다. 원래 '대학의 이념'은 좀 다르잖아요? 그런 측면에서 본다면 그렇게 비관적이고 부정적이지는 않다는 건데요. 그렇다고 현재의 대학 사회나 대학의 지식 생산 메커니즘을 그냥 놓아두어도 된다는 이야기는 아닙니다. 바꿔야 하는데 어떻게 바꿀지 정하는 게 우리 세대한테 주어진 과제라고 봅니다.

그런데 한국사의 경우 대학 바깥에 있던 단체들은 이제 제도권 안에 들어가게 되어 있습니다. 특히 근·현대사 분야는 대학 밖에서 공부하지 않은 사람이 한 명도 없고, 외국 유학하고 온 사람도 거의 없죠. 그런 사람들 외에는 근·현대사를 전공한 이가 별로 없으니까, 그 사람들이 대학에 들어가게 되면 어떻게 대학을 바꿀지 치열하게 고민해야 하는데, 지금까지는 대학에 들어가면 그 구조 속에 녹아버리죠. 바깥에서 고민하고 말하던 것을 지키지 못하고 달라져 버리는 게 통례입니다. 앞으로 그렇게 되면 별로 가망이 없는데, 이런 현상이 한국사만의 특수성인지 모르겠어요.

전체적으로는 대학 밖에서 대안적 활동이나 집단을 형성하는 것이 굉장히 의미 있는 일이라 생각하지만, 이 대안적 집단화와 인식화가 대학의 메커니즘 자체를 바꾸는 힘이 될 수 있겠는가에 대해서는 상당히 회의적입니다.

지식인들이 체제 내화하는 경로

고미숙 | '근·현대사' 분야를 예로 드셨는데 그뿐만은 아니겠지요. 마르크스주의를 공부하고 '혁명'을 이야기했던 지식인들이 제도권 안에 들어가서 그렇게 쉽게 제도에 포획되고 허물어지는 이유는 뭘까요?

윤해동 | 글쎄요. 아까 '내재적 발전론'은 인식론적으로는 신판 근대화론과 공통점이 있다고 했는데, 그와 같은 맥락 아닐까요?

장석만 | 저는 그게 사학계만의 현상은 아니라고 생각합니다. 한국에서 대학제도가 생긴 게 사실 얼마 안 됐잖아요. 경성제대에서 시작된 대학은 기본적으로 식민지 지식인들의 생산 공장이었습니다. 식민지 관료들을 만들어서 체제를 유지하기 위한 것이니까요. 거기에 '저항' 같은 이념이 끼여들 여지가 없었죠. 하지만 동전의 양면처럼 이와 동시에 경성제대 출신의 사회주의자가 막 생겨나거든요.

그런 과정은 반복되는 것 같습니다. 지금 서울대와 그 주변이 완전히 고시촌화 된 것은 그런 '관료' 코스의 연장이고, 민주화운동을 했다는 공적으로 국회의원이나 장관이 된 한때의 '사회주의자'의 길도 같은 맥으로 닿아 있다고 볼 수 있죠. 어떠한 방식으로 '권력'을 잡을 것인가 하는 문제에서 자기 나름대로 쉬운 길을 택한 겁니다. 그래서 "운동권 출신이 정치권에 들어가서 변절했다"라는 이야기는 별로 적절한 비판이 아닙니다. 나름대로 효과적인 길을 택한 것이죠. '시위 전력'을 출세 방편으로 삼는 사람들한테는 그런 거 같습니다. 제가 하고 싶은 말은, "마르크스주의자였는데 교수가 되더니 원래 문제의식을 다 잊어버리느냐" 하는 질문은 성립하지 않는다는 겁니다.

류준필 | 대학제도에 대한 선생님들의 태도가 기본적으로 같을 것이라 생각했는데 의외로 다 다르신 것 같습니다. 다른 두 분에 비해 윤해동 선생님은 대학 내에서의 변화를 훨씬 강조하는 입장이신 것 같은데요. 세 분과 달리 현재 대학에 몸담고 계시는 김동춘 선생님은 어떻게 생각하시는지요? 성공회대는 다른 대학과 많이 다르다고 하는데, 혹시 성공회대만의 독특한 가능성이나 분위기 또는 학제와 관련된 실험 같은 게 있는지요?

김동춘 | 글쎄 바깥에서는 그렇게 보실지 몰라도 안에 들어와보면 기본적으로 제도권 대학이죠. 이건 의심할 수 없는 사실입니다. 운동권 출신들이 많이 몰려 있긴 하지만, 그 사람들을 중심으로 새로운 이론이나 지식이 나오지는 않고 오히려 제도권화되는 동력과 관성은 계속 만들어지는 듯합니다.

　이건 우리나라만의 현상은 아닙니다. 예를 들면 영국의 페리 앤더슨(Perry Arderson)이나 에릭 홉스봄(Eric Hobsbawm), E. P 톰슨(Edward Palmer Thompson) 같은 사람들이 걸어갔던 길도 비슷하죠. 페리 앤더슨은 지금 UCLA에서 자리잡고 있죠? 톰슨은 끝까지 운동을 했어요. 홉스봄도 운동가로 살다 결국 만년에 교수로서 좀 안정된 생활을 했죠. 그렇게 대체로 60년대 유럽 좌파들은 운동과 학문 사이에서 왔다갔다하다 먹고살기 힘드니까 대학으로 들어갑니다.

우리나라도 80년대에는 연구자들이 운동과 학문 제도권 사이에서 왔다갔다했어요.

우리도 그랬죠. 교수가 되거나 대학에 자리를 잡아야 한다는 생각은 별로 없었습니다. 그런데 이제 대학 밖에서의 근거가 워낙 약하고 스스로는 도저히 학자로서 재생산될 수 없으니까 제도권 내로 들어갈 수밖에 없죠. 저 역시 그런 사람 중 하나고, 그 과정에서 길들여지죠. '박사논문'이 길들이는 과정의 핵심입니다. "이게 논문이다, 학문이다" "논문이란 이렇게 쓰는 것이다"라는 것이 바로 제도권에 적응하는 과정입니다.

그런 점에서 꼭 교수가 되는가 안 되는가 하는 것보다는 박사논문 쓰는 과정이 더 중요해요. 이게 '학자'로서의 수련 과정이기 때문입니다. 그 점을 우선 강조하고 싶고요. 다음으로는 아까 얘기한 좌파냐 우파냐 하는 것보다 더 근본적인 문제는 생존의 압박이라고 봐요. 학자로서 최소한의 자기 근거를 마련하기 위해서는 현실에 적응해야 하고, 그 과정에서 자기 학문도 그렇게 돼요. '저쪽'에 잘 받아들여지는 내용과 방식을 찾아 스스로에게 각인해가는 겁니다. 이런 두 가지 계기가 연구자들이 체제내화되는 과정이죠.

고미숙 | 지식인들이나 마르크스주의자들이 대학에 진입하거나 체제내화될 수밖에 없는 근거가 이해는 되는데, 그런 과정에서 빠져나오고 벗어나는 흐름도 존재해야 하지 않나요? 한국의 마르크스주의자는 뭔가 '근본적인' 열정과 사유를 가졌던 집단인 것 같은데 말이죠.

그래서 제가 요새 화두로 삼고 있는 것이 "왜 공부와 삶이나 일상이 괴리되는 것에 익숙해졌냐?' 하는 겁니다. 저 자신도 '고전문학'을 연구한다 하면서 그 공부가 삶과 유리되는 것을 당연하게 생각했습니다. 마르크스주의 같은 이념과 혁명에 대한 열정도 실제 자기 삶과는 유리되어갔죠.

저는 오히려 '생존'을 위해서라면 어디든지 갈 수 있다고 생각하거든요. 그게 대학이든 제도권이든, '살기 위해선' 수단과 방법을 가리지 말아야 되는데, 거기 들어가서 다시 변혁을 꿈꾸어야 하는 것 아닌가요? 왜 그렇게 어떤 시도도 하기 전에 쉽게 동화되는 건지 잘 이해가 안 됩니다.

그래서 더 큰 문제는 '좌파냐 우파냐' '마르크스주의자냐 아니냐'가 아니라, 지식이 내 삶과 별개라는 전제 같습니다. 제가 듣기로 일본의 전공투(全共闘)[15] 세대는 조직이 다 깨지고 나서 집단적으로 공무원 시험을 봐서 일본 지방자치제가 변화하는 동력이 되었다고 합니다. 그렇다면 우리도 대학 외부에 있는 많은 지식인들이 대학에 적극적으로 진출해서, 각각 다른 곳에서 분자적으로 뭔가 하며 동화되지 않는 지식의 배치를 만들어나가면 희망이 있지 않을까요?

---

15 | '전국학생공동투쟁회의'의 약어. '전공투'는 1960년대 후반부터 1970년대 초까지 활동했던 일본 학생운동의 연대조직을 가리키는데, 당시 일본 학생운동 자체를 상징하는 단어로 사용된다. '대학교육의 제국주의화'에 반대한 운동이념이 서구의 68운동과 직결된다. 운동의 격렬함만큼 전공투가 남긴 유산은 많은데 그것은 주로 '문화적' 유산인 듯하다. 소설가 무라카미 하루키, 저패니매이션 감독 오시이 마모루 등은 이 세대의 일원으로 그들이 남긴 《상실의 시대》《댄스 댄스 댄스》〈인랑〉 등은 전공투 세대의 의식이 무엇인지를 보여준다. 만화《시마 과장》도 '아저씨'가 된 전공투 세대를 그리고 있는 작품이다.

장석만 | 지금 말씀하신 문제는 근대적인 지식이 갖고 있는 특성, 즉 헤게모니를 장악하고 그것을 아무런 반성 없이 수용하는 문제 때문에 생겨나는 거라 보입니다. 그래서 대학이나 제도 속에 들어간 사람에게 왜 배신하냐는 식으로 공박하는 건 설득력이 없을 듯해요.

김동춘 | 저는 그걸 '태도'의 문제가 아니라, 권력관계의 문제로 봅니다. 그러니까 고미숙 선생님 이야기에 동의하는데, 상황이 아무리 어렵더라도 그런 식으로 적응해버리는 것은 근본적으로 문제가 있다고 봅니다. 애초에 우리 근대 학문에는 '수기치인(修己治人)'에서 '수기'가 빠져 있죠. 그렇기 때문에 학문과 지식에 대해 아주 실용적으로만 접근해요. 어떤 교수들은 '돈 되는 것' '자기에게 도움이 되는 것'은 뭐든지 합니다. 원래 자기 생각이나 원칙은 2차적이기 때문에 결국 그 원칙과는 전혀 무관한 길로 가버리죠. 제가 지켜본 사회과학자들에게서 느낀 생각입니다. 그런데 '돈 되는 일'은 뭐든지 하는 그런 사람들을 견제할 수 있는 힘이 대학 안에는 없어요. 말하자면 한국 학생들처럼 온순하고 교수 말 잘 듣는 학생들이 없어요. 그런 엉터리 교수들을 다 용납해주는 게 한국 학생들이거든요.

장석만 | 그런 사람들이 또 보복은 확실하게 해요. (웃음) 그렇기 때문에 그냥 말 잘 듣는 게 아니고, 후환이 두려워서 잘 참는 거죠.

김동춘 | 그러니까 문제의 핵심은 권력관계라는 거죠. 예컨대 미국 대학은 시장적 통제가 가능해요. 쫓아낼 수가 있죠. 그런데 우리는 시장적 통제도 불가능하고, 아래로부터 공부하는 학생들이 민주주의

김동춘 지식인들이 제도나 대학 속에 흡수되어버리는 것은
'태도'의 문제가 아니라 권력관계의 문제입니다.
자기 원칙이나 생각과는 무관하게 '돈 되는 것'
'자기에게 도움이 되는 것'이면 무엇이든 하는
그런 교수·학자들을 견제할 수 있는 힘이 대학 안에는 없어요.
말하자면 한국 학생들처럼 온순하고 교수 말 잘 듣는 학생들이 없어요.
그런 엉터리 교수들을 다 용납해주거든요.
우리 대학은 미국 대학처럼 시장적 통제도 불가능하고, 아래로부터
공부하는 학생들이 민주주의적 방식으로 통제하는 것도 불가능합니다.

적 방식으로 통제하는 것도 불가능해요. 이런 사람들의 권위와 기득권을 견제할 수 있는 방법이 없으니까 학문적으로도 생산성이 없죠.

변화의 소용돌이 앞에 서 있는 대학

윤해동 | 한국의 대학도 경제가 그랬던 것처럼 '압축 성장'한 탓이 아닐까요? 60년대 이후에 대학이 팽창하기 시작하고 80년대 이후에 그야말로 빅뱅이 일어났죠. 한국사 분야에 국한된 건지는 몰라도 80년대 초반에는 대학원생들이 석사논문 쓰기 6개월 전에 입도선매하는 식으로 교수가 되어서 갔어요. 서로 모셔가려는 식으로 말이죠.

졸업정원제라는 게 당시 한국 경제가 폭발적으로 팽창하니까 인력이 필요해서 도입된 제도입니다. 대학 졸업한 정도의 수준에서, 매뉴얼 파악하고 기본적인 프로세스를 알고 있는 사람들이 필요했죠. 그래서 대학에 그 임무를 맡기고 나름의 자율성을 부여한 겁니다. 기업에서 쓸 수 있는 인력을 4년만 가르쳐서 만들게끔 하는 과정이었어요. 그래서 국가가 만든 국립대의 권위가 누구도 침범할 수 없게끔 커졌습니다. 국가가 보증해주니까요.

그런데 저는 앞으로 근본적인 변화가 나타날 기라는 낙관적인 전망을 해봅니다. 이제 학생의 공급이 딸리는 시대가 오니까요. 그러면 이제 대학은 팽창되기는커녕 축소되어야 할 것이고, 그때는 질로 승부하지 않을 수 없겠죠. 언제인지는 모르지만 그런 시기는 분명 올 것이고, 그러면 자동적으로 대학사회에서도 좀더 본격적인 시장원리를 도입할 수밖에 없지 않겠어요? 대학도 기업처럼 M&A가 일어나고 '퇴출'되는 일이 생기겠죠. 대학에 시장논리가 도입되는 것이 부정적인 측면이 굉장히 많지만, 일정하게 긍정적인 기능을 할 것이고 대안도 현재로서는 그것밖에 없다는 생각이 듭니다.

류준필 | 대학 내부에서 대안·견제세력이 길러져야 하고, 다른 한편으로는 기존의 경계나 구획틀과는 다른 방식으로 대학의 틀을 뛰어넘는 게 필요하다는 말씀들이셨습니다. 의외로 낙관적인 전망과 비관적인 전망이 엇갈립니다. 특히 윤해동 선생님은 원래부터 비관적이었지만 이제 달라질 수밖에 없는 형편에 처해 있다는 생각이신 것 같습니다.

장석만 | 변화하기는 하겠지만 그렇게 긍정적인 방향으로 갈 거라고 낙관할 수 있을까요? 우리나라 대학교수들을 과소평가하시는 것 아닐까요?(웃음)

윤해동 | 적어도 지금처럼 고여 있는 상태는 아닐 거라는 생각이고요, 변화에 개입할 준비를 하고 있어야겠죠. 저는 밖에서 대안적 인식체계를 개발하는 것도 좋지만, 안에 들어가서 바꾸지 않으면 안 된다고 생각합니다. 저절로 바뀌지는 않을 테니까요. 누가 바꿉니까?

류준필 | 장석만 선생님께 궁금한 점 한 가지만 더 여쭙겠습니다. '한국종교문화연구소'는 사단법인이기는 하지만 이 공간이 공부와 연구방식에서 기존에는 없던 새로운 전범을 만들어가고 있는 것인지, 아니면 '제도'가 어쩔 수 없이 확장되어나간 과정인지 궁금합니다.

장석만 | '종교학'이라는 학문 자체가 상당히 주변적입니다. 한국뿐 아니라 미국이나 유럽에서도 주변적인 학문이죠. 생겨난 지도 1백여 년밖에 안 되었고, 신학의 헤게모니에 저항하고 신학적 관점의 종교관을 비판하면서 생겨났기 때문에 처음부터 상당히 저항적인 분위기가 강했죠. 그러다 보니까 자연히 체제 안에서 '정당한' 대접을 받기 어려웠어요. 나눠줄 파이도 없고 체제로부터 대접도 못 받는 상태에서 쭉 버티다 보니까 연구자들 나름대로 저항의 체질을 몸에 익힌 것 같습니다.

남한의 경우는 개신교의 힘이 생각 이상으로 엄청나게 강합니다. 지식인층의 세계관과 제도가 은밀하게 그리고 공공연하게 개신교의 영향을 받고 있죠. 이런 면도 종교학이 주변적인 학문이 되는 데 크게 작용했어요. '종교학적' 관점 자체가 묵살당하거나 대접을 받지 못합니다.

그런데 저는 오히려 이런 면에 기대를 걸 수 있지 않을까 합니다. 목소리가 작고 주변적이기 때문에, 오히려 주류적인 기존의 학계에서는 전혀 할 수 없는 의미 있는 말을 할 수 있다는 겁니다. 우리 학계가, 그리고 지금의 대학과 근대성의 체계가 현재처럼 아주 천박하게 움직이는 단계에 머물지 않고 좀더 깊이가 생기면, 주변적인 데서 나오는 듣기 싫은 소리를 요청하는 때도 있을 겁니다. 그러나 아직은 그런 수준에 미치지 못하고 있죠.

류준필 | 대학 개혁에 관한 논의는 어디서부터 매듭을 풀어야 할지 모를 정도로 여러 가지 문제가 얽혀 있는 까닭에 이야기를 하다 보면 답답할 때가 많죠. 그렇지만 여기 계신 선생님들은 물론 이 땅에 살

아가고 있는 사람들 모두가 함께 풀어가야 할 숙제인 것만은 분명한 듯합니다. 오늘의 논의가 그 단초가 될 수 있다면 좋겠지요.

오늘 이 자리는 지난 20년—80년대와 90년대—동안 지식인들이 겪었어야 할 아픔과 슬픔, 또 그 속에서 꿋꿋하게 자라난 희망의 언저리를 더듬는 시간이었던 것 같습니다. 좌파 지식인의 내면 풍경을 새롭게 살폈다고나 할까요? (웃음) 오늘의 만남을 준비하면서 적잖은 걱정을 했습니다. 마르크스주의의 영향을 받았고 우리의 근대를 연구한다는 공통점은 있으나, 각자 살아온 삶의 이력이 다르고 또 지적 사유의 전개도 다르기 때문에, 혹시 전혀 말이 통하지 않을까 염려했던 것이지요. 하나 그건 기우였습니다. 물론 완전히 상대를 이해했다고 볼 수는 없겠지만, 각자가 하고 있는 공부를 이해하고 또 앞으로 함께 해나갈 부분이 있다는 연대의 가능성을 확인할 수 있었으니까요. 네 분 선생님과의 뜻깊은 만남은 이 정도로 마무리를 짓겠습니다. 부족한 부분은 선생님 한분 한분과의 인터뷰를 통해 보충해나가도록 하겠습니다. 긴 시간 동안 수고하셨습니다. 감사합니다.

정리_ 천정환(성공회대 강사)

장석만
'다른' 삶을 찾아 나서는 모험

장석만은 '전체적인 통찰'을 얻기 위해서
'지금, 여기'에 대한 관심의 끈을 놓지 않는 동시에
한국의 근대성을 그 시원(始原)으로부터 파헤쳐 공부할 필요가 있다고 강조한다.
근대의 삶을 통찰하여 반성하고 그 속에 포함된 내 삶까지도
그러한 대상으로 삼는 것은, 일관된 불안과 외로움을 감수해야 하는 일이지만,
즐거운 모험이기도 하다. 그런 모험을 통해서만 미몽(迷夢)에서 깨어나
자유로운 상상력의 세계로 들어갈 수 있을 것이다.
장석만 선생과의 인터뷰는 2001년 12월에서 2002년 2월 사이, 세 차례에 걸쳐
서울 신림동에 있는 '한국종교문화연구소'와 '퍼슨웹' 사무실에서 진행되었다.

장석만

1955년 인천 생. 1975년에 서울대 종교학과에 입학했다. 학생운동에 참여하다 강제징집되어 본의 아니게 '해병대'를 제대했다. 서울대 대학원에서 〈개항기 한국사회의 '종교' 개념 형성에 관한 연구〉(1992)로 박사학위를 받았다. 이 논문으로 90년대 이후 본격적으로 시작된 한국 근대성 연구에 큰 영향을 끼쳤다. 종교학 관계 논문 외에도 《사회비평》《당대비평》《이머지 21》 등에서 활발한 집필활동을 해왔으며 현재 사단법인 '한국종교문제연구소'의 연구원으로 일하고 있다.

1
'낀' 세대의 자유주의와 마르크스주의

> 이야기의 시작은 장석만 선생이 가진 '세대의식'에서부터, 강제징집되었던 해병대에서 돌아온 후 '공부'를 선택하기까지 삶의 행로로 이어졌다. 우리 사회의 모든 '세대'들이 그런 것처럼 1975년도에 대학을 입학한 장석만 선생도 자신의 세대를 '낀 세대'라 생각한다. 70년대 후반 세대의 '낀 의식'은 선배 세대의 자유주의와 80년대 세대의 마르크스주의 사이에 있다. 시인 김지하에 대한 애증에서 이 '낀 의식'의 단면을 엿볼 수 있는 듯하다.

| 70년대 중·후반 학번들의 공통된 지적 원천이나 정서가 있을 듯한데요. 선생님은 75학번이니까 서울대가 관악구로 이전하고 첫 신입생이죠? |

1975년에 관악 캠퍼스로 이전해 왔어요. 얼마나 황량했는지 신림사거리에서 서울대까지 아무것도 없었죠. 동숭동 캠퍼스를 보다가 관악을 보니까 정말 황량해서 못 다니겠더라고요. 마음 둘 데가 없어서 틈만 나면 동숭동에 가서 술 먹었지요. 우리 땐 풍경뿐만 아니라 학생들끼리의 관계도 좀 황량했어요. 유신 이후 박정희 정권의 탄압이 심해지면서 인간관계가 황폐해지고, 심지어 운동권 학생들끼리도 서로 의심하는 일이 있었거든요. 70년대 중·후반 학번들은 모두 이런 분위기에서 대학을 다녔다 해도 과언이 아닐 거예요. 참담하고

애매한 시절을 보낸 사람들이 70년대 중·후반 학번입니다.

│ 선생님네도 스스로를 '낀 세대'라고 생각하시는군요. │
70년대 초반 학번들만 해도 리버럴한 색채가 굉장히 강했고, 그것만 으로도 충분히 '저항'의 거점을 마련할 수 있었죠. 그런데 저희들은 그것만 가지고는 성이 차질 않았어요. 특히 선배들의 엘리트주의가 비판의 대상이었습니다. 이런 것들을 극복하기 위해서 마르크스주의나 사회주의가 필요했죠. 마르크스주의가 하나의 탈출구로 여겨지면서 이전 학번들과는 사상적인 분위기가 달라지게 됐죠.

그러다 1980년 이후에는 사상의 인플레이션 같은 게 있었죠. 마르크스주의에서 금방 레닌주의나 주체사상으로 갔잖아요. 또 제가 학교 다닐 때만 해도 '반미'는 생각도 못했죠. 그런데 어느 순간 학교에 '반미' 구호가 등장해서 깜짝 놀랐어요. 물론 그게 전면화된 건 전두환이 집권하고도 한참 뒤의 일이지만, 처음 나왔을 때 "야, 저래도 되는구나" 하고 깜짝 놀랐죠.

│ 말씀을 들으니, '학생운동을 하다 공부의 길로 들어섰다' 이렇게 선생님의 삶의 궤적이 짐작되는데 맞나요? │
학생운동의 핵심에 있었던 것은 아니고, 다른 학생들처럼 운동의 대의에 동조하면서 어떻게 살아야 될지 고민했어요.

│ 그럼 학부 땐 여느 70~80년대 학번들처럼 학과 공부보다 학생운동과 관련된 사회과학 공부를 더 많이 하셨을 텐데, 어떤 것들을 읽으셨나요? │
기본적으로 반정부투쟁을 하기 위해서 공부를 했죠. 학과 공부는 의미가 없다고 생각했어요. 현실이 너무 절박해 보였거든요. 언더 서클에서 끼리끼리 사회과학 공부하는 것이 가장 의미 있는 일이었죠. 그때 단기간에 일본어를 배우는 붐이 일었는데, 일본어로 된 사회주의 관련 서적을 읽기 위해서였어요. 마르크스주의 원전(原典)도 읽었고요.

| 책을 구하기가 쉽지 않았겠죠? |

마르크스주의 원전을 구하고 돌리는 것 자체가 중요한 일의 하나였습니다. 도서관을 전부 뒤져 사회주의 관련 서적을 찾아내 복사했죠. 원래 터부시된 일이나 하지 말라는 일일수록 골몰하는 경향이 있잖아요? 제가 경제학 같은 분야엔 별로 관심이 없는 사람인데도, 학부 2~3학년 때 경제학 관련 책을 닥치는 대로 읽었던 기억이 납니다. 그때 복사해놓은 책이 아직도 창고에 쌓여 있을 거예요. 미우라 츠토무(三浦つとむ)의 《변증법은 어떤 과학인가(辨證法はどういう科學か)》와 《철학입문》 같은 일본 책들하고, 카렐 코직(Karel Kosik)의 《구체성의 변증법》, 또 코제브(Alexandre Kojève)의 헤겔 철학 책도 기억나네요.

| 70년대 이야기를 하다 보니 선생님께서, 《당대비평》 9호(1999)에 김지하[1] 씨의 이른바 율려(律呂)사상[2]이나 '파미르 고원'까지 내달리는 민족주의적 상상력을 비판하신 글이 떠오릅니다. 선생님들 세대에게 '김지하' 란 이름이 가지는 울림은 간단하지 않겠죠? 김지하 씨를 소재로 비판적인 글을 쓸 때는 느낌이 남달랐을 것 같은데요. |

김지하 씨를 가리켜 김규항 씨는 "상이군인 같다"라고 표현하기도 했죠. 나라를 위해 싸우다 다쳤으니 '깽판' 쳐도 이해해달라, 이런

것처럼요. 그런데 우리 세대 중에는 김지하 씨에게 특별한 감정을 가진 사람들이 많을 겁니다. 기본적으로 김지하 씨에게 애정을 가지고 있는 거죠. 그런 그가 추문(醜聞)에 휩싸여 있었으니까 안타까운 마음이 생겼고, 우리 사회의 어떤 징후를 읽어낼 수 있다는 생각이 들었어요. 글을 쓸 때 그 사람을 통해서 이야기할 수 있는 게 많겠다는 생각을 했죠.

| "기본적으로 애정이 있다"고요? |

예. 우리 세대에게 김지하는 하나의 상징이었거든요. 70년대 대학에서 학생운동에 참여했던 사람은 김지하란 인물에 대해 아주 복잡하고 미묘한 느낌을 갖고 있어요. 지나간 세월에 대한 그리움이나 회

---

1 | 김지하(1941~)는 1964년 한일회담 반대투쟁 때부터 박정희 정권 아래 반독재투쟁의 정신적 지주 중 한 사람이었다. 〈오적〉(1970) 등의 시작(詩作)을 통해 정권의 부패와 반민주성에 공공연히 도전한 그에게 군사정권은 사형선고(1974)로 화답한 바 있다. 그러나 90년대 이후 '김지하'는 입에 올리기 '불편한' 이름이 되었다. 연인원 수십만 명이 거리로 나온 1991년 5월투쟁 와중에 〈조선일보〉에 기고한 칼럼 '죽음의 굿판을 걷어치워라'는 당시 노태우 정권 퇴진 투쟁을 열띠게 벌이던 노동·학생운동 진영에 찬물을 끼얹었다. 그 발언은 '역전'을 노리던 정권과 보수세력이 운동 진영을 공격하는 논거로 '악용'되었다. 김지하는 〈대립을 넘어, 생성(生成)의 문화로 – 김지하 시인과의 대화〉(《실천문학》, 2001년 여름호) 등에서 문제의 칼럼에 대해 해명하고, 진보세력과의 '화해'를 시도하기도 했다.

2 | 율려는 '우주를 관장하는 중심음(音)'을 뜻한다고 한다. 이른바 '생명사상'으로부터 이어져 나온 이 율려 사상은 고대 동양의 '음악 정치' 즉 '예악(禮樂)'에서 힌트를 얻은 문화운동 사상이다. 윤건차 교수의 《현대 한국사상의 흐름》(2000)에 나오는 '지식인 지도'에서 김지하는 '생명 사상·탈근대적 민족주의·율려운동'을 내용으로 하는 '복고적 민족주의'의 항에 속해 있다.

한 같은 것도 포함해서요. 그런데 거기다 90년대 이후 그의 '황당한' 행적이 덧씌워지니까요. 그래서 그런 감정을 배경으로, 그 사람을 통해서 변화된 상황을 이야기해보고 싶었던 거죠.

| 김지하 씨를 통해 60~70년대 민주화운동 사상의 운명 같은 것을 짐작해볼 수도 있었다는 겁니까? |

글쎄요. 김지하 씨는 감옥에 가서 '개종'했다고 스스로도 말했죠. 그 이전의 김지하는 사상가라 말하기 어려웠고, 몸으로 독재에 저항하는 시인이었죠. 그런데 "타는 목마름으로…… 민주주의여 만세"라는 그 단순한 시구가 갖는 힘은 참 대단했어요. 모두가 공감해서 외친 구호였잖아요. 또 한때 김지하는 그 시구처럼 몸을 던져 싸웠고요. 그런 점에 대해서는 의심할 여지 없이 그가 시대정신을 구현했다고 봐야죠.

| 그런데 그 '민주주의'의 내용이 문제일텐데요. |

어쩌면 상당히 상식적인 내용일 겁니다. '민주주의' 앞에 억지스럽게 '한국적'을 갖다 붙인 박정희를 거부하다 보면, '민주주의'는 보편적인 것임을 강조될 수밖에 없었죠. 당시에는 그 보편성이 서구 중심적인 것이 아닐까 하는 회의는 할 수 없었겠지요. 목숨 걸고 싸우려면 어쨌든 절대적인 기반이 있어야 하니까요. 그런데 김지하에게는 시집 《황토》 같은 데서 표현된 민족·민중적인 지향성을 가진 민주주의, 그런 게 있었죠. 그 두 가지는 공존하면서도 차이가 있잖아요. 그런데 70년대에는 '민주주의' 문제 자체에 너무 골몰했기 때문에 둘 사이의 그런 간격에는 천착할 여유가 없었지요.

| 그게 '70년대스러운' 민주주의의 한 양상이라고 이해해도 될까요? |
김지하와 관련해서는요.

| 학생운동하실 때 이야기를 좀 해주세요. |
전 '지양(止揚)'이라는 서울대 인문대 서클을 통해서 운동을 했어요. '지양'은 인문대 편집실이자, 거의 유일한 공개 매체의 이름이기도 했죠. 제가 그 3대 편집장을 했어요. 단대별 교지 편집장들 회의가 있었는데, 그게 공식적인 단과대별 학생운동의 논의통로였어요. 그래서 학교나 경찰로부터 압력을 많이 받았죠. 80년대에도 그랬겠지만 그때는 중앙정보부에서 캠퍼스에 정보원을 많이 상주시켰고, 행정실에 아예 책상을 놓고 근무하고 있었습니다. 벤치에는 으레 '짭새'라고 불리는 사복경찰이 진을 치고 있었고요. 그런 외부적인 압력이 심각했지만 사실 큰 문제는 딴 데 있었습니다. 정말 고통스러웠던 것은 동료들 사이에 서로 의심하는 분위기였습니다. 은밀하게 나눈 비밀 이야기도 금방 경찰에게 노출되곤 해서 서로 '프락치'가 아닐까 의심했던 거지요. 그런 게 견디기 어려웠어요. 당시 학생들 중에 미쳐버린 사람들이 꽤 많았는데요, 그런 외부적·내부적 폭압을 못 견뎌했기 때문이라고 생각합니다. 오히려 데모를 주동하고 제적당해버리면 적어도 친구들에게는 '깨끗함'을 인정받을 수 있었으니까 안도의 한숨을 쉴 수 있었던 때였지요.

| 그때 같이 공부하고 활동하거나, 기억나는 '친구'들이 있다면요? |
국문학과 박희병(서울대 인문대 교수), 철학과 허남진(서울대 인문대 교수), 국사학과 연성만이 기억나고요. 김종철(서울대 사범대 교수)과

도 친했어요. 고고학과 이선복(서울대 고고미술사학과 교수)은 연극반에서 능청스럽게 이야기 잘하기로 유명했지요. 철학과 김영현(소설가)은 1년 선배였는데, 학부 다닐 때부터 소설을 잘 썼어요. 요새 불교방송에서 디제이하는 국문학과 출신 김사인(문학평론가)도 편집실 선배였습니다.

| 그런 공부를 하고 활동을 하셨으면 평탄하게 대학생활을 하시지는 못했겠네요. |

1977년도 12월에 강제징집(이하 강집)되었어요. '사회대 심포지엄 사건' 때문에요. 사회학과가 주최한 심포지엄에서 참석자들이 '반정부' 발언을 했던 것이 문제가 됐죠. 관악경찰서 형사들이 심포지엄 자리를 덮쳐서 참석자들 여럿이 끌려갔어요. 동국대 홍윤기 교수도 그때 주동자로 몰려 제적당했습니다. 그 자리에서 반정부 발언을 한 사람들과 평소에 찍혀 있던 사람들이 학적 변동으로 강집됐는데, 저는 심포지엄에서 아무 소리도 하지 않고 있었는데 짤렸어요. 평소에 편집실 활동한 게 워낙 찍혀 있었나봐요.

| 그런데 선생님은 '먹물'로는 정말 보기 드물게 해병대 출신이십니다. |

강집 덕분에 간 거죠. 강집될 때가 12월이었기 때문에 신병을 받는 부대가 거기밖에 없는 거예요. 그리고 집이 인천이라 그런지 강화도에서 근무했죠. 김포, 강화에서 근무했어요.

| 고생 많이 하셨겠네요. 군대 이야기 좀 해주시죠. 해병대 출신이라 특별히 허락(?)해드리는 겁니다. |

제가 학교 다닐 때는 대학원에 가서 계속 공부한다는 게 형편없는 기회주의로 인식되었어요. 일종의 배신이랄까요? 아주 한심한 걸로 보았어요. 그런데 전 공부하는 것도 운동의 중요한 영역이 될 수 있다고 생각했어요. 공부가 그 '한심한 친구들' 한테 방치되는 것도 무책임한 일이라고 생각했죠. 뭔가 역할 분담한다고 생각하고 어떻게 공부가 현실변혁을 위해 '활용될 수 있을까' 라는 고민을 많이 했습니다.

거기서는 때리고 맞는 게 일과였어요. 하루에 한 번이라도 맞지 않고 넘어가면 잠이 안 온다고 했을 정도로요. 어차피 맞을 거라면 빨리 맞고 맘 편히 쉬는 게 낫다는 식이었어요.

혹시 '기러기'란 노래 아세요? 러시아 민요인데 "한 고개 너머 또 너머로 보인다" 이렇게 시작하는 노래죠. 분대 회식 자리에서 그 노래 불렀다가 정말 많이 시달렸어요. 별로 특별한 가사도 아닌데 노래 분위기가 일반 가요와는 다르니까, 운동권 노래라고 알아차리고 구박하는 거예요. 때리는 거야 어떻게든 견딜 수 있었지만 드러나지 않게 괴롭히는 건 참기 힘들었어요. 선임이 일상적으로 가하는 말의 폭력에 못 견뎌하다가 한밤중에 짝이 되어 전방의 동초 근무 나갈 때 총을 내팽개치고 싸웠습니다. 지금 생각하면 정말 목숨이 왔다갔다하는 순간이었어요. 졸병과 싸웠다는 사실이 알려지면 창피해서 그랬는지 그 다음부터 그 고참 상병은 전처럼 노골적으로 괴롭히진 않았습니다.

ㅣ그렇게 학생운동에 열정적이셨는데 어떻게 대학원에 가서 공부할 결심을 하게 되셨는지 궁금합니다. 아무래도 제대한 후에 생각이 좀 바뀌셨나요?ㅣ

제대는 1980년 1월에 했어요. 박정희가 죽는 바람에 교련교육 이수자 조기 제대 혜택을 받았죠. 한 학기 쉬고 복학할 때 3학년이었는데, 학생운동 분위기가 싹 바뀌어 있었어요. 공부하는 내용도 굉장하고. 현기증이 날 정도로 앞서가고 있어서, 저는 그냥 구닥다리가 되어버렸어요.

| 대학원에 갈 결심을 하게 된 계기가 있었습니까? |

내 자리를 찾으려고 했지만 쉽지 않았어요. 그렇다고 학부 졸업한 다음 대학원에 가겠다는 결정도 쉽게 내린 건 아니었지요. 우리 때는 공부하겠다고 학교에 남는 사람이 별로 많지 않았습니다. 학교에 남아 계속 공부한다는 게 형편없는 기회주의로 인식되었거든요. 일종의 배신이라고 생각했지요. 좀 과장해서 말하면 생각 있고 똑똑한 친구들은 다 현장으로 노동운동하러 갔으니까요. 학교에 남아 공부한다는 건 머리가 좀 부족하거나 아니면 기회주의자이거나, 거기다 유학까지 간다면 집에 돈이 있어 도망친다, 이런 식으로 여겼죠. 대학원 가는 건 아주 한심한 걸로 보았어요. 그런데 전 공부하는 것도 운동의 중요한 영역이 될 수 있다고 생각했어요. 공부가 그 '한심한 친구들' 한테 방치되는 것도 무책임한 일이라고 생각했죠.

| 그럼 어떻게 '종교학 공부'를 결심하게 되셨나요? |

공부라는 것도 경제학이나 사회학처럼 당장 써먹을 수 있는 거라야 될 텐데, 이 종교학이라는 게 문제가 있었죠. 마르크스주의의 입장에서 보면 없어져야 할 게 종교잖아요. 당시에는 심지어 종교학과 학생들조차 "종교는 없어져야 한다"고 생각하던 때였는데, 대학원에서 종교학 공부한다는 게 말이 되겠어요? 그런데 전 당장 쓸모없어 보이는 학문 영역도 중요한 투쟁의 영역이 될 수 있다고 생각했어요. 어머니는 늘 저더러 "바쁠수록 돌아가라"고 하셨는데, 그때 그 말이 맞을 수도 있다고 생각한 거죠. 그래서 가까운 친구들하고 많이 이야기를 나누고 난 뒤에, 뭔가 역할분담한다고 생각하게 되었어요. 그래서 "어떻게 이 영역의 공부가 현실 변혁을 위해 활용될 수

있을까"라는 생각을 많이 했습니다. 석사 과정 때도 교수님들이 가르쳐준 것보다는 친구들끼리 한 공부나 독학한 것이 더 기억에 많이 남습니다.

2
근대성과 대결하기

> 자본주의와 국민국가, 서구적 삶의 방식 등으로 요약되는 근대성(modernity)의 원리는 개화기 이래, 우리가 추구해야 할 불멸의 가치로 여겨져왔다. 그러나 이러한 생각 자체를 성찰의 대상으로 놓지 못하는 맹목이야말로 '근대성의 결핍' 보다도 더 근원적인 고통의 원인이라는 것이 장석만의 생각이다. 이처럼 근대성의 원리와 담론 자체를 성찰의 대상으로 놓자는 제안은, 장석만이 공부하는 것과 현실에 대해 발언하는 것, 그리고 자연인으로서 살아가는 것의 원리를 일치시키려 하는 태도와 일맥상통한다.

ㅣ 선생님 박사논문이나 근래 쓰신 글에 담론 분석이나, 메타 담론의 형식을 취하는 게 많은데, 석사논문도 비슷하더라고요. 그 역사가 상당히 오래 됐군요. (웃음) '대중적으로' 푸코가 부각되기 시작한 건 그야말로 90년대 이후인데 80년대 중반에 이미 푸코를 보셨던가요? ㅣ

예. 김현 선생이 1990년 《시칠리아의 암소》에서 본격적으로 이야기하기 전인 80년대 초반에 벌써 푸코는 소개되기 시작했어요. 저도 김현 선생 같은 분이 본격적으로 이야기하기 전에 이미 푸코 책을 봤죠.

당시 기본적으로 현실 비판의 무기로 인식된 건 마르크스주의였지만, 문화 영역에 대해 논의하기 위해서는 마르크스주의가 너무 단조롭다는 생각이 들었어요. 그때만 해도 한국 학계에선 아직 푸코가 많이 알려지지 않았죠. 미국에서는 70년대 후반부터 푸코가 중요한 이론가로 부상하고 있었지만요. 그때 한상진 선생이 처음 서울대에 왔는데, 그분이 푸코를 소개하는 데 일조했어요. 저는 마르크스주의에서 부족하다고 여겨지는 부분을 푸코가 보충해줄 수 있지 않을까 생각했습니다.

| 그래도 마르크스주의가 여러 모로 튼튼한 지적 헤게모니를 가지고 있던 80년대 중·후반에 푸코를 수용하기 위한 사회적 맥락이 한국에 충분했을까요? 마르크스주의는 그 윤리적 우월성과 현실 정합성이 혼동되거나, 또는 양자가 그 자체로 통일된 것으로 받아들여졌던 것 같고요. 그런데 푸코의 어떤 점이 특히 매력적이던가요? 푸코도 꽤나 다면적이잖아요. |

푸코가 마르크스주의에서 결핍된 뭔가를 채워준다고 느꼈습니다. 먼저 80년대까지의 한국학 연구에 대해 먼저 이야기해보죠.

한국어·문학·역사·예술·사회 등을 연구하는 것은, 거의 대부분 한국의 정체성을 만들고 유지하고 정당성을 부여하는 목적을 내재화하고 있었습니다. 어쩌면 '국학(國學)'에 대한 자의식이 생겨난 19세기 말 이후 견지된 흐름이죠. 민족주의를 전제로 하고, 해방 이후 서울대나 정신문화연구원 같은 데가 센터 역할을 해온 그런 연구입니다. 어쩌면 한국의 근대적인 지식체계 전체가 한국의 정체성을 성립·유지하는 연구와 관련이 있고 동원된 거라고도 할 수 있어요. 여기에 동원된 학자들은 의식이나 무의식의 차원에서 "나라와 민족을 위해 공부한다"라는 자세를 갖고 있었죠. 신용하·한영우 같은 분들이 그 대표적인 학자들일 거고요. 이분들은 어쩌면 마치 민족주체성을 찾는 독립운동을 한다는 마음으로 연구한 거라고도 할 수 있겠죠. 민족주의적인 연구태도는 그 세대 분들한테는 뼛속 깊이 밴 거라서, 쉬 비난하기는 어렵죠.

또 다른 하나는 80년대 이후에 생긴 경향이죠. 민족주의가 아니라 마르크스주의적인 사고를 기본틀로 하는, 현실 변혁을 통해서 불의(不義)·부조리한 시스템을 뒤집어엎어야 된다고 믿고, 그걸 위해 공부가 필요하다고 믿는 흐름입니다.

| 그것이 선생님이 대학원에 간 이유와 관계가 있나요? 그런데 둘째 경향이 한국학과 관련해서 어떤 뚜렷한 성과나 주목할 만한 업적을 남겼습니까? |
글쎄요. 그때까지 금기시되던 관점, 예컨대 30년대 백남운 식의 유물론적 시야로 한국사를 다시 보는 관점이 활짝 꽃이 피기도 했었죠. 젊은 국학자들의 다수가 그런 입장에 서기도 했었는데, 사실은 좀 도식적이라 별로 재미는 없었죠. 그런데 현실사회주의가 몰락한 이후 너무 빨리 사그라졌어요. 좀더 밀고 나가서 성과를 남길 수 있었다면 좋았을 텐데요.

어쨌든 '독립운동' 하듯 혹은 '데모하듯' 공부하는 두 가지 경향이 여태까지 지배적인 한국학 연구 스타일이었는데, 전 공부의 '호흡'이 너무 짧지 않은가 생각했습니다. 당장 현실 변혁의 요구에 응하는 것이 필요하더라도 공부의 시야는 깊고 넓어야 한다는 생각을 하게 됐죠. 그런데 공부하는 자세에 대한 반성의 계기를 푸코가 마련해줄 수도 있겠다고 생각했어요. 역시 '바쁠수록 돌아가라'는 정신이지요.

| 지금은 선생님의 학위논문과 같은 접근방식에 익숙해진 편입니다. 실제

로 당대의 담론을 대상으로 삼고, 그 담론 자체나 담론의 효과 또는 사용된 맥락을 대상으로 계보학적 탐색을 해나가는 방법 말이지요. 그런데 박사논문을 쓰던 90년대 초에는 방법론적으로 상당히 새로운 논문이었죠? |

좀 난삽하기는 하지만, 푸코의 《말과 사물》을 보면, 개념이나 담론의 지층을 파고들어가서 그 계보를 캐내잖아요. 그런 문제의식이 분명하죠. 어떤 연속과 불연속의 과정이 담론의 지층에 새겨져 있는지 보는 겁니다. 우선 그런 방법이 중요하고 그것보다 어쩌면 더 중요한 건, 푸코의 방법론이 자기가 속해 있거나 마치 자연(自然)처럼 당연한 듯해서 잘 볼 수 없는 것에 대해 자기 의식을 갖게 하는 힘을 갖고 있다는 점이죠.

그러니까 해석학적인 자기 성찰 측면에서 푸코가 준 지적 충격, 그게 결정적이었고 상당히 신선했어요. 현실 비판적인 자세를 견지하면서도, 마르크스주의에서 느낀 결핍감을 메워줄 것을 찾고 있었거든요.

| 거기서 푸코를 공부하는 것과 근대성 자체를 고민하고 연구하는 것이 연관이 되는 건가요? |

"나의 고민이 우리 모두의 고민"이라는 사실은 현실 변혁을 외칠 때 이미 알고 있었습니다. 그런데 우리가 지금 당면한 문제와 그에 대한 해결책이 더 커다란 인식틀 안에 있다는 점은 모르고 있었어요. 푸코가 바로 그 '문제틀'의 윤곽을 알아차리는 단서를 만들어주었어요. 그래서 "지금, 왜, 우리는 이런 식으로 문제를 인식하고 해결하려고 할까?"라는 질문을 던질 수 있게 된 거죠. 그 커다란 문제틀이 바로 '근대성'이라고 이름 붙일 수 있는 것이지요.

| 박사논문이 워낙 새로웠기 때문에 오히려 어려운 일들이 많았다고 들었습니다. |

쓸 당시엔 제 논문에 공감하는 사람이 별로 없었어요. 정치(精緻)하고 좋은 논문이 되려면 공감을 전제로 한 지적과 비판이 필요한데, 논문 발표할 때는 가장 기본적인 아이디어를 이해시키는 데 급급했던 것 같아요. "좋아 그래, 당시에 종교 개념이 없었다는 것은 알겠다, 그렇지만 거기 해당하는 뭔가가 있었을 거 아냐?" 이런 식의 질문을 많이 받았죠. 바로 '거기에 해당하는 것'이라는 게, 지금 상식적으로 갖고 있는 종교 개념에 근거해서 회고적으로 바라보는 것일 뿐임을 알지 못하는 거죠. 그렇게 되면 그 개념을 상대화하거나 반성할 수 있는 발상의 여지가 없죠. 사실은 지금도 어떤 교수들하고는 이야기가 안 통해요.

또 하나는 "종교학과 논문이 아니다"라는 거예요. '종교학과' 논문은 기독교·불교 등 종교 현상에 대해 이야기하거나, 종교 이론에 대해 써야 한다는 관례와 굳어진 틀이 있는데, 그런 단순한 분류체계에 넣을 수 없으니까 제 논문이 정체불명으로 느껴지는 거죠.

| "~과 논문이 아니다" 이런 비판은 아주 치명적인데요. 학과 이기주의나 협소한 '학제'의 사고에서 나오는 배제의 논리니까요. |

인문학이 발전하기 위해서는 학과에 얽매이는 협소한 틀에서 벗어나야 합니다. 90년대 초에 전혀 다른 전공의 사람들과 근대 의료사(醫療史) 세미나를 한 일이 있어요. 의학사, 과학사, 국사, 동양사 공부하는 사람들과 좌충우돌하며 공부했습니다. 병에 걸리거나 병을 고친다는 게 사실 '의미'의 문제와 많이 결부되어 있어요. 종교

의 많은 부분도 병 고치는 이야기로 이루어져 있습니다. 그 세미나에서 많은 걸 얻었어요. 다른 분들도 좋은 영향을 받아 그런 쪽으로 논문을 많이 썼다고 들었습니다.

| 박사논문에서 네 가지 유형으로 나타난 1880년대 이후의 종교 담론이 1980년대까지 이어지는 계보의 지층을 형성한다고 했는데, 이것이 단순히 유형이나 현상이 아니라 '계보의 지층'으로 설명하기 위해서는 뭔가 다른 논리적 장치가 필요했을 거라 생각되는데요? 비유하자면 통시적으로 보면 한 지층과 단절된 다른 지층 속에 이런 저런 동물 화석이 있지만, 그 동물들은 이러 저런 특징과 유전형질을 가지고 연속적으로 진화해오다 그 지층 속에 박힌 거잖아요? 이런 두 가지 경향이 다 있는 것 아닐까요? |

푸코의 경우는 시기적으로 단층을 상정하죠. 《말과 사물》에 나오는 것처럼 르네상스, 고전기, 19세기, 그런 식으로요. 하지만 우리는 좀 다르죠. 근대화의 과정 자체가 그렇듯이 서구에서처럼 시간적 거리를 두고 차곡차곡 쌓이면서 단절되거나 이어지는 게 아니라, 여러 다른 성격의 담론이 한꺼번에 나타나 섞여 있어요. 종교를 둘러싼 담론 또한 그렇습니다. 근대와 관련된 다른 개념들, 수입되고 새롭게 의미 부여된 개념들이 다 그렇겠죠. 문학·예술·미술·철학 같은 것들이 다 한 가지 의미만 가지는 게 아니라 혼재된 의미의 층이 아로새겨져 있죠.

| 최근에 발표하신 논문을 보니까, 한국 근대 종교의 '성격'을 '개신교 우위성' '가부장제적 성격' '정교분리의 문제' 세 가지로 정리하셨는데요, 이런 특징을 규정하여 근대 종교를 설명하는 것의 논리적 위상이 궁금합니

다. 이 특징들이 그 지층이나 계보 속에 어떻게 삽입되고 있는 것인가요? 담론의 계보를 이야기하는 것과, 현실에 존재하는 현상을 집어 양상을 특정화하는 것은 다른 과제인가요? |

근대 한국 종교의 세 가지 특징은, 여러 논문에서 논의한 것을 종합한 겁니다. 단층이라고 해도 과거와 현재 사이의 것들에 뭔가 연결이 있을 거잖아요. 단층의 연결선들에 묻어 있는 특징이 바로 그것이죠. 그런데 담론 차원에서는 근대의 담론을 연 사람들은 '단절의 수사학'을 구사했어요. 자기 시대와 이전 시대가 아무 연관도 없는 양 말이죠.

| 담론 분석의 난점, 실천적 한계에 대한 의문이 있습니다. 담론이 아닌 '현실'은 어떤 위치에서 서술될 수 있는가? '현실 = 구성된 담론'은 아니지 않나요? 그리고 "담론이 먼저인가, 현실이 먼저인가?" 하는 우문도 생길 수 있는데요. 푸코의 입장인 '담론이 현실을 구성하고 발생시키는 것'이라든지 가라타니 고진(柄谷行人)이 말한 바대로 "문단이 문학을 만들어내고, 고백이라는 제도가 고백하는 내면을 만들어낸다"와 같은 명제는 오히려 '전도된 유물론'처럼 들리기도 합니다. |

네 가지 유형의 종교 담론은 개항기 자료를 분석하여 추출된 것입니다. 한 가지가 아니라 여러 가지 계열의 담론이 같은 시기에 나타났다는 건 개항기 한국 사회의 복합성을 보여주죠. 저는 개항기라는 19세기 말의 문제들이 기본적으로 지금까지 이어지고 있다고 보기 때문에 1980년대 상황과 연결시켰던 겁니다. 물론 그런 연속성이 유지되는 가운데 생겨난 서로 다른 단계적 차이성에도 주목해야 한다고 생각합니다. 이 작업은 아직 이루어지지 않았지만 조만간 다루어

질 수 있기를 기대하고 있습니다.

질문의 골자는 단순한 유형화 작업과, 지층과 같은 심층구조의 탐색작업은 구별되어야 하지 않겠냐는 것이죠? 그런 지층구조를 파악해야 역사적 변화도 추적할 수 있지 않는가라는 뜻 같습니다. 예상하신 대로 담론의 유형화 작업을 통해서 담론체계의 변화를 설명하는 건 불가능합니다. 그건 담론체계와 비(非)담론체계의 상호 연관관계를 파악해야 가능하죠. 비담론체계를 우선적으로 경제구조의 관점에서 보기도 하고, 권력구조의 관점에서 볼 수도 있을 텐데, 어떤 관점을 우선시하든지 비담론의 차원이죠.

비담론체계는 몸동작, 습관, 제도 등으로 이루어져 있습니다. 이런 자질구레한 것들이 알게 모르게 서로 짜여져 경제구조나 권력구조를 만드는 거죠. 담론체계는 이런 비담론적 실천이나 제도와 서로 작용하게 되고, 결국은 서로를 부추기며 상승하는 강화(强化) 작용이 일어나는 겁니다. 우리의 현실은 바로 담론체계와 비담론체계의 상호 강화작용 속에서 나타난다고 말할 수 있습니다. 이런 점에서 "담론이 먼저인가, 현실이 먼저인가"라는 질문은 부적절합니다. 이는 관념론과 유물론을 양분해 보는 관점에서 제시한 것 같기 때문이죠. 비담론적 측면이 현실을 독점할 수는 없습니다. 담론체계와 비담론체계는 어느 것이 우선이라고 말할 수 없이 서로 연관되어 있는 것이죠.

| 90년대 초 이후 근대성 자체가 인문사회과학계의 핵심적인 논의거리로 떠오르면서《모더니티란 무엇인가》(1994) 같은 책도 나오는데, 여기 실린 선생님 글 〈개항기의 한국 사회와 근대성의 형성〉이 자주 인용되는 걸 봤

우리 현실은 바로 담론체계와 비담론체계의 상호 강화작용 속에서 나타난다고 말할 수 있습니다. 이런 점에서 "담론이 먼저인가, 현실이 먼저인가"라는 질문은 부적절합니다. 이는 관념론과 유물론을 양분해 보는 관점에서 제시한 것 같기 때문이죠. 비담론적 측면이 현실을 독점할 수는 없습니다. 담론체계와 비담론체계는 어느 것이 우선이라고 말할 수 없이 서로 연관되어 있습니다.

습니다. 이 논문에서는 종교의 범위를 훨씬 넘어 '자연' '인간 주체' '인간 집단' 등을 논제로 다루고 있던데요. 어쩌면 박사논문보다 더 '야심찬' 기획을 담고 있는 듯도 하고, 학위논문을 쓰실 때와 그 이후 문제의식의 방향이 달라진 게 있나요? ｜

〈개항기의 한국 사회와 근대성의 형성〉이란 논문이 발표되었을 때, 저는 미국에 있었어요. 박사논문을 쓸 때 심사위원들의 몰이해에 많은 수모를 당했는데, 그 중 하나가 논문을 대폭 삭제할 수밖에 없었던 일입니다. 그 논문은 심사 때 삭제당했던 일부분입니다. 박사논문을 쓰고 근대성을 공부하던 초기의 주된 문제의식은, '근대성' 문제의 새로운 의의를 말하고 관심을 환기하자는 거였죠. 수탈론이나 내재적 발전론 같은 관점에서가 아니라 근대의 문제를 새로운 방향에서 다루어보자는 거였어요. 그리고 우리에게 주어진 삶과 학문의 틀 자체를 문제삼아보자는 생각이 깔려 있었고요. 이제 시간이 10년쯤 지났는데, 그렇게 많은 변화가 있었는지는 모르겠지만, 근대성에 대한 논의 자체가 활발해진 건 사실이죠.

｜ 선생님 말씀을 들으면 근대성에 대한 탐색 자체가 현재의 삶이나 '공부'와 관련된 중요한 전략이기도 하고, 삶에 관한 자기 근거를 마련하는 작업이기도 하네요. ｜

좀 전에 80년대까지의 한국학 연구의 흐름에 대해 이야기했는데요, 중요한 게 있어요. 한 쪽은 체제를 만들거나 정당화하는 데, 다른 쪽은 개조하고 변혁하는 데 관심을 가졌지만, 양쪽 다 근대의 체계와 제도 자체에 대한 성찰은 별로 하지 않았다는 점입니다.

　시스템에 대한 성찰은 공부하는 주체의 성찰과도 관계가 있다고

Tip 1 __ 개항기의 한국 사회와 근대성의 형성*

오랜 기간 동안 내재적인 사회·문화 변동의 과정을 거치면서, 서구인들은 프로메테우스적인 노력을 기울여 개인 중심적 기본축을 형성하고, 누구도 의심할 수 없는 '질서의 필연성'을 추구하려 하였다. 한편으로는 계몽주의적 원칙에 따라 개인 중심의 물질적·도덕적 조건들을 만들어내면서, 개인 내부 혹은 개인 사이에 벌어지는 가장 은밀한 영역들도 규제 대상으로 삼는 통제체제를 공고히 하고 이동되지 않았다는 민족 단위의 집단적 아이덴티티 체제를 새롭게 형성하여 다른 단위와의 변별성을 인식하도록 만들었다. 이와 같이 내적 통제체제를 공고히 하는 국가(state)의 형성과 외적 아이덴티티 체제를 확립하는 민족(nation)의 조성 작업은 개인 중심적 시민사회의 토대 위에서 '질서의 필연성'을 만들어나갔다.

그러나 한국을 포함한 동아시아의 근대성 형성은 우선 기본축이 신에서 인간 개인으로 이동되지 않았다는 점에서 판이한 양상을 보일 수밖에 없었다. 더구나 근대성 수용의 필연성은 위기에 봉착한 당시 지배체제의 존속을 위해 모색된 것이기 때문에, 개인 중심적 근대성의 측면보다는 기존 체제의 유지와 독립을 위해 필요한 집단적 통제 측면이 부각되었다. 이와 같은 선택적인 근대성 수용은 점차 근대성의 패러다임이 전면적인 영향을 미치게 되면서 부정적인 가치 평가를 받게 되었고 무엇인가 결핍된 것, 열등한 것으로 여겨지게 되었다. '완전하고 충족된 서구' / '부족하고 왜곡된 동양'의 양분법이 작동되기 시작한 것이다. 근대성의 틀에 머물러 있는 한, 이런 가치 평가를 피할 도리는 없다. 그리고 근대성의 패러다임이 지니는 영향력은 기존 체제의 권력질서에 전면적인 변화를 가져오게 되면서, 한국을 포함한 동아시아는 '결핍'의 명찰을 달고, 근대성의 나침반을 좇아가게 되었다.

서구 근대성의 이상과 우리의 근대성 사이에는 항상 간격이 있게 마련이어서, 근대성 수용의 모습은 언제나 '근대화'의 도정에 있는 것으로 여겨졌다. 아직까지도 계속되는 그 근대화의 과정을 거치는 동안, 우리는 근대성의 옷을 입고, 그 음식을 먹으며, 그 집에 거주하면서 근대성의 의식구조를 가지고 생각하게 되었다. 이제 근대성은 '자명함의 침묵' 영역인 독사(doxa)의 위치를 누리면서 여태까지 영원히 그래왔고 앞으로도 영원히 그럴 것이라는 '상식'을 만들어냈다.

*《모더니티란 무엇인가》(김성기 편, 1994)에 수록된 같은 제목의 논문을 요약·발췌하였다.

보는데요, 제가 생각하기에 근대성의 메커니즘 속에는 자기 성찰의 피드백 구조가 있어요. 그래서 근대체제가 높은 탄력성을 가질 수 있는 거죠. 그런데 우리 사회나 학계는 너무 일방적으로 앞으로 나아가는 일에만 경사되어 있어서, 성찰의 과정으로 시스템을 정화(淨化)할 수 있는 힘이 없는 것 같았어요.

그래서 우리가 이런 식으로 생각하고 공부하고 살아온 게 전체적으로 볼 때 언제부터 만들어졌고, 전체 체계의 성격은 과연 어떤 것인지, 공부를 통해서 보고 싶다는 문제의식이 자연히 생겼습니다.

| 그게 논문의 문면에는 드러나 있지 않은 '내면 풍경'인가요? |
(웃음) 그렇죠. 전체적인 삶의 풍경이나 지평을 그 안에 묻혀서 보는 게 아니라 밖에서 보는 눈이 필요하고, 학자들은 그 시스템 안에 있으면서도 밖에서 본 것을 일러주는 역할을 부여받은 사람이라고 생각합니다. 그런데 제도 속에 들어간 학자들은 그런 역할을 놓치기가 쉽죠.

제가 자주 말하는 거지만, 근대성의 시스템이 묘한 것은 그 작동의 메커니즘을 볼 수 있게끔 하는 장치를 스스로 마련해놓고 있다는 점입니다. 그런데 우리의 경우 이런 부분, 즉 스스로를 성찰하는 장치가 제대로 돌아가지 않는 모습을 흔히 볼 수 있어요. 90년대에는 포스트모더니즘 사조조차도 하나의 '유행'으로 받아들였을 정도죠. 포스트모더니즘 수용이 우리가 맹목적으로 당연시한 근대와 근대국가에 대한 사고를 흔들어줄 수 있었다면 유의미했을 텐데요. 물론 그렇게 근대성에 대해 성찰한다는 것 자체가 근대성이 마련해준 출구입니다. 그래서 성찰도 사실은 틀 지워진 것, 조건 지워진 것이라

볼 수 있습니다. 그러나 우리는 지나치게 '근대성의 결핍'이란 의식에 함몰되어 있어서 성찰적 부분이 잘 작동되고 있지 않다고 봅니다.

| 프랑크푸르트학파의 논의를 연상하게 하는 말씀입니다. 제도 '내에서' 제도에 '대해서' 사고하고 성찰하는 일, 심지어 근대나 제도에 대한 근본적인 성찰도 가능하지만, 그럼에도 그것이 제도나 근대가 준 것이기 때문에 성찰 이상의 것에 대해 더 말하지 않거나, 더 말하는 것이 위험하다는 생각 말입니다. |

예. 그러니까 첫째는 우리가 반성의 기제조차 갖지 못하는 맹목에 사로잡혀 있었기 때문에, 그것을 출발점으로 마련해야 한다는 의미입니다. 반성과 비판이 절대적인 출구를 향해 있거나 절대적인 자유도 아니지만, 그것이 어떻게 구속되어 있는가를 아는 출발점이 될 수 있다는 거지요. 다른 길을 발견할 수 있는 가능성 말입니다. 하지만 곧바로 근대성의 틀에서 벗어날 수 있는 완벽한 대안이 있다고 믿는 건, 돈 키호테 같은 생각일 겁니다. 근대성을 전면적인 성찰의 대상에 놓는 일이 힘을 합쳐서 마련해야 할 출발점이지요. 우선 그것만으로도 큰 의의가 있다고 보입니다.

| 성찰과 '탈주'하는 통로를 모색하는 일이 떨어져 있지 않은 것 같은데요. 그렇다면 성찰과 성찰적 태도만 가능할 뿐 뚫는 것은 불가능하다는 비관적 비전을 갖는 논자들과 선생님의 생각이 비슷하다는 의문이 듭니다. |

정말 그렇다면 염세적인 자세를 갖게 되겠죠. 저는 그런 입장에 서는 건 아닙니다. 성찰하는 의식으로써, 우리가 근대·제도에 얼마나 깊이 매몰되어 있는지를 의식하는 순간, 뭔가 새로운 출구가 마련되

는 단초가 주어진다고 봐요.

| 그럼 오히려 낙관적인 태도네요. '성찰'의 의의를 강조하기 위해서 하시는 말씀이겠죠? |

그런가요? 그건 자극이 될 수도 있겠죠. 어쨌든 그런 출발점에서부터 거기에 만족하지 않고 다른 가능성을 보기 위해 한 걸음 나아가는 힘이 마련될 거라고 생각하고, 이걸 위해서 힘을 합쳐야겠죠. 사실은 이게 낮은 차원의 연대와 협력의 지점인데, 우리 학계나 사회에서는 가장 기본적인 가능성마저도 의논하지 않고 있습니다. 왜 공부해야 하는가에 대한 문제의식조차 없는 경우도 많습니다.

| 글에서 "근대성의 틀에 머물러 있는 한 '완전하고 충족된 서구' '부족하고 왜곡된 동양'의 양분법이 작동하여, 이런 가치 평가를 피할 도리가 없다." 그래서 "한국을 포함한 동아시아는 '결핍'의 명찰을 달고 근대성의 나침반을 좇아가게 되었다." "따라가야 함이 이미 근대의 논리 자체에 내장된 것이고, 따라가지 않겠다고 선언하는 것을 통해서는 그 고리를 끊을 수 없다. 1백 년도 넘게 지속된 이 열등감과 그것을 위한 조급증은 지금도 여전히 작용하고 있다"고 하셨는데, 선생님이 말씀하시는 것이 여기까지인 것 같습니다. |

제가 문제삼고 싶은 것은 전일무이(全一無二)한 가능성으로 주어지는 그러한 근대적인 삶의 방식입니다. 우리 삶이 서구의 모델을 따라가는 데에만 급급한 것 이외에 다른 가능성이 없다면 얼마나 지겹겠어요? 거기서 제발 벗어나고 싶다는 것이 제 기본적인 입장입니다. 그것이 무엇인지 명확한 답을 말할 수는 없지만, 다양한 삶의 가

제가 문제삼고 싶은 것은 전일무이(全一無二)한 가능성으로 주어지는 그러한 근대적인 삶의 방식입니다. 우리 삶이 서구의 모델을 따라가는 것 외에 다른 가능성이 없다면 얼마나 지겹겠어요. 거기서 제발 벗어나고 싶다는 것이 제 기본적인 입장입니다. 그것이 무엇인지 명확한 답을 말할 수는 없지만, 다양한 삶의 가능성이 열려 있어야 한다는 점은 분명합니다.

능성이 열려 있어야 한다는 점은 분명합니다. 다른 가능성을 생각할 여지조차 다 덮어버리고, 서구적 삶의 방식이 일종의 유일체제나 원리처럼 제시된다면 그건 인간에 대한 모독에 다름아닙니다.

┃그럼 '어떻게' 근대적인 삶을 뛰어넘을 것인가, 그 구체적인 방편을 묻고 싶습니다. ┃

여기에 상당히 위험한 요소가 있습니다. 파시즘 체제나 낭만주의에 기초한 반동(反動)들도, 사실은 근대적 삶을 극복해야 한다는 문제의식에서 출발한 거잖아요. 그래서 여기는 굉장히 신중해져야 하는 대목이죠. 그러니까 다른 삶을 생각하는 상상력의 모험 속에는 자연히 긴장이 생기게 됩니다. 뭔가 새로운 가능성을 찾아 헤매는 거죠. 여기에 안주할 수는 없으니까요. 이런 긴장의 자세를 유지하면서 기존의 분류체계를 허물어뜨리는 작업을 한다는 건 쉬운 일은 아닙니다. 하나로 제시할 수 있는 구체적인 해결책은 없고, 다만 이런 '모험의 윤리'를 지니고 구체적인 문제에 부딪히는 것뿐입니다.

┃'탈주(脫走)' 혹은 '근대를 완성하여 근대를 넘기'가 방법론적인 답으로 제출되기도 하는데요. ┃

근대를 완성함으로써 근대를 넘어서자는 입장은, 근대성체세에 내재된 성찰력을 최대한 발휘하자는 것이겠죠. 그런데 '탈주'의 내용이 무엇인지는 잘 모르겠군요. 아직은 이런 입장이 모두 설익은 상태라서 서로 비판하고 성숙할 수 있게끔 도와줘야 한다고 봅니다.

┃예를 들어서 김동춘·진중권 같은 논자들은, 적어도 우리 사회에서 개인

주의적 원리를 더욱 확산시키는 게 전술적 차원에서 옳은 선택일 수 있다고 합니다.[3] 근대를 심화함으로써 그 극복의 단초를 연다는 입장이겠죠? 이에 대해서 서구의 개인주의는 대안이 아니고 삶을 근저에서부터 바꿀 수도 없는 따분한 길이라는 입장도 있지 않습니까? |

그 질문 자체가 잘못된 것 아닐까요? 개인주의와 공동체의 원리가 대립되는 게 아닐 수도 있는데 말이죠. '개인인가, 공동체인가' 라는 식의 양분법에 기초하거나 제로섬 문제로 놓는다면, 양쪽이 서로 길항(拮抗)하는 관계라고 생각한다면 말입니다.

| 역사적으로 서구 근대 사회에서 개인주의가 지배적이고, 개인주의의 확대 과정이 실제 공동체주의와 대립하는 길을 걸었다는 건 증명된 사실 아닙니까? 게다가 역동적 공동체주의 같은 건 미래의 유럽이나 미국에서는

---

3 | "오늘날 한국사회의 무규범 현상은 지배계급의 탈법, 즉 무규범에서 비롯하는 것이다. 이것은 국가폭력과 동전의 양면을 이루고 있으며 사회적 동의가 박약한 상황에서 나타나는 양상이라고 할 수 있다. 무규범과 소유권 절대주의, 공적 폭력과 사상통제는 하나의 고리를 이루면서 냉전질서하 분단국가의 질서유지의 기초를 이루고 있다. 이러한 사실들은 한국에서는 아직 온전한 의미의 근대적 민족국가가 수립되지 않았다는 것을, 다시 말해 분단국가는 '미완성' 국가임을 실증해주고 있다." -김동춘, 〈국가폭력과 사회계약〉, 《근대의 그늘》, 43~44쪽.
"하버마스의 말대로 '근대' 는 미완성의 프로젝트다. 하지만 불행하게도 90년대를 휩쓴 포스트모던의 광풍 속에서 더 나은 사회의 비전을 세우는 작업은, 주제넘은 '계몽주의' 혹은 폭력적인 '이성주의' 로 성급하게 매도되어왔다. 하지만 이제 '해방의 서사' 를 쓰던 시대는 지났다고 단언하는 것은 아무리 좋게 해석해주어도 보수주의적 요구일 뿐이다. (중략) '과연 타인들 사이의 계약에 근거한 이익사회 속에서 어떻게 공동체 요소를 확보할 것인가?' 그 답변은 아마 이런 것이 될 것이다. 먼저 학연, 지연, 혈연과 같은 마이크로 집단주의, 국가주의와 같은 매크로 집단주의에서 개인을 자율적 주체로 '해방' 시켜야 한다." -진중권, 《폭력과 상스러움》, 119쪽

이미 기대할 수 없는 것이 되었다는 차원에서 제기되는 문제라면요. |
그런 이야기가 나온 지도 오래되었죠. 하지만 전 그런 이야기 전체를 일종의 수사(修辭)로 봐야 한다고 생각합니다. 서구인들이 자기들의 삶의 양식과 시스템을 비서구권에 이식하기 위해서 만들어낸 수사로요. 우리 상황에서도 그런 양자택일을 미리 상정하는 것은 좋지 않다고 봐요.

오히려 "개인주의인가/공동체인가" 또는 "근대를 심화할 것인가/근대를 넘어설 것인가"라는 식의 물음이 성립되는 것처럼 보이고, 또 확산되는 사실 자체가 문제시되어야 한다고 봅니다. 그런 물음에 뛰어들어서 어느 쪽 편을 들고 싶지도 않고요.

| 현재 우리가 받는 고통이 19세기적인 것, 또는 파시즘적이거나 권위주의적인 것에서 기인한다는 생각이 근대를 완성·심화하자는 주장의 배경 같습니다. |
보편적 원칙의 수준이 아니라, 특정한 상황 안에서 전략·전술로 선택된 것이라면 이해할 수 있어요. 구체적인 현실의 맥락에서 효과를 극대화하기 위한 거라면 말이죠.

여태까지 여러 학자들이 '지금, 여기'를 전체로서 통찰하기 위한 방편으로 '근대'를 제시한 게 아닐까요? 그런데 '근대'를 고정적인 어떤 개념틀로 사고하는 경향이 많은데다, 그 개념틀이나 기준이 모두 '서구적'이라는 데 문제가 있죠. '근대의 완성'이나 '근대화'라 표현된 모두는 그 틀 속에 있는 것이고, '탈근대'라고 말해도 그 틀을 완전히 벗어나지는 못하지요. 그렇다면 근대를 어떤 시각에서 보아야 할까요? 우선 고정된 기준을 버리고 '하나의 근대'가 아닌 '여

러 개'의 근대라는 관점으로 전환할 필요가 있어요. 근대를 '지금'
을 정리하는 일종의 시간적 분류의 범주로 간주하는 시각이 필요한
거죠. 그렇다면 우리가 절대적인 것으로 생각하는 근대의 규범 자체
를 상대화시킬 수 있고, 우리에게 뭔가 결핍되어 있으니까 그걸 좇
아야 한다는 식의 사고도 극복될 수 있습니다.

| 다른 방식, 다른 차원의 삶의 가능성이라는 문제를 이야기하다 보니까 선
생님께서 《사회비평》에 9 · 11 테러와 아프가니스탄 전쟁에 대해 쓰신 글이
떠오릅니다. 미국식 자유주의, 미국식 가치체계, 시장경제체제 등에 의해
짜여지고 강요당하는 삶의 방식이 아닌 삶을 위한 가능성을 모색한 집단의
하나로, 이슬람 근본주의자들의 사상을 평가하셨던데요. |

그 글은 잘못 이해될 수 있어서 좀 조심스럽습니다. 이슬람 근본주
의가 바람직한 대안이라는 주장은 결코 아니니까요. 다만 지금 기고
만장해 있는 서구 중심주의의 오만함을 지적하고 싶었던 거죠. 현재
신자유주의에 대한 비판은 극좌부터 극우까지 다양한 스펙트럼으로
나타납니다. 근대성에 틀 지워진 삶의 지루함이나 비루함을 못 참겠
다고 뛰쳐나가 개척한 길은 매우 다양하고, 위험한 길도 많죠. 지금
어떤 길이 옳다고 명확한 대안을 제시하기는 어렵습니다. 시행착오
를 통해 만들어가야 하니까요. 그러나 현재까지의 실험을 통해서,
그건 아니라고 평가되는 최소한이 있죠. 예컨대 파시즘처럼요.

　이슬람 원리주의의 문제가 적지 않지만, 그것이 뭔가를 뚫고 나가
기 위한 시도로서 나타난 것만은 틀림없어요. 제가 말하고 싶었던
건 서구인들이 보듯 이슬람 원리주의를 보아서는 안 된다는 겁니다.
그래야 미국식 시장경제나 신자유주의 질서가 몇몇 나라의 주도하

에 부익부 빈익빈 세계체제의 모순을 심화시키고, 무한경쟁의 자본주의적 삶을 유일한 삶의 원리로 제시하는 것을 문제삼을 수 있습니다. 어떤 의미에서 보면 우리의 미래는 서구에 저당잡혀 있는 상태입니다. 우리는 마치 앞으로 진행될 세계가 어떤 모습인지 다 알고 있는 것처럼 말합니다. 그래서 몇 십 년 후면 일본 따라간다, 또 몇 십 년 후면 미국같이 된다, 이런 식의 계산이 횡행합니다. 이런 방식 이외에 우리 나름의 미래를 만들어나갈 수 있다는 생각은 전혀 하지 못하고, 이런 저당잡힌 상태에 대한 문제의식도 없죠. 안타까움조차 느끼지 못하고 있어요. 전 이런 편안한 상태에 균열을 내고 소음을 일으키고 싶은 겁니다.

| 통일 문제는 어떨까요? 그러니까 미국의 지배로부터 '벗어나 있다'는 관점에서 북한체제에 대해서는 어떤 평가가 가능할까요? 그리고 '통일'을 통해 체제와 삶의 방식에 대한 뭔가 다른 상상력을 가져볼 만한 여지는 없을까요? |
가능하죠. 이슬람 근본주의에 대해 저 사람들은 왜 저럴까 고민해보듯이 북한에 대해서도 고민해봐야겠죠.

| 그런데 북한에 대해 생각해본다는 건 완전히 다른 의미를 가지겠죠? |
달라지죠. 민족이란 이름으로 우리는 북한을 우리의 한 부분으로 동일시하고 있고, 아무도 그런 태도를 이상스럽게 생각하지 않죠. 하지만 북한을 다른 나라처럼 생각하는 것도 필요합니다. 북한이 우리가 보기에 말이 안 되는 태도를 보일 때, 당장 그 불합리성을 성토하기보다는 북한 내부에서 견지되는 합리성이 무엇인지 살피려는 노

력이 필요하지 않겠어요? 북한이 그런 선택을 하게 된 배후에 어떤 역사적 과정과 맥락이 놓여 있는지 파악하는 게 필수적이죠.

통일에 대해서는……, 글쎄요. 통일을 해야 하는 이유를 먼저 검토해야겠죠. '하나의 민족'이란 정서를 앞세운 주장은 점점 설득력이 약해질 겁니다. 통일을 해야 하는 이유는 분단체제가 그 아래 살고 있는 사람들에게 엄청난 억압의 원인을 제공하고, 우리 삶의 질을 황폐화시키기 때문이죠. 남북한을 막론하고 말입니다. 또 놓쳐서는 안 될 점은 남쪽에서 북쪽 사람들이 타자(他者)로서 악마처럼 이미지화되어왔고 그것이 그대로 우리 속에 내면화되어 있다는 것입니다. 그런 이미지화와 내면화가 우리 사회에서 벌어지는 많은 문제와 연관되어 있다고 봐요. 심지어 '왕따' 문제도 말이죠.

| 반공주의가 왕따 문제가 연관된다고요? |
예. 북한이라는 게 우리의 현 체제를 유지하기 위해 필수불가결한 타자잖아요. 타자를 그런 식으로 맹목적으로 미워하고 적대시하는 멘탈리티(mentality)하에서는, 우리 내부에 있는 어떤 타자도 그렇게밖에 다룰 수가 없는 거죠. 외국인 노동자나 장애인, 또는 자기 교실에 있는 힘없는 다른 학생을 모두 북한 다루듯 취급할 수밖에 없어요. 이건 자기 부모나 선생한테 배운 거고요. 그래서 북한 문제가 해결 안 되면 이런 문제도 해결되기 어렵다고 봐요. 이런 점에서 북한과의 관계가 중요합니다.

| 통일 문제를 그런 정체성의 문제로 접근하는 것은 신선합니다. |
정체성이 타자가 존재함으로써 가능하다면, 우리에게 중요한 타자는

여태까지 '지금, 여기'를 전체로서 통찰하기 위한 방편으로 '근대'를 제시해왔는데, 그 '근대'를 고정적인 개념틀로 사고하는 경향이 많습니다. '근대의 완성'이나 '근대화'라 표현된 모두는 그 틀 속에 있고, '탈근대' 역시 그 틀을 완전히 벗어나지는 못하지요. 우선 고정된 기준을 버리고 '하나의 근대'가 아닌 '여러 개'의 근대라는 관점으로 전환할 필요가 있어요. 그렇다면 '근대'의 규범 자체를 상대화시킬 수 있고, 우리에게 뭔가 결핍되어 있으니까 그걸 좇아야 한다는 식의 사고도 극복될 수 있습니다.

무엇보다도 북한·미국·일본이겠죠. 북한에 대한 부정적이고 증오로 일관된 동일화, 일본에 대한 괴상하고 애매한 애증이 뒤섞인 동일화, 미국에 대한 환상과 맹목적인 긍정적 동일화. 이런 구도를 깨야 우리가 좀 제대로 되고 뭔가 새로워지면서 좋은 방향으로 가겠죠.

제가 보기에 올림픽이나 월드컵 같은 이벤트는 이제껏 유지되어 온 우리의 정체성을 바람직하게 재점검하는 것이 아니라, 나쁘게 확대재생산하는 기제가 되고 있는 것 같아요. 우리 자신을 스스로의 반성적 시각으로 검토하지 못하고 외부의, 특히 서구의 시각으로 또다시 다그치니까요. "외국인들이 오니까 변소 청소 잘하고, 개고기 먹지 맙시다"라는 식의 주장은, 거의 우리를 학대하는 수준입니다. 외부 감시자의 눈에 따라 자기 통제가 행해지는 거죠.

Tip 2__한국 근대성 연구와 고고학적 방법

우리가 밥처럼 혹은 인터넷처럼 매일 상용(常用)하다시피 하는 단어들, 예컨대 사회 · 국가 · 민족 · 가족 · 문학 · 종교 · 공화국 등은 19세기 후반 이전에는 없었거나 있었다 하더라도 지금과는 그 함의와 용례가 전혀 달랐다. 그런 말들이 일본이나 중국에서 수입되어 번역되거나, 현재와 같은 개념과 용례가 발생하여 굳어진 것은 19세기 후반에서 20세기 초의 일이다. 말의 발생과 함의의 변화는 곧 그 말이 둘러싼 가치의 변화와 인간 행위의 변화를 의미할 것이다.

'근대'도 아주 복잡한 용례를 가진 말이지만, 그 중 가장 중요한 의미는 '지금, 여기'의 우리 시대와 그것이 동시대라는 뜻이다. 100~150여 년 전의 조상(祖上)이야말로, 마치 오스트랄로피테쿠스나 네안데르탈인이 아닌 호모사피엔스처럼, 비로소 우리의 직계이며 우리와 비슷한 뇌 구조와 내용물을 갖게 되었다는 것이다. 물론 그들이 오스트랄로피테쿠스나 네안데르탈인과 아무 관계 없이 땅에서 솟아났다는 것은 아니다. 그 뇌의 구조와 내용물은 당대인의 '담론'이라는 지층 속에 담겨 있다. 담론은 개념의 용례와 맥락과 이데올로기는 물론 인간 실천의 양상을 저장하고 있다.

고고학적 연구는 어떤 개념이 만들어지고 사용되기 시작한 이래 너무 많이 오랫동안 사용됨으로써 그 위에 켜켜이 쌓여 반질반질해진 때를 벗겨내는 효과를 가지고 있다. 즉 너무 자명해보이는 국가, 가족, 종교, 문학 따위의 고상하고 위대한 말들이 가진 신비함과 물신성을 벗겨내 보여주는 것이다. 이를 위해 고생물학자나 고고학자들처럼 근대의 지층을 파내려가며 담론의 계보를 찾아내고 기원을 탐색한다.

이러한 자세를 취하는 인문 · 사회과학의 연구가 시작된 것은 그리 오래되지 않았다. 장석만 선생의 서울대 박사학위 논문 〈개항기 한국사회의 '종교' 개념 형성에 관한 연구〉는 10년 전인 1992년에 나와서 그러한 연구의 선구가 되었다.

"개항기로부터 20세기 초에 이르는 기간 동안, 이전의 도(道) · 교(敎) · 법(法) 개념을 모두 합치거나 적절히 섞은 것도 아닌 '종교'라는 새로운 관념이 만들어지는 인식의 지진이 발생했다. 그리고 이어 종교를 둘러싼 네 가지의 새로운 담론의 계보가 생겨났는데, 그것은 '문명화(≒근대화)'란 과제를 중심으로 나뉘어졌다. (1) 종교가 문명화와 방향이 어긋난다는 반종교적 관점, (2) 종교와 문명화의 방향을 서로 다른 차원으로 설정하고 한계를 설정하는 관점, (3) 종교가 문명화의 방향을 통제·장악할 수 있다는 관점, (4) 문명화보다는 체제 통합 기능을 우선시하여 이를 위한 하나의 영역으로 '종교'를 파악하는 관점이 그것이다. 이 네 갈래는 단지 개항기의 길이 아니라, 우리 시대에도 살아 숨쉬는 종교에 대한 입장들을 나타낸다."

이 논문은 '종교'라는 가장 신성한(?) 개념을 문제삼고 당시로서는 매우 새로운 방법적 시각을 사용한 까닭에, 한편으로는 큰 지지를 얻고 다른 영역의 연구에 좋은 선례가 되었지만, 다른 한편으로는 일부 '동시대인들'에게 잘 이해받지 못했다고 한다. 그러나 지금은 마치 그러한 연구 자체가 하나의 계보를 형성하는 듯, '근대' '근대성'을 탐색하는 유력한 방법의 하나로 인정받고 있다.

3
관계하고 초월하는 지식인

> 지식인이 가져야 할 자세와 지식인 사회의 분화 문제는 근래 우리 사회의 매우 중요한 이슈의 하나이다. 70~80년대와 같은 시대적 정황이 요청한 '저항적' 지식인과는 다른, 또한 '전공'에만 매몰되는 기능적 지식인도 아닌, 새로운 자세와 위상이 필요하다. 이에 대해 장석만과 이야기를 나누었다. '공부'는 과거로부터 이어지는 '지금, 여기'에 대한 통찰력을 갖기 위한 것이어야 하며, 지식인의 활동은 '전공 논문 쓰기'를 넘어서 현실과의 다양한 접촉부면을 가질 수 있어야 한다는 것이 장석만의 생각이다. 그 접촉은 때로 현실에 대한 '발언'을 넘어 '헌신'하는 것까지 포함한다.

| 세상을 '위해서' 또는 '향해서' 인문학 연구자가 할 수 있는 일이 점점 줄어드는 것 같습니다. 사회가 변한 탓일까요? 70~80년대 지식인들은 전방위적인 관심을 갖고 활동했고, 또 사회가 그걸 필요로 했던 것 같은데요. 지금은 시각이 전방위적이라 해도 실제로 움직일 수 있는 공간은 없고, 또는 딜레탕트(dilettante)적 활동에 머물 수밖에 없습니다. 선생님은 《사회비평》 편집위원이기도 한데, 이런 문제에 대해 어떤 견해를 갖고 계신지요? |

현실저항적인 인텔리겐치아로서의 지식인을 생각한 건 주로 70~80년대죠. 그런데 지식인이 항상 그럴 수 있는 것도 아니고, 사회가 달라지기도 했어요. 저항의 방법도 삭발하고 데모하는 것만 있는 것도 아니고요. 어쩌면 오히려 70~80년대적 상황이 예외적이라고 볼 수 있죠.

그렇다면 여러 새로운 방법을 모색해야 하는데, 70~80년대식 '참여' 외에도 지식을 활용해서 사회에 참여할 수 있는 가능성은 여러 가지로 열려 있고 그 스펙트럼도 굉장히 다양하다고 봐요. 자기가 갖고 있는 전문지식을 풍요롭게 활용할 수 있게끔 하고, 또 그에 대한 사회적 반응을 통해서 피드백할 수 있는 체계를 만들어야죠. 그 방법은 각각 다를 겁니다.

| 쉽지 않은 것 같습니다. |

중요한 원칙은 무슨 방법을 선택하든, 자기 속에 폐쇄적으로 머무르는 것은 피해야 한다는 겁니다. 전문 영역에 갇혀서 전공논문만 쓰는 건 사실 쉽다고도 볼 수 있죠. 그건 변화하는 상황에 대한 감수성도 필요 없고, 그냥 해온 관성대로 하면 되잖아요. 또 그것만 하면 존경받고, 승진도 하기 쉽고, 보상도 쉽게 받죠. 하지만 여기 저기 발언하고 개입하면 채신머리없다고 욕먹지요.

이진우 · 이문열 · 강준만 같은 사람이 가끔 논쟁을 일으키기도 하는데, 그런 것도 나쁘지 않다고 봐요. 물론 이문열이나 이진우의 입장은 코미디 그 자체지만, 강준만의 글쓰기는 높이 평가하는 편입니다. 자기를 던지고 드러내면서 얻어맞을 것을 각오하고 스스로 발가벗는 태도는 쉽지 않습니다. 그렇게 하려면 상황에 대한 감수성도 있어야 하고 공부도 많이 해야 하죠. '안티 조선' 문제를 놓고 일부 언론에서 '지식인의 양극 분해'니, '편가르기'니 하며 걱정하는데, 웃기는 일입니다. 그런 게 '편가르기'라면 오히려 더 해야지요. 게임의 법칙을 지키면서 하는 논쟁이나 토론은 가로막을 필요가 없습니다. 여태까지 우리는 제대로 된 논쟁과 토론을 해본 적이 없습니다. 자기를 던져서 뭔가 적극적으로 토론의 판을 만들고 참여하는 자세가 필요합니다.

| 전공 외에 그런 일을 하면 "공부 안 하고 쓸데없는 일 한다"고 야단맞잖아요? |

(웃음) 그렇죠. 그렇게 야단치는 이들은 전공 공부라는 안전한 자기 영역에만 머물러 있으라는 거죠. 그게 편한 거 누군 모르나요? 고생인 줄 알면서도 다른 뭔가를 하려는 사람들한테 오히려 가산점을 줘야 하는 것 아닌가요? 유명한 학자들이 자기 영역에 편안히 자리잡고서 현실에 뒷짐지고 있는 모습은 나태한 태도에 불과합니다.

특정한 분과 영역에서 논문 쓰기로만 승부하는 것이 편한 길인 이유는, 그 길 자체가 이미 선험적으로 주어진 것이고 그걸 그냥 받아들였기 때문입니다. 그 길 자체가 어떻게 주어졌는지에 대한 반성을 결여한 상태에서 무작정 그 길로 나가는 것은 학자의 자세가 아니지요. 전공논문을 쓴다는 것 자체가 역사적인 과정을 통해서 우리에게 주어진 것일텐데, 그게 어떤 의미가 있는지 스스로 질문을 던져야 합니다. 그리고 그 주어진 과정과 의미에 대해 문제삼고 탐구하는 것은 학자라면 당연히 가져야 할 의무죠.

저는 조선의 '선비'들이 어떤 삶을 살았는지 살펴보는 것도 의미가 있다고 생각해요. 그들의 시대와 상황은 우리와 많이 다르지만, 오히려 전혀 다르기 때문에 '비교한다'는 것을 통해 우리를 새롭게 볼 수 있는 뭔가를 얻을 수 있다고 봅니다. 지금의 '고매한' 학자들이 자기들만의 영역에서 안주하며 사는 방식과 옛 선비가 살았던 방식은 전혀 다르죠.

ㅣ 조선의 선비는 '종합적인' 삶의 도리를 실천한 존재라는 의미에서, 기능화·전문화된 현대의 지식인과 다르다는 말씀 같은데요. 그러나 선비를 어떤 준거점으로 말씀하시는 것이라면 난점이 많을 듯합니다 ㅣ

"준거점으로서의 선비"나 "조선의 선비상을 되살리자"와 같은 말을 하려는 건 아니고요. 비교하는 기준이 뭔가에 따라서 난점이 있긴 하지만, 우리가 밤낮 이야기하는 '지식인의 상' 문제를 역사화해보자는 말이에요. 선비라는 존재를 통해서 말이죠. 선비의 삶은 제대로 평가되지 않았다는 생각이 듭니다.

ㅣ 지식인의 자기 정당화 담론에 대한 성찰과 비판의 계기를 갖자는 뜻이네요. ㅣ

그렇기도 하고, 한편으로는 지식인이 살아가는 자세 자체를 문제삼아보자는 것이기도 합니다. 한마디로 선비의 삶은 녹녹치 않았습니다요. 그들은 '우주(宇宙)'의 차원이란 스케일을 가지고 있었어요. 지금 우리는 너무 스케일이 작습니다. 모두 근대성의 유일(唯一) 신화에 매몰되어 있어서, 전체적으로 우리 삶이 놓여 있는 역사성과 '시대'적 상황에 대해 포괄적인 규모의 발언을 못하고 있는 겁니다. 왜 우리가 이런 식으로 살고 생각하는지에 대해서 그것을 하나의 커다란 단위로 놓고 총체적인 시야를 제시하는 사람은 별로 없어요.

예컨대 17세기 조선 지식인들은 조선을 '소중화'로 자처했죠. 지금 '소중화'는 사대주의의 표본으로 조롱거리가 되었지만, 사실 그렇게 만만히 볼 게 아닙니다. 저는 그들이 가졌던 삶에 대한 자긍심이나 세계를 보는 넓은 시야를 높이 평가하고 싶습니다.

지금 우리의 많은 지식인들이 하는 짓은 미국이나 유럽에서 권위의 냄새를 묻혀 오는 거잖아요? 외국 '무슨 대학의 학위'가 평생 자산처럼 되죠. 능력 발휘의 출발점이 아니라, 팔아먹을 수 있고 그걸로 평생 버틸 수 있는 상품 같은 거죠.

| '우주적 스케일' 말씀을 하시니까 다시 김지하 씨가 생각납니다. 우리 삶에 대한 성찰의 시선을 한반도를 넘어선 곳에 둘 수 있어야 하고 형이상학적인 차원으로도 나갈 수 있어야 발본적일 수 있다는 면에서 김지하의 생각이 매력 있는 논의거리인가요? |

우주적 스케일로 사고해야 한다는 게 곧 형이상학적이고 관념적인 성찰을 뜻하는 것은 아닙니다. 조선시대만 보더라도 홍대용이나 박지원은 물론이고 심지어 초야의 유림이라 해도 시야가 조선만의 좁은 지역에 갇혀 있지 않았는데, 지금은 너무 좁은 범위의 사고밖에 하지 못한다는 것이죠. 형이상학적 성찰은 사실은 신종교단체 같은 데서 하죠. (웃음) 우리 지식인들은 민족 국가적인 한계나 기껏 미국-한국, 한국-일본의 범위에서만 사고하고 있습니다.

김지하의 경우는 스케일 자체가 아니라, 사고하는 방식이 문제가 되죠. 파미르 고원이나 중앙아시아까지 가는 건 시적인 상상력이니 시인의 특권인지는 모르겠어요. 거기에 대해서는 뭐라 말할 수 없는데요, 단지 "그 사회의 시간과 그 시간의 문화적 조건의 맥락(시중=지금, 여기) 안에서 사상을 이해하는 버릇을 길러야 한다"라는 김지하 자신의 명제에 비추어 볼 때, 김지하의 담론 자체에 자가당착이 있다는 것을 말하고 싶었어요.

우주적 스케일이란 말이 진짜 우주의 실상을 보자거나 고대로 가자는 것이 아니라, 외부나 바깥의 시선이 필요하다는 겁니다. 그건 우주나 하느님의 시각이 아니라, '주변'이나 '변방'의 위치예요. 완전한 아웃사이더란 있을 수 없잖아요? 하느님도 아닌데 완전히 떠나거나 내려다볼 수는 없죠. 또 거기 빠져버리면 제대로 볼 수 없고요. 그러니까 밖으로 도망가지도 못하고 안에 휩싸이지도 못하는 그런 관점이 필요하고, 그렇게 봤을 때 좀 다른 관점이 만들어질 수도 있겠다는 거죠.

| 가끔 이런 생각을 합니다. 예를 들어 헌팅턴(Samuel P. Huntington)이 《문명의 충돌》에서 하는 이야기는 수준도 낮고 말도 안 되지만 그 말이 가진 뒷배경이나 현실의 힘 때문에 세계적인 담론이 되고 '미국'의 세계정책을 결정하는 데 영향을 끼치고, 세계의 분위기 자체를 바꿉니다. 그런데 예를 들어 한국의 백낙청이 이야기하면 내용 자체는 훌륭하지만 《창작과 비평》 독자들 외에는 모르거든요. 그런 면에서 내용의 올바름과 '현실성'은 다른 차원 같습니다. 인문학적 지식인이 말하는 담론이 현실적인 힘으로 바뀌는 데 무관심하거나 무력하면 술자리 안주거리거나 자위밖에는 안 되리라는 생각이 들거든요. |

글쎄요, 백낙청 선생의 예는 적절한지 모르겠네요. '창비'가 힘없는 데가 아니니까요. 아무튼 무슨 말씀인지 알겠고 분명 그런 악순환이 있지요. 헌팅턴은 미국 국무성 관료들과 늘 교류하며 지낼 것이고, 그러다 보면 스스로 미국의 외교정책을 자연히 내면화하게 되겠죠. 또 미국이 전세계 국가와 문화권을 상대로 가지는 스케일을 헌팅턴 자신도 가지고 있을 거예요. 헌팅턴 같은 사람이 대단할 게 뭐 있습니까? 다 미국이란 뒷배경이 마련해준 거죠. 그러니까 우리 같은 환경에서 국제적으로 주목받는 지식인이 나오기 어렵다는 것도 사실

입니다.

그러나 한국은 특유의 중첩된 모순이 교차하고 있기 때문에, 이 땅에서 지금과 다르게 문제의식을 심화시킨다면 세계적인 담론의 배치를 역전시킬 가능성도 있습니다. 그걸 마련하는 것도 우리의 과제라고 봐요.

|선생님 말씀을 들으니, 제대로 된 지식인이 되는 길이 참 어렵다는 생각이 듭니다. 자기 분야의 공부도 열심히 해야 하고, 세상에 대한 관심과 실천력도 갖고 있어야 하고요.|
구멍가게 주인처럼 이것도 하고 저것도 하는 식은 안 되겠죠. 그리고 그것들은 서로 분리된 게 아니잖아요? 지식인은 우선 자기 지식과 세상에 대한 관점을 갖고 다음으로 현실과 관계하면서 그 관점과 지식을 바꿔나가야 하는 것 아닙니까? 현실은 계속 변화하니까 그 변화의 맥락을 파악하고, 거기에 따라 자신의 지적인 문제틀이 적합한지 계속 점검해야죠. 그게 그 사람이 살아가는 길 자체가 되어야지, 살아가는 방법과 지적인 작업이 따로 떨어진 게 아닙니다. 그런데 우리 주변에서 그게 연결되어 있는 사람을 보기가 어렵다는 게 문제죠.

양심적인 지식인은 곧 저항하는 사람으로 인식되어 있는데, 물론 저항적 지식인을 존경할 만하지만, 사실 저항한다는 건 저항하는 대상에게 그만큼 붙잡혀 있다는 의미도 됩니다. 그것은 현실 대 저항의 맥락 자체를 보지 못하게 할 수도 있죠. 학자라면 거기에 참여·헌신(commitment)하더라도 그 맥락을 볼 수 있어야 합니다.

지식인은 우선 자기 지식과 세상에 대한 관점을 갖고 다음으로 현실과 관계하면서 그 과정에서 지식을 바꿔나가야 합니다. 현실은 계속 변화하니까 그 변화의 맥락을 파악하고 그에 따라 자신의 지적인 문제틀이 적합한지 계속 점검해야죠. 그게 살아가는 길 자체가 되어야지, 살아가는 방법과 지적인 작업이 따로 떨어진 게 아닙니다.

| "지식인은 절망할 권리가 없고, 노동하지 않고 밥 먹는 대신 끊임없이 목숨을 걸고 희망을 찾아 헤매야 한다"라는 말을 김지하 씨가 자주 쓰는데, 이에 대해 어떻게 생각하십니까? |

김지하 씨가 한 말은 하나마나한 이야기일 수도 있어요. 지식인뿐만 아니라 "모든 사람은 절망할 권리가 없다, 희망을 찾아 헤매야 한다"라고 바꿔도 되잖아요. 그리고 "노동하지 않고 밥 먹기 때문에"라는 말도 어떤 면에서는 엘리티즘(elitism)적인 발상을 포함하고 있습니다. 대등한 지위에서 다른 형태의 노동을 하는 게 아니라, 다른 사람들을 '위해서/대신해서' 희망을 찾아준다는 뉘앙스도 섞여 있거든요. 위험한 생각일 수도 있습니다.

그 말이 자체로 성립하기 위해서는 여러 가지 전제조건이 필요합니다. 지식인과 민중이 일종의 노동분업 관계이고 지식인이 노동을 안 하는 대신 그보다 더 우월한 '문자'를 다루는 게 아니라, 전적으로 대등한 다른 종류의 노동을 한다는 것. 그리고 지식인들이 갖고 있는 보편 지향성이나 추상성에 대해서도 체크해줄 수 있는 장치가 필요하죠. 개인의 성찰이 우선 필요하지만, 그것 외에도 지식인들의 비판적인 커뮤니티가 필요합니다. 김지하에 대해 쓴 것도 그런 장치의 맥락에 있는 것이고, 비판이 수용될 만하거나 가치가 있다고 생각했기 때문에 비판한 거죠. 애정이 없거나 비판할 의의가 없다면 쓸 필요가 없겠죠.

| 그러면 말씀하신 참여·헌신을 어떻게 이해해야 하나요? "학문이나 담론의 차원과 관계없이 현실 속에서 비루해지거나 때묻을 것을 각오하고 뛰어드는 것, 사람들 사이에 섞이고 단순해지는" 이런 상태를 의미합니까? |

참여는 자기가 갖고 있는 판단이나 행위로 무언가 만들어가기 위한 거죠. 뭔가 만들어가려면 '지금, 여기'에서 지향하는 목표가 생기고, 목표를 달성하기 위해 어떤 것이 가장 효과적인지 정해지겠죠. 그러니까 항상 전략적인 의미를 가지게 됩니다. 지향점과 그를 위한 효율적인 수단이 따로 있으니까요. 평소에 100퍼센트 동의하지 않는 목표라 해도, 그 당시에는 그걸 선택하여 거기에 무게를 실어줄 수밖에 없는 경우도 있죠.

| 지식인들은 이른바 '공부'의 길로 깊이 들어설수록, 현실에 대해 글을 쓰거나 '입으로'만 참여하는 경향이 있습니다. 현실에는 매우 '구체적'인 선택의 순간들이 있는데, 언제나 아무것도 선택하지 않으면서 '말만 늘어놓는' 사람들도 많은데요. |

그것도 일종의 선택이죠. 필요하고 효과적인 것이 무엇인지 알면서 행하지 않고 입으로만 한다는 건데, 결국 그것은 반대편에 힘을 실어주는 일이 되죠. 그러니까 참여는 어떤 상황에서나 누구에게나 항상 이루어지고 있습니다.

| 많은 경우 입은 왼쪽을 위해 봉사하고 있지만, 실질적으로는 반대편을 향해서 일한다고도 볼 수 있네요. |

그렇죠. 그런 참여, 어떤 형태로든 편들기를 하고 있는 거죠.

| 그 문제가 아까 말했던 문제, 사상이나 담론이 어떻게 현실화되는가, 또는 물질적인 힘으로 전화할 수 있는가, 하는 문제와 깊이 연관되는 것 같습니다. |

그래요. '지금, 여기'에서는 '최선'이 아니라 '차선'을 택할 수도 있다는 것!

| 그렇다면 지식인은 최대한 독립적이면서도 어떤 '정파'의 소속원인 것처럼 행동해야 하고, 할 수 있어야 한다, 는 생각이 듭니다. 선생님의 정치적 지향은 어떤 겁니까? 라벨(label)을 붙여본다면요. (웃음) 제가 볼 때는 일단 타고난 자유주의자이신 것 같은데요. |

자유주의(liberal)이면서. RD(radical democratic : 급진민주주의)인가요? (웃음) 아마도 혼성 잡종? (웃음) 제가 보기엔 인혁당[4] 사람들이 그렇게 급진적이었던 것 같지 않아요. 우리 사회에서는 자유주의적인 가치들이 래디컬한 것과 혼용되어왔기 때문에 양자의 구별이 무슨 가치가 있나 하는 생각이 듭니다. 더구나 70~80년대엔 반동 빼놓고는 모두 리버럴 내지는 래디컬에 포함될 수밖에 없는 상황에 몰렸으니까요.

---

4 | 세칭 '인혁당' 사건은 박정희 정권이 저지른 갖가지 만행 중에서도 '최악'이라 할 만한 사건이다. 1974년 중앙정보부는 학생운동 조직 내 유신반대 투쟁의 축이었던 '민청학련'을 수사하면서, 민청학련의 배후 조직으로 '인혁당 재건위'를 지목하고 이를 북한의 지령을 받은 지하조직으로 규정했다. 이를 위하여 고문과 증거 조작이 필요하였고, 사건은 처음부터 관심을 모았다. 그러나 1975년 4월 8일 대법원은 인혁당 피고인 8명의 상고를 기각하여 사형판결을 확정하고, 그로부터 불과 20시간 만인 4월 9일 아침, 도예종·하재완 씨 등 8명에 대한 교수형이 전격 집행되었다. 사형 사실은 이틀이 지나서야 국내 언론에 의해 보도되었고, 제네바에 본부를 둔 국제법학자협회는 이들이 처형당한 1975년 4월 9일을 국제 '사법사상 암흑의 날'로 선포했다. 이들의 사상이 '공산주의'였는지는 물론 죽은 이들이 과연 북한의 지령을 받은 '빨갱이'였는지, 그 조직의 실체조차 아직 불분명하다.

물론 그 뒤로 분화가 진행되기는 했는데요. 저는 구체적으로는 그런 선택의 기로에 놓인 적이 별로 없었어요. 다만 1987년과 1992년 대선 때 두 번 다 백기완 씨를 지지했어요. 우리에게 급진주의와 자유주의의 구별은 서구에서의 그것과는 많이 다르겠죠. 제가 학문적으로 관심 있는 것도 그런 차이예요.

Tip 3__ '지금, 여기' 장석만의 글쓰기와 현실 참여

장석만의 글쓰기는 종교학 관련 논문과 비평 이외에 전 분야에 걸쳐 있다. 논문뿐 아니라 '칼럼'과 같은 '잡문' 등을 통해서 사회에 기여할 수 있어야 한다는 것이 장석만의 평소 소신이기도 하다. 특히 《이머지 21》에는 창간 때부터 미디어 비평을 쓰기도 했는데, 이 난(欄)을 인문학 연구자가 맡았다는 것은 비교적 드문 일이다. '전공이 아니기' 때문이다.

그의 미디어 비평을 읽어보면 과연 특이하다. 비평이 현상 분석을 위주로 하는데 비해서, 장석만은 미디어 권력과 미디어 현상에 대해 보다 인문주의적이면서도 근본적인 성찰의 자세를 보여준다. 아래는 미디어 비평을 시작하면서 발표한 첫 번째 글의 일부로서, 어떤 비판의 전략을 택할 것인지를 천명하고 있다.

"법률의 형식성을 가지고는 미디어 권력을 제대로 통제하기 힘들다. 불꽃놀이처럼 각인되는 순간적인 인상 속에 권력을 작동하는 미디어에 비하면, 법률적 통제는 대부분 굼뜨고 비효율적이다. 미디어의 강력한 힘에 대응할 수 있는 한 가지 방식은 미디어체제가 인정해 마지않는 자유주의의 원리를 적용하는 것이다. 이는 미디어가 일방적인 권력을 행사할 수 없도록, 그리고 지배층과의 은밀한 거래를 숨기지 못하도록 쉴새없는 견제와 비판을 퍼붓는 것이다. 술취한 두 명의 주정꾼을 똑바로 세우는 방식은 주정꾼끼리 서로의 체중을 받쳐주며 서로 의지하게 하는 방법뿐이다. …… 미디어가 건전하게 존재할 수 있는 방법은 자신을 십자가에 매달아 십자포화의 한가운데 과녁으로 서는 것이다. 미디어의 막강한 권력 때문에 필연적으로 생성된 '원죄'를 씻기 위해서는 어쩔 수 없다."

– 〈미디어와 자유주의〉, 《이머지 21》(1999년 9월)

장석만은 차분한 논리 전개와 조용하면서도 성찰적인 수사를 구사하면서도 때로는 그 내용이 급진적이다. 그러한 급진성은 한국 사회가 내장한 치명적인 모순과 관련된 문제를 언급할 때 자주 드러난다. 이는 인문주의적 태도가 내포한 본연적 급진성이나, 부드러운 인상과 어조를 가졌지만 타협을 모르는 그의 성격과 관계가 있을 듯하다.

다음은 교육 문제에 대해 개인 주체들에게 다른 삶의 태도를 요구한 칼럼의 일부이다.

"내가 지금 가지고 있는 이른바 모범생에 대한 편견은 중·고등학교 시절의 내 경험이 주로 투영된 것이다. 나에게 모범생이란 약삭빠르게 세상의 폭력에 길들여진 자에 지나지 않는다. 그는 기회가 되면 놓치지 않고 어리숙한 동료의 어깨를 타고 출세의 코스로 달려가는 자이다. 그런 '종자'들이 이른바 일류대학에 몰려 있다고 생각하기 때문에, 나는 그런 대학에 강의할 기회가 있을 때마다 이제 제발 모범생이길 그치라고 말한다.

그러나 나의 말이 별로 설득력이 있는 것 같지 않다. 하긴 그들도 쉽지는 않을 것이다. 이미 몸에 모범생의 인이 박혀 중독 상태에 있을 터이니 말이다. 시대의 아픔에 동참한 대가로 불이익을 감당하는 친구들을 백안시하면서, 모범생들은 출세를 위한 고시공부에 여념이 없고, 해외 유명대학의 학위를 따기 위해 동분서주한다. 고시에 합격하면 한국의 권력층에 쉽게 접근할 수 있으며, 외국의 학위를 따면 세계 삼류대학 수준인 서울대학교의 권위는 쉽게 제압할 수 있지 않은가."

-《아카필로》(2001년 10월)

4
주변에서 얻는 전체

> 장석만의 전공은 근래 급격히 '주변화' 된 인문학 중에서도 주변에 위치한 '종교학'이다. 종교학을 한다는 것은 주변의 주변에 있다는 것을 뜻할 수도 있다. 종교학을 공부한다는 것이 한국에서 어떤 의미를 갖는지 묻자 장석만은 오히려 주변에 있다는 것의 유리함에 대해서 이야기했다. 중심부에 있을 때 보기 힘든 '전체' 가 거기 있음으로써 눈에 들어올 수 있다는 것이다. 종교학 공부는 한편으로 한국의 종교 현실을 비판하는 실천적인 과제와 결부되고, 다른 한편으로 '과학' 과 대립하며 주변으로 밀려난 듯한 '종교' 가 실은 근대성의 한 징표임을 드러내는 일과 관계 있다.

| 선생님 이력으로 되돌아가볼게요. 미국과 캐나다에서 상당한 기간 (1993~1997)을 보내셨는데요, 혹시 '도피' 하셨던 것 아닙니까? (웃음) |
1993~1995년에 미국 하버드 대학 동아시아학과에 객원 연구원 (Visiting Scholar) 자격으로 있었어요. 사실 박사논문을 쓰고 난 뒤에 이곳의 학문적 분위기에 환멸을 느끼기도 했고, 다른 곳에서 맘대로 공부하고 싶은 생각도 있었어요. 도피하고 싶은 생각이 틀림없이 있었을 겁니다. 물론 허영심도 있었고요.

| 한국학에 대해 다시 생각하실 계기가 되었을 것 같습니다. |
정말 그랬어요. 나가서 보면 동아시아국가 중에서도 한국은 정말 별 볼일 없는 존재잖아요. 중국은 압도적인 힘을 갖고 있고, 일본은 돈

으로 공부할 수 있는 인프라를 잘 구축해놓고 있죠. 그에 비하면 한국이 내세울 건 거의 없어요. 한국학이란 결국 외국인들이 한국을 보는 시선이죠. 국내에선 예술·사회·역사 등의 분과학문 체계로 나눠놓은 걸, 한국학은 묶어서 보는 종합적인 관심입니다. 민족국가 단위의 지역연구 가운데 하나라는 성격을 띠고 있어요.

| 공부하시기엔 어땠나요? |

얽매인 게 없어서 좋았어요. 하버드는 자기들이 세계 최고라는 자의식에 파묻혀 있고 그런 걸 공공연히 내세우기 때문에 국외자들에게 신경도 안 쓰죠. 그래서 소외감을 느낄 수도 있지만 그런 게 오히려 자유롭게 만들어주기도 하잖아요? 수업 청강 이외에 공개강좌도 많이 듣고 영화도 많이 봤죠. 주변에 공부하는 분위기가 잘 되어 있어서 이것 저것 배우는 게 많았습니다. 일본학이나 중국학에서 이루어지는 여러 가지 새로운 주제에 대해 생각해볼 기회도 가졌고요.

　제가 있을 때 보스턴에서 아시아학회가 열려서 중국·일본·인도 등의 지역학 전공 학자들이 다 모여 논문 발표하고 토론하는 걸 봤거든요. 물론 한국 학자들도 와서 발표했는데, 중국이나 일본학자들의 발표에 비해서 그야말로 '튀는' 거였어요. 주제나 방법론이 새롭고 신선해서 튀는 게 아니라, 다른 학자들이 비판하는 바로 그런 관점을 가지고 발표를 하니까요. 예컨대 거기서는 '탈민족주의'와 관련된 논의가 주류인데 한국 학자들은 '민족주의 만세'를 외치고 있었어요. 새로운 학문 경향을 무조건 따라갈 필요는 없겠지만, 적어도 자기 논문이 전체 학계의 흐름 속에서 어떤 위치에 있는지는 파악해야겠죠. 그렇지 않으면 국제적인 학회에 나와 논문 발표하는 게 아무 의미가 없어요. 국제학회에서 한국학자들을 한 수 접어놓고 보는 경향이 있는 것도 이런 문제와 관련된 듯합니다.

| 1995년 2학기부터 1997년까지 캐나다 밴쿠버 브리티시 컬럼비아대학 아시아학과에 계셨죠? |

예, 역시 객원 연구원으로 있었죠. 밴쿠버는 태평양 연안에 있고, 인구의 반 정도가 아시아계라서 북미에서 주요한 아시아 연구 센터 가운데 하나입니다. 한국인도 2만 명 넘게 살고 있어요. 중국·일본 외에도 인도·인도네시아 등지의 연구가 활발하고 특히 중국·한국·일본 등의 유명한 종교 연구자가 많습니다. 거기서 한국사, 한국 종교, 한국 사상, 심지어 한국어까지 가르쳤어요. 될 수 있는 대로 여러 가지 주제를 섭렵하려고 애썼기 때문에, 시간이 나면 그 쪽에서 벌어지는 연구에 따라다니며 보곤 했어요. 하지만 하버드와는 달리 지적 자극이 그리 풍성한 편은 못 되더군요.

| 외국에 있을 때는 한국 학계를 아예 떠날 생각도 하셨을 것 같습니다. |

거기에 눌러 앉을 뻔도 했죠. 독일 튀빙겐 대학 한국학 전공 과정의 전임강사급이었던 백승종 교수(서강대)가 한국으로 들어오면서 후임이 필요했는데, 저한테 연락이 왔던 겁니다. 덕분에 튀빙겐에 갔다 오기도 했어요. 거의 가기 일보직전이었는데 마지막에 마음이 바뀌었어요. '서류 하나만' 처리하면 되는 상황이었죠. 그 쪽에서 올 서류를 기다리는 한두 달 사이에 마음이 바뀌었어요.

| 마음이 반반이셨던가요? |

아뇨. 진짜 가려고 했는데 마지막에 마음이 바뀌었다니까요. 만약 그때 갔으면 지금도 독일에 있을지 모르죠. 마음이 바뀐 건 외국 생활이 과연 내 에너지를 효과적으로 쓰는 길인가라는 의문이 들었기 때문입니다. 외국 생활이 자유로운 면이 있지만, 한편으론 갑갑하고 부자유스럽기도 합니다. 우선 의사소통이 100퍼센트 자유롭지 않고요. 저 같은 경우는 자료가 없어서 늘 아쉬운 면도 있었어요. 물론 가장 기본적인 문제는 자기 의견을 마음대로 표현하지 못하는 거였죠. 말을 머릿속에 만들어서 해야 되니까 답답하고요. 그래서 한편 자유로우면서도 자유롭지 못하다는 생각이 들었어요. 가슴에 뭔가 맺히는 것도 있고요. 해야 될 일은 굉장히 많은 것 같은데, 영어로 읽고 쓰니까 아무래도 느릴 수밖에 없어 답답했기도 했습니다.

그리고 미래를 생각해보니까, 그런 상황이 계속된다는 게 암담하더라고요. 객지에서 늙어가다가 대한민국 정부가 주는 문화훈장 하나 받는 걸로 끝나기 십상인데, 그러기는 싫었어요. 하나뿐인 인생 바쳐서 그러고 싶지는 않더라고요. 말하고 싶은 대로 말하고 쓰고 싶은 대로 쓰고 싶었어요. 외국에서의 삶이 뻔하잖아요. 한국어 가르치고 기본적인 한국 문화 가르치면서 다람쥐 쳇바퀴 돌듯 사는 거죠. 의견 나눌 친구도 별로 없고요. 여기서 시달릴 때면 그때 갈 걸 그랬나 하는 생각이 들기도 하죠. (웃음) 거기 있으면 편하긴 할 텐데.

| 대학과 대학의 제도가 아닌, '지식 생산의 새로운 공간'이 저희가 다루고 싶은 큰 주제입니다. 1987년에 현재의 전신(前身)인 '한국종교연구회' 설립을 주도하신 걸로 알고 있는데요. |

대학원 박사과정에 들어가고 강의를 하게 되면서, 자연히 전문 연구자로서 어떻게 공부를 더 심화할 건가, 그리고 후속세대를 어떻게 제대로 가르칠 건가 두 가지 문제가 동시에 고민이 됐습니다. 그런데 현실은 절망적이었죠. 아시다시피 서울대 교양교육체계가 그때도 문제가 많고, 대학원 분위기가 오히려 학문적인 심화를 모색하는 데 장애가 된 적도 많았습니다.

'한국종교연구회'를 결성하게 된 이유는 별난 것도 없었어요. 대학원체계 내에서 지적 자극을 받기도 어려웠고, 젊은 연구자들끼리 논의하고 공부할 장이 필요했어요. 또 이미 거기는 과정을 마친 사람들이 취직이 안 되는 '적체'가 시작됐고요. 자연스럽게 모이고, 그 장을 유지하기 위해서 십시일반(十匙一飯)하자는 데도 합의가 됐습니다. 거기다 일단 모이니까 서로 상승작용하는 면이 있었고, 또 그때 역사학이나 다른 인문사회과학 쪽에서도 학술단체가 우후죽순 생겨나는 분위기였어요.

| 학술단체협의회[5](이하 학단협)를 위시한 학술운동 조직들이 한참 결성되기 시작한 때네요. |

예, 그때 만들어진 단체 중에 하나죠. 물론 학단협 소속은 아니었어요.

---

5 | 학단협은 1988년 11월 문학예술연구회, 역사문제연구소, 한국역사연구회, 한국정치연구회 등 10여 개 연구단체가 모여 결성한 단체이다. 한국사회경제학회, 한국산업사회학회 등과 같은 주요 학회도 소속되어 있다. 70년대 중후반, 80년대 초반 학번들이 주축이 되어 결성한 이 단체는 그간 꾸준히 활동해오며 진보적 학술운동의 메카가 되어왔다.

| 1980년대 말에 만들어진 단체들은 당시에는 기성 학문권력과 맞부딪힌 경우가 많았는데요, 세월이 흐르다 보니까 오히려 그 단체들이 제도화되고 권력기관화된 경우도 있습니다. |

우리도 결성을 해놓고 보니까 제도권과 알력이 생겼어요. 우리 단체가 자신들의 권위에 위협적으로 작용한다고 느낀 교수들이 갖은 방법으로 구박을 했죠. 그런데 역설적으로 그런 탄압이 있었기 때문에 이 단체가 유지되었다고 생각합니다. 그 쪽에서 자꾸 못살게 구니까 오히려 단체의 정체성도 명확해지고요.

| 한국 대학원체계의 특성상, '교수의 탄압' 과 '대학원생의 눈치' 는 동전의 양면이자, 체계를 유지하는 거의 결정적인 요소인데요. 어떤 시점에, 어떤 방식으로 '탄압' 을 받았고, 그것을 이겨낼 수 있었던 힘은 뭐였나요? |

탄압은 지금도 보이지 않게 있죠. 불이익을 주는 방법은 주로 학위 논문 쓸 때 시련을 주는 겁니다. 종교학과가 다른 데보다 대학원생이 적지 않습니까. 일부 교수들은 자기가 만든 프로그램에 원생들을 집어넣고 이용하고 싶어하죠. 그런데 우리는 우리 나름의 프로그램과 생각이 있으니까 교수들은 우리가 자기들을 방해한다고 미워하는 거죠.

| 그 프로그램이 '종교학' 에 대한 생각의 차이와도 결부되나요? |

그렇죠. 공부하는 스타일도 많이 달랐어요. 일부 교수는 주로 돈벌이되는 프로젝트만 강조했어요. 협조하길 거부하면 끝없이 부당한 압력을 받게 됩니다. 지금도 없다고 볼 수는 없지만, 더 이상 공개적으로는 못하지요. 연구소도 하나의 독립된 연구센터가 되어 나름의

힘이 생겼기 때문입니다.

| '한국종교연구회'는 특이한 면이 있는데요, 그런 문제의식을 갖고 출발한 것 자체가 빨랐고, 또 종교학계가 좁고 학교로부터 '외부화' 되어 있지 않으니까 탄압을 많이 받았을 텐데 중간에 와해되지 않은 것도 아주 신기하고요. |

인문학 분야 중에서도 박사를 마친 인력이 교수로 임용되어 빠져나간 경우에는 그런 자생적 단체가 만들어질 필요가 없었을 거예요. 지금은 상황이 다르니까 뒤늦게 그런 분위기가 만들어졌죠. 저희는 이중 삼중으로 힘든 게 있었어요. 서로 지원해줘도 힘들 판에 안에서 그렇게 못살게 구니까 절망적이었죠.

| 알력의 당사자, 내지는 한 주체가 선생님이시죠? (웃음) |

원하지도 않는데 저를 같은 패거리로 생각하고 자기들 견해에 동조하고 복종하기를 바라니까 알력이 생기는 거죠. 학생들 의견이 별로 존중받지 못했어요. 대학원생을 다른 배경과 다른 의견을 가진 연구자로 동등하게 대우하지 않고, 잡부(雜夫)처럼 부려먹으니 공부하는 분위기가 만들어질 수가 없죠.

한국 학계가 일종의 마피아 조직 같은 면이 있어요. 지적하거나 비판할 게 있어도 절대 말하지 않고 넘어가는 경우가 많죠. 곧이곧대로 솔직하게 말하면 나중에 뒤통수를 맞으니까 서로 봐주게 됩니다. 이런 커넥션을 끊지 않으면 아무것도 안 될 것 같아요. 논문이든 프로젝트든 평가를 해야 하잖아요? 공정하게 평가하기 위해 익명으로 심사하게 되어 있는데 우리 학계에서 누가 심사하는지 모르나

원하지도 않는데 저를 같은 패거리로 생각하고 자기들 견해에 동조하고 복종하기를 바라니까 알력이 생기는 거죠. 한국 학계가 일종의 마피아 조직 같은 면이 있어요. 지적하거나 비판할 게 있어도 절대 말하지 않고 넘어가는 경우가 많죠. "좋은 게 좋은 거"라는 관행이 그야말로 널리 퍼져 있어요. 학계에는 누구나 수긍할 만한 학문적 권위가 마련되어 있지 않습니다.

요? 다 알아요. "좋은 게 좋은 거"라는 관행이 그야말로 널리 퍼져 있어요. 학계에는 누구나 수긍할 만한 학문적 권위가 마련되어 있습니다. 심사는 '얼렁뚱땅' 넘어가죠. 어떤 좋은 제도를 만들고 분위기를 만들어도 모두 헛수고입니다. '학술진흥재단'에서 하는 일이 곧잘 엉망이 되는 것도 이런 문제와 무관하지 않겠죠.

| 사실 인터뷰를 준비하면서 '종교학'에 대해 아는 게 거의 없어서 좀 어려움이 있었습니다. |

종교학의 주변적 위치는 모더니티 문제와도 관련이 되죠. 근대체제 하에서 종교와 관련된 가장 두드러진 입장이 '세속화론'[6]입니다. 근대성이 성숙할수록 종교는 쇠퇴할 것이라는 입장에서, 과학과 종교를 대립시키고 양자를 제로섬 관계에 놓는 거죠. 서구뿐만 아니라 사회주의 국가에서도 마찬가지였어요. 그래서 사회주의 국가에서도 사실 종교 연구가 활발했죠. 사회주의가 자본주의적 근대보다 한 단계 더 수준 높은 체계인데 왜 종교가 없어지지 않을까 하는 문제를 고민하고 연구했던 거죠.

이런 생각 때문에 근대성의 체제하에서 종교는 상당히 주변적인 위치를 가질 수밖에 없었습니다. 그러나 현실의 작동원리에서 종교는 핵심적인 위치에 있어요. 지배나 권력의 시야에서 사라진 것처럼

---

6 | 근대가 성숙하여, 인간의 합리적 이성이 더욱 진보하고 과학이 발전하면 '종교'와 같은 비이성의 영역은 쇠퇴하고, '신비적'이며 '영적'인 기능을 상실하게 될 것이라는 생각이다. '종교는 인민의 아편'이라고 한 마르크스의 주장이 대표적이다. 그러나 '종교'와 '영적' 영역은 좀체 사라지지 않고 있다.

되어 있지만, 사실은 지배력이 결코 약해지지 않았죠. 그럼에도 종교는 담론의 차원에서는 보이지 않고 신도 수 자체는 줄어든 것처럼 보이니까요. 예컨대 서구 사회에서 기독교적 가치가 약해졌다고 볼 수 없는 측면이 많아요. 그래서 종교학자들도 입장이 둘로 나뉘는데, 세속화론을 견지하는 입장과 종교의 힘이 변형된 것이지 쇠퇴하지 않았다고 보는 입장이죠.

| 실질적으로는 종교가 지배력을 가지고 있지만, 담론과 학문의 차원에서는 주변적인 위치로 밀려나게 된다, 는 말씀이네요. |

예, 그런데 그런 현상에 대해 어떤 관점으로 평가하든지 간에, 종교학이 갖는 강점이 있죠. 오히려 근대성의 시스템을 전체로서 바라보는 데에는 종교학이 주변적인 위치에 있다는 것이 강점이죠. 주변적인 위치에 있기 때문에 전체를 볼 수 있다는 점은 강조될 필요가 있습니다. 서구에서는 포스트모더니즘이 발흥하면서 종교 담론이나 종교학이 굉장히 각광받기도 했어요. 포스트모더니즘이 그 동안 억눌려왔다고 여겨지는 것들을 부활시키니까요.

또 1980년대 이후에는 '세속화론'으로 설명이 안 되는 현상들이 실제로 많이 나타났죠. 예컨대 이란 혁명이나 근본주의의 확산 같은 것입니다. '세속화론'에 의하면 사적인 영역이나 개인의 내면으로 침잠해 들어가야 할 종교가 공적인 영역에 남아 있고, 오히려 공적 공간을 지배하기도 하거든요. 또한 그것이 일시적이거나 예외적인 현상도 아니죠.

| 한국 종교학의 경우는 어떤가요? |

일단 우리나라의 근대화 과정 자체가 기독교와 뗄 수 없는 관계에 있잖아요? 근대화와 기독교 수용이 등치되다시피 한 시기도 있어서, 개신교 자체가 곧 문명으로 간주되기도 했고요. 지금은 직접적으로 그런 게 줄었다 해도 사회계급적인 측면이나, 지식인·사회 지도층에 대해 개신교가 갖고 있는 영향력은 굉장합니다. 50~60년대에는 지식인에 대한 영향력이 표면적으로도 막강했는데 지금은 아주 은밀하게 작용하죠. 그리고 기독교를 안 믿어도 기독교적인 관점이나 세계관이 은밀히 몸에 배어 영향을 받는 면이 있죠.

| '은밀하고 자기도 모르게 몸에 밴' 것으로는 어떤 게 있을까요? |

우선 단적으로 '종교' 자체를 기독교 중심에서 봅니다. 기독교가 다른 종교를 보는 관점이, 우리 지식인이나 지도층이 다른 종교를 보는 기준이 되어 있다는 거예요. 따져보면 역사에 대한 생각에도 기독교적인 관점이 알게 모르게 영향을 끼치고 있습니다. 예를 들면 이문열의 《사람의 아들》과 같은 소설이 그렇죠. 그 소설은 종교에 대해 아주 편파적인 관점을 갖고 있거든요. 종교적인 문제뿐 아니라 역사나 신을 생각하는 관점 자체도 말이죠. 사실은 《카라마조프가의 형제들》 같은 도스토예프스키를 흉내낸 거라 볼 수 있는데, 그 흉내도 아주 어설프죠. 그 소설은 제가 20대일 때에도 꼭 읽어야 할 책으로 꼽혔는데, 아직도 많이 팔리고 있을 거예요. 그렇게 오랫동안 팔릴 수 있다는 데 큰 문제가 있어요. 기독교적인 사회 무의식이 작동하고 있거나, 아니면 그게 기독교적인 것이라고 아예 생각하지 못하는 사회 분위기가 있어야 팔릴 수 있는 거죠. 사실 《사람의 아들》에서 말하는 신(神) 관념이 기실 우리 전통으로 봐도 낯선 거고, 보편

종교학자들이 관심을 가지는 것은, 저기 감히 손대기 힘든 '거룩한' 신의 영역이 아니라, 인간들이 종교와 관련하여 어떻게 반응하고 느끼는가 하는 문제입니다. 그래서 종교학은 신학이 아닙니다. 인간 없는 신이 무슨 의미가 있습니까? 또 한편으로 너무 쉽게 종교란 결국 과학의 힘 때문에 없어질 거라는 관점과도 거리를 둡니다. 종교는 우리 삶과 현실에 직접 영향을 미치고 있기 때문에 햇빛 아래로 끌어내지 않으면 안 됩니다. 더구나 종교는 근대의 체제를 파악하는 데 아주 중요한 고리거든요.

성을 가진 것도 아닌데 말이죠.

| 선생님의 종교학 공부는 '양날'을 가지고 있는 것 같습니다. 하나는 한국의 종교문화를 비판하는 것으로 "종교 문제를 담론화하자는 것, 사회적 양지(陽地)로 종교를 끌어내자는 것"이고, 또 다른 하나는 '수양론적 공부'를 강조하면서 "종교학적 관점이 소중한 이유는 '종교로서의 과학'을 꿰뚫어 볼 수 있기 때문이다"라고 하신 축입니다. 후자는 종교학의 위치가 근대성을 전체적으로 통찰하는 데 유리하다고 하신 말씀과 통하는 듯합니다. |
예. 옳습니다. 종교학자들이 관심을 가지는 것은 저기 감히 손대기 힘든 '거룩한' 신의 영역이 아니라, 인간들이 종교와 관련하여 어떻게 반응하고 느끼는가 하는 문제입니다. 그래서 종교학은 신학이 아닙니다. 그리고 사실, 인간 없는 신이 무슨 의미가 있습니까?

그래서 우선 종교학을 신학과 등치시키려는 관점에 반대하는 거고요. 다른 한편으로는 너무 쉽게 "그따위 것 해서 뭐하냐? 종교란 결국 과학의 힘 때문에 없어질 건데" 하는 관점과도 거리를 두려고 합니다. 이는 종교라는 객관적인 현상을 보지 못하게 하는 관점이기도 한데, 마르크스주의적인 경제결정론이나 프로이트주의와 같은 입장이죠. 그런 건 우리끼리는 환원론이라 부릅니다. 종교를 사회경제적인 현상이나 심리적인 현상으로 무작정 환원하는 태도죠. 그것도 우리가 극복해야 할 중요한 고리입니다. 뭔가 의미가 있고 중요하다는 생각이 들어야 공부를 잘하지 않겠어요?

| 신학적인 태도와 환원론적인 태도 중에서 뭐가 더 문제입니까? |
우리의 지금 상황에서 보면 전자가 더 문제겠죠. 종교가 너무 거룩

하게 여겨져서 인간이 감히 다룰 수 없는 영역이라고 생각하는 거요. 인간이 감히 건드릴 수 없고 매스컴에서도 다룰 수 없는 '신성'한 것으로 간주하는 태도 말입니다. 종교가 우리 삶과 현실에 직접 영향을 미치고 있기 때문에, 햇빛 아래로 끌어내지 않으면 안 됩니다. 더구나 종교는 근대의 체제를 파악하는 데 아주 중요한 고리거든요. 특히 한국 사회에 있어서는요.

| 카잔차키스 원작 영화 〈그리스도 최후의 유혹〉이 '종교계' 때문에 개봉되지 못하다가 한국에서 아주 뒤늦게 개봉한 일이 있었습니다. 그렇게 막강한 힘을 가진 종교가 '성역(聖域)'에서 양지로 끌려나올 가능성이 있을까요? |

우선 종교가 우리 삶에 어떻게 작용하고 있는지 자꾸 이야기하고 비판해야 합니다. 이른바 '성역'은 깨지기 위해 있는 겁니다. 그리고 종교 문제가 공론화된다고 해서 종교적 권위가 해체된다는 발상은 너무 안이한 거예요. 폐쇄적으로 될수록 그 체제는 탄력성을 잃게 되고, 그 피해는 종교가 속해 있는 우리 사회 전체에 미치게 됩니다. 종교에 대해 이야기하고 싶은 사람들을 종교적 권위로 가로막는 건 일종의 폭력입니다. 여기서 허가받은 폭력기관인 국가의 태도가 주목받게 됩니다. 종교적 권력과 타협하는가 아니면 견제하는가.

| 그런데 정부가 종교기관을 겁내지 않습니까? |

기득권을 가닌 종교권력일 경우에 그렇지요. 힘없는 종교집단에 대한 국가의 태도는 그야말로 고압적입니다. 국가가 하지 못하면 언론이나 학계가 그 몫을 맡아서 해줘야 하는데, 여태까지는 그런 일을

제대로 해왔다고 보기 힘들죠. 서로 야합해온 편이니까요. 종교기관만이 종교 담론을 독점해야 한다는 건 말이 안 됩니다. 이렇게 된 것은 이른바 정교분리 원칙이 당연하게 여겨졌기 때문인데, 정교분리 원칙은 서구 근대성의 주요한 특징 중 하나입니다. 정치 영역과 종교 영역은 따로 떨어져서 간섭하지 말아야 한다는 거죠. 정교분리 원칙이 당연하게 여겨지면 그 효과는 광범위하게 나타납니다. 공적 담론의 영역에서 종교 문제는 체계적으로 배제되기 마련이죠.

자타가 공인하는 지식인들이 예술이나 철학 영역에 대해서는 상당히 세련된 주장을 펴면서도, 종교에 대한 관점은 그야말로 엉망인 경우가 많습니다. 조잡한 세속화론을 철석같이 믿는다든지 도무지 종교학과 신학을 구별하지 못한다든지 하는 식이지요. 심지어 종교 연구를 종교 브로커 탁 아무개 씨 작업과 비슷한 것 아니냐는 식으로 이야기할 때는 짜증이 날 정도입니다. 이런 현상이 널리 퍼져 있는 건 근대성의 인식틀을 의심하지 않고 받아들인 때문이 아닌가 합니다. 종교학 연구가 활발해지지 않고, 연구자가 늘어나지 않는 근본적 이유도 결국 그런 인식구조가 버티고 있기 때문 같습니다. 종교에 대한 담론이 내밀한 사적 영역이나 종교기관에서만 통용되어야 한다고 생각한다면, 공적 영역에서 종교를 거론하는 건 바보짓이겠지요.

Tip 4 __ 한국종교문화연구소

사단법인 한국종교문화연구소(이하 '한종연')는 젊은 연구자들의 그야말로 자생적이며 자발적인 모임으로 출발하여 15년의 역사를 이어왔다. 비록 일반의 눈에는 잘 띄지 않았지만, 규모나 전통이 결코 만만치 않다. 그 운영방식과 지향을 볼 때, 80년대 후반에 생겨난 학단협 소속의 학술운동 단체와, 근래 세간의 주목을 받고 있는 커뮤니티적인 '독립' 연구 공간의 성격을 아울러왔음을 알 수 있다. 15년에 걸친 역사 속에서 한종연은 한국 종교학의 외연을 넓히고 내실을 깊게 하여, 종교학이 한국학의 중요 부문으로 참여하게 되는 데 일조하였다.

제도와의 갈등 속에서 성장해온 한종연은 이제 변화를 겪고 있다. 가장 큰 변화는 무엇보다도 스스로 사단법인이 됨으로써 '제도'의 일부가 되었다는 점이다. 그럼으로써 커뮤니티가 누렸던 자유나 자발성 대신, 무엇인가 끊임없이 생산함으로써 사회적 책임을 갖는 상황을 맞게 되었다. 제도의 일부가 되었다는 것은 자발적인 커뮤니티가 모든 문제를 언제나 모임의 '존폐' 차원에서 맞닥뜨려야 하는 단계를 넘어섰다는 의미를 갖는다. 이제 문제는 모임의 생산성과 건강성 문제로 옮아가게 되었다. 그런데 한종연 자체가 권력기구화하거나, 옥상옥이 될 가능성은 낮은 것 같다. 대부분의 성원이 아직 '재야'에 있기 때문에 '현실'과의 긴장력은 당분간은 팽팽하게 유지될 듯하다.

〈종교문화비평〉 창간호(2002년 봄)에는 한종연의 성과와 지향이 잘 드러나 있다. 우선 문학·역사학·사회학 등의 인접 학문과의 활발한 대화를 연구소 자체의 지향점으로 설정함으로써 종교학의 '외톨이'적 성격을 벗고, 나아가 한국학 전체의 진전에 기여한다는 것이다. 또한 한국 사회에서 특권적인 지위를 누리며 신성권력으로서 미만(彌滿)한 종교 현상을 비평적 담론의 대상으로 삼고자 한다고 하였다.

이어 한종연은 2002년 6월 1일, '종교학과 인접학문'을 주제로 두 번째 심포지엄을 개최하였다. 발표자와 주제는 최종고(서울대 법학과):〈법학에서 본 종교〉, 이성구(울산대 교수):〈중국신화의 보편성과 특수성〉, 최재천(서울대 자연과학부 교수):〈신앙도 정신 진화의 산물〉, 이필영(한남대 교수):〈민속학에서 본 종교〉 등이었다.

5
뒷풀이, '다른 삶'을 찾는 모험

> 타고난 자유주의자이면서도 세상살이의 굴곡에 타협할 줄 모르는 장석만의 성벽(性癖)이, 그를 '무소속'으로 남겨두고 있는 듯하다. 제도 속에 편입되지 않는 다른 방식의 삶을 실천하는 데 따르는 불안과 불편함에 대해 묻자 장석만은 이렇게 말했다. "지금 우리가 살아가는 견고한 틀에서 벗어나 다른 삶의 가능성을 탐색하기 위해서는 상상력의 고삐를 풀어놓고 불안을 감내해야 한다. 그것은 긴장된 모험이기도 하고 즐거운 여행이기도 하다. 이 경우, 우리의 미래는 정해져 있는 것이 아니라, 우리 스스로 찾아 나서는 것이 되기 때문이다."

| 앞으로는 별다른 대안이나 다른 삶을 꿈꾸지 않고도 그럭저럭 절대 빈곤 선상에서 헤매지만 않으면 불만이나 다른 생각이 없는 그런 연구자들이 더욱 늘어갈 것 같습니다. 연구자들이 머리띠를 맬 가능성도 희박하고요. 약간의 떡고물이라도 받으면 가장 조용할 집단이 이 집단인 것 같기도 해요. 그럴 때 한종연 같은 자생적 연구 공간의 의의는 무엇일까요? |

여러 가지 가능성이 있겠죠. 그런 문제를 개별적으로 해소할 사람도 있고, 많은 경우 개인적인 출세 위주로 문제가 해소되지만, 각개격파당하지 않도록 하는 게 한종연과 같은 연구 공간에서 해주어야 할 과제이지요. 서울대 문제와 개혁론이 나오고 학문 후속세대 양성 문제가 크게 불거지면서, 현직에 있는 서울대 교수들이 그런 말을 한다더군요. "서울대 주변에 방대한 질투의 벨트가 형성되어서 서울대

와 서울대 교수를 질시한다"고요.

물론 그걸 자극으로 삼아서 연구에 더욱 몰두하는 부류도 없지는 않겠지만, 다른 부류는 "우리 자리를 탐내다가 안 되니까 신 포도로 여기는 거다. 무시해버리자"라고 생각하겠죠. 어쨌든 대학 밖에서 그만큼 기득권층에 대한 압력이 만들어지고 있습니다. 문제는 그런 압력집단이 기존의 잘못된 시스템에 흡수되지 않고, 어떻게 새로운 세력으로 형성될 수 있는가 하는 것이죠. 야합의 '충원부대'가 아니라 새로운 자극과 원동력의 '새 피'가 될 수 있을까라는 겁니다. 대학에 들어가고 안 들어가는 게 문제가 아니라 전체적인 학문 분위기를 바꿔나가는 게 문제겠지요.

ㅣ 서울대에서 오래 강의하셨지요? 학문 사회의 분위기를 바꿔나가는 데 있어 가장 중요한 고리가 일단은 '전체 대학의 문제'라기보다 서울대 문제일 것 같습니다. ㅣ

가끔 서울대 교수들과 이야기하면서 서울대 분위기의 전면적인 변화가 필요하다는 이야기를 하는데요, 그럼 "왜 우리만 갖고 그러느냐. 따지고 보면 우리도 불쌍하다" 하면서 자조적인 분위기에 젖는 경우가 많습니다. 주로 자기들 월급을 회사 다니는 친구들의 수입과 비교하면서, 스스로 한심하다는 생각을 갖는 겁니다. 게다가 예전처럼 권위도 인정받지 못해 온갖 수모를 당하고 산다며 푸념이 대단합니다. 농담이 아니고 진심으로 그렇게 생각해요. "우리를 '까서' 나올 게 뭐 있다고 못살게 구느냐" 그런다니까요.

ㅣ 정말 서울대 교수가 되어보지 않고서는 이해하기 어려운 말이네요. ㅣ

안에서 뭔가를 바꾼다는 건 거의 불가능해 보입니다. 그렇게 자기 연민에 빠져 있는데 무얼 하겠어요? 아무리 젊은 교수들이 나타나서 개혁적인 방향으로 추진하려고 해도, 좀 해보다가 안 되면 편한 방향으로 주저앉게 마련이죠. 그러면서 "역시 공부는 혼자 해야 돼!"라고 스스로를 정당화시키겠죠. 밖에서의 간접적인 자극은 언제나 충분하지 않으니 안에서 움직이지 않는 한, 참으로 무망한 노릇입니다.

| 서울대의 가장 핵심적인 문제는 무엇이라고 생각하십니까? 대학원구조로만 문제를 한정하면요. |

지식과 권력이 뗄 수 없는 관계임을 인정한다 하더라도, 대학에서는 지식을 통한 권력의 작동이 일정한 규칙을 통해 이루어지도록 되어 있다는 점 역시 상기할 필요가 있어요. 그게 대학에서의 게임 법칙입니다. 그렇지 않으면 전쟁터와 다름없겠지요. 상대방이 쓰고 말한 것을 성실하게 이해한 다음, 논리의 전개 과정을 살펴 그 문제점을 지적하는 자세가 대학 공부의 기본이죠. 물론 더 나아가 그 논리가 근거하고 있는 전제에 대해서도 물어야 하죠. 설득력은 대학에서 이루어지는 이런 의례(儀禮)의 수행 여부에 있다고 볼 수 있어요. 대학 내 커뮤니케이션도 이래야 활발해지죠.

제가 보기에 서울대가 이토록 지리멸렬하게 된 건 오랫동안 대학에서 게임의 법칙이 지켜지지 않은 까닭입니다. 게임을 관장할 심판의 권위도 없고, 게임의 법칙도 잊혀진 지 오래됐어요. 그러니 편안함을 좇는 나태함만이 캠퍼스에 만연하죠. 게임의 규칙을 지키지 않는 교수의 노골적인 폭력에 눈치 빠른 학생들은 쉽게 처세술을 몸에

장석만 · '다른' 삶을 찾아 나서는 모험 _169

익히고, 그러면서 계속 악순환이 되풀이됩니다. 이런 점은 학부보다는 대학원에서 더욱 두드러집니다. 대학원생은 우선 생사여탈권을 쥐고 있는 교수에게 '찍히지' 않아야 겨우 생존할 수 있으니까요. 그들은 교수에게 온갖 '향응'과 '용역'을 쉴새없이 바쳐야 합니다. 고달픈 인생이죠. 복수는 나중에 그들이 교수가 돼서 자기 '밑의' 학생들에게 하는 거고요. 어찌 보면 '조폭'의 세계와 다를 바가 없습니다.

| 선생님처럼 교수라는 보장된 '직장'을 갖고 있지 않은 것이, 살아가고 공부하시는 데에 어떤 '의미'가 있습니까? |

교수라는 직업이 실제로 편하잖아요. 웬만하면 정년 보장되고, 학생들은 워낙 착해서 강의를 형편없이 해도 불평 한 마디 없고요. 사회적으로도 교수는 과잉 대접을 받고 있습니다. 한국 교수들을 두 가지 부류로 나눌 수 있을 것 같아요. 자기 스스로 자극을 만들어서 끊임없이 무언가 하는 사람들이 있고, 반면 꼭 그러지 않아도 편히 살 수 있으니까 아무것도 하지 않고 그냥 편하게 유한계층으로 사는 부류가 있죠. 그런데 전자는 소수고 대부분은 후자에 속하죠.

행인지 불행인지 저는 유한계층의 조건에 있지 않으니까 편할 겨를이 없어요. 끊임없이 뭔가를 해야 하죠. 계속 몸을 움직여서 글을 쓰고 또 돌아다녀야 해요. 그게 소모적인 것이 될 수도 있고 창조적인 뭔가를 만들어낼 수도 있어요. 아직은 모르죠. 교수라는 안정된 직업을 갖지 못했다는 것을 그 자체로 '좋다' '나쁘다'라고 말할 수는 없어요. 활용하기 나름인 듯합니다. 이리저리 바쁜 삶에서 어떻게 자양분을 얻을 것인지가 관건이지요. (웃음)

행인지 불행인지 저는 유한계층의 조건에 있지 않으니까 편할 겨를이 없어요. 끊임없이 뭔가를 해야 하죠. 계속 몸을 움직여서 글을 쓰고 또 돌아다녀야 해요. 그게 소모적인 것이 될 수도 있고 창조적인 뭔가를 만들어낼 수도 있어요. 아직은 모르죠. 교수라는 안정된 직업을 갖지 못했다는 것을 그 자체로 '좋다' '나쁘다' 라고 말할 수는 없어요. 활용하기 나름인 듯합니다. 이리저리 바쁜 삶에서 어떻게 자양분을 얻을 것인지가 관건이지요.

만약 생활의 여유 문제를 묻는 거라면, 그것도 하기 나름이라고 답하고 싶어요. 제 또래들 중에는 대학 갈 때 학력고사 점수와 현재의 수입 수준을 연결시키는 사람이 있어요. 예컨대 "내가 대학 갈 때 3백 점 받았고 지금 월급 300만 원 받는데, 나보다 공부 못했던 놈들이 지금은 더 번다, 이게 얼마나 비합리적이고 불평등한가"라는 식의 논리를 펴죠. 작년 의사 폐업할 때 많은 의사들의 논리도 그런 식이었잖아요? 한 마디로 웃기는 소리죠. 남한 자본주의체제에서 쓸모 있는 것이 무엇인지 마치 모르고 있었다는 식이죠.

전 제가 하고 싶은 걸 할 뿐입니다. 거기에 돈이 안 따른다면 할 수 없는 거죠. 돈을 못 벌면 안 쓰면 됩니다. 물론 IMF 이후 신자유주의체제가 사람들에게 소비하는 것에서 아이덴티티를 찾으라고 무차별적으로 '꼬시고' 있어서 쉽지는 않죠. 하지만 저는 제 수입으로 가장 기본적인 생계 수준을 충족시키는 정도에서 만족합니다. 제겐 가정도 없으니까요.

| '대학이라는 제도'를 간과할 수 없고 출발점으로 삼지 않을 수 없는, 그런 한계와 현실이 있는 것 아닐까요? |

제가 좋아하는 학자 중에 조나단 스미스(Jonathan Smith)라는 사람이 있습니다. 그에게 대학교육과 중·고등학교 교육의 다른 점이 무엇인지 물었더니, 바로 '언어'가 근본적으로 다르다고 대답했어요. 중·고등학교 교육은 언어가 현실의 단순한 반영인 것처럼 가르치는 수준이지만, 대학교육은 이런 소박한 관점에서 벗어나 언어와 현실의 복합적인 관계를 부각시켜야 한다는 겁니다. 이 경우 무엇보다도 언어와 언어의 관계를 주도면밀하게 살피는 자세가 중요하게 되

죠. 대학교육에서 토론이 중요할 수밖에 없는 것도 이 때문이라는 겁니다. 이런 관점에서 보면 우리의 대학은 도무지 제 몫을 하고 있는 것 같지 않습니다. 입장 대 입장의 대립만 있고, 편가르기 싸움만 있죠. 논의와 소통을 위한 자세를 제대로 가르치지 않는 겁니다. 그러기는커녕 대학이 정치판보다 더한 난장(亂場)이 되기도 하니 기가 막힌 실정이죠. 대학이 해야 할 기본적 역할을 해주지 않는 한, 왜 대학을 출발점으로 삼아야 하는지 모르겠습니다. 그러면 대학은 화이트 칼라를 충원해주는 훈련소에 불과할 뿐이죠.

| 대학의 커리큘럼이나 체계를 보면 대학이라는 제도가 너무 몸이 무겁다는 걸 느끼기도 합니다. |

대학이 해주어야 하는 작업과 실제 하고 있는 모습 사이에는 많은 거리가 있습니다. 그 간격은 스스로 초래한 것이기도 하죠. 조선시대의 지식인-관료와는 근본적으로 다른 사회적 위치에 있으면서도, 교수 집단은 은근히 자신을 선비와 일치시켜 그로부터 권위의 후광을 '도용' 해왔죠.

    대학은 근대 지식의 생산공장으로 근대성체제의 재생산 메커니즘에 속해 있어요. 도무지 전통적인 인격 수양이나 덕의 함양과는 무관하게 작동하죠. 그런데도 대학교육이 인격 완성과 밀접하게 관련되어 있는 것처럼 선전하면서, 품위 있는 레토릭(rhetoric)은 다 갖다가 쓰죠. 그런 선전이 사실이라면 지금과 같은 대학의 황폐화는 어떻게 설명할지 궁금하군요. 자신이 지금 어떤 자리에 서 있는지 도대체 모르기 때문에 그렇게 헤매는 거죠. 근대성의 자기 성찰 공간이 바로 대학인데, 교수들은 그야말로 철저하게 직무유기를 하고 있는 겁니다. 더 큰 문제는 자신들이 그런 처지에 있는 것도 모른다는 점이죠.

| 또 중요한 게 '성찰' 이군요. 성찰의 단계 다음에 오는 건 뭡니까? |
성찰은 자신이 어떤 구조적 제약 속에 있는가를 아는 겁니다. 자신이 어떤 방식으로 묶여 있는가를 알게 되면, 어떻게 벗어나야 하는지에 대한 감(感)도 생기게 되겠죠. 저는 명확한 비전이 선행되고, 그 다음에 벗어나려는 시도가 생긴다고 보지 않습니다. 우선 몸으로 꿈틀거리는 몸부림이 선행되고 그 다음에 더듬더듬 방향을 잡아나가는 거죠.

성찰 작업과 새로운 방향 모색은 서로 뗄 수 없이 붙어 있어요. 자신의 조건에 대해 성찰한다는 것이 쉬운 일은 아닙니다. 간혹 불평과 성찰을 혼동하는 사람도 있는데, 이 둘은 천양지차입니다. 불평은 갇혀 있다는 자기 의식은 생겼지만 벗어날 수 없거나 벗어나려고 하지 않을 때 나타나는 거죠. 어떤 면에서 불평은 절망에서 나옵니다. 혹은 스스로 근본적인 질문을 던지는 것을 두려워하기 때문이기도 하죠. 예컨대 난 왜 공부하는지, 왜 이렇게 살고 있는지에 대한 물음을 던지려고 하지 않습니다. "처자식 먹여 살리려고" 공부한다거나, "한 번 떵떵거리며 기 펴고 살려고" 공부한다고 내뱉는 사람들은 별로 문제가 안 됩니다. 그나마 솔직하니까요. 뭔가 그럴듯한 포장으로 꾸며내 정당화하는 사람들이 문제지요.

| 이 대목에서 여쭤보지 않을 수가 없네요. 왜 결혼하지 않으셨는지? '다른 삶'의 가능성, '모범적인 삶'에 대한 의구심과 관계가 있습니까? |

"왜 결혼 안 했냐"라는 질문은 뭔가 잘못된 거 아닌가요? (웃음) 그건 "인간이 모두 한 종류만 있다"는 식의 생각을 전제하고 있는 것 같아요. 심오한 뜻은 없었고요. 순간 순간 제게 좀더 '편한 길'을 택하다 보니 안 하게 된 것뿐입니다. 우연의 연속인 인생에서 우연한 조건과 저의 소심함이 버무려져서 그렇게 되었죠.

| "종교학 공부의 길과 인생 공부의 길이 다르지 않다"라고 말씀하셨는데, 공부한다는 것이 어떻게 윤리적 실천이 될 수 있는지요? |

지금과 같은 근대성의 체제하에서는 사실 '수양론적 공부'가 불가능합니다. 인격과 지식이 전혀 무관할 뿐만 아니라, 제도가 그걸 요구하지도 않잖아요. 예컨대 인격이 나쁘다고 대학교수를 파면시키는 일은 없으니까요. 그랬다면 지금 대학은 성숙된 인격만이 모여 있는 곳이 되었겠죠. 물론 근대성의 체제에 덕목이 없는 건 아닙니다. 개인의 동등한 상호 배려가 대표적이죠. 하지만 전통적인 의미의 인생 공부와는 매우 다른 모습이지요.

전 공부를 반드시 자기 삶의 행로와 연결시켜야 한다고 봅니다. 공부가 하나의 윤리적 실천이 되어야 한다는 입장이죠. 전 바둑의 분위기를 좋아합니다. "제자의 의무는 가르쳐준 스승을 이기는 것"이라는 여유 있는 태도도 좋고, "목숨 걸고 둔다"는 기사(棋士)의 철저한 태도도 좋습니다. 전 공부도 바둑의 정신을 닮을 필요가 있다고 생각해요. 제자가 자신을 밟고 지나가도록 배려하는 자세, 그리고 목숨 걸고 공부하는 자세가 널리 확산되어야 한다고 봅니다.

제가 주로 택하는 질문 방법은, 근대성의 체제하에서 너무나 당연하고 자연스러워 보이는 것을 허물어뜨려서 낯설게 만들어버리는

성찰은 자신이 어떤 구조적 제약 속에 있는가를 아는 겁니다. 자신이 어떤 방식으로 묶여 있는가를 알게 되면, 어떻게 벗어나야 하는지에 대한 감도 생기게 되죠. 저는 명확한 비전이 선행되고, 그 다음에 벗어나려는 시도가 생긴다고 보지 않습니다. 우선 몸을 꿈틀거리는 몸부림이 선행되고, 그 다음에 더듬더듬 방향을 잡아나가는 거죠. 성찰 작업과 새로운 방향 모색은 서로 뗄 수 없이 붙어 있습니다.

겁니다. 그러면 여태까지 누려왔던 현 상황의 절대적 필연성이 사상누각 신세가 됩니다. 이제 삶의 모습은 불안에 휩싸이고, 다시 확실성의 기반을 찾기 위해 동요하게 되죠. 현재는 이미 심하게 요동치고, 그렇다고 안락했던 과거로 돌아갈 수도 없는 상태입니다. 과연 어떻게 해야 할까? 장님이 더듬거려 길을 찾듯이 하는 것 외에 다른 방법이 없습니다. 이제 돌아갈 길은 이미 끊어졌고, 흔들리는 지반 위에서 겨우 무엇이 문제인지 어렴풋이 아는 상태로 서 있습니다. 이게 제가 생각하는 공부하는 사람의 모습이죠.

| 공부를 선택한 것에 대해서 돌이켜 보면 어떠신가요? 처음 운동의 '역할 분담' 한다는 생각으로 공부를 시작하셨는데, 그것만으로는 공부를 지속할 수 있는 힘이 되기 어려웠을 텐데요. 지나온 길이나 선생님의 선택을 어떻게 생각하시는지? 또는 이와 관련하여 후배 연구자들에게 주고 싶은 말씀이 있다면요? |

공부한다는 게 그리 쉬운 것 같진 않아요. 어떻게 보면 저주받은 인생처럼 보일 수도 있죠. 호의호식하고 물질적으로 안락한 삶을 영위하려면 선택해서는 안 될 것 같습니다. 자기 혼자 편하게 살려고 하는 거야 어떻게 넘어간다 하더라도, 학자의 자질이 안 되는 이가 정년퇴직할 때까지 자리보전하면서 수없이 많은 귀중한 인재의 인생을 망쳐놓을 수 있으니까요. 전 그런 꼴을 많이 보았기 때문에 그 점을 뼈저리게 절감하고 있습니다.

 저는 상황이 저로 하여금 끊임없이 공부에 대한 자기 의식을 갖도록 만들었기 때문에, 공부의 의미에 대해 편집증적으로 질문을 던져왔어요. 물론 제 내부에도 많은 모순이 도사리고 있어서 자랑할 만한 모습은 아니지만, 어쨌든 계속 고민했던 건 사실입니다. 공부 속에서 살아가는 자세가 담기도록 만드는 것이 중요하다고 생각합니다. 저도 계속 노력하겠습니다.

❧

인터뷰를 마친 뒤 술자리에서 장석만과 여행과 참선에 대해 이야기를 나눴다. 내가 아는 한, 여행은 타인들의 공간에 던져짐으로써 오히려 '나'를 전면적으로 만나고 알게 되는 길이었다.

'성찰'에 대해 내내 강조한 장석만은 여행의 아름다움에 대해 동감을 표하면서, 여행과 비슷하면서도 더 강하고 전면적인 것이 참선이라 했다. 그리고 자신이 겪은 참선의 어려움에 대해 이야기했다. 이성과 언어로 구조화된 '나'의 작동을 중지시키고 나를 만나는 길이 그것이기 때문인 듯했다. 참선이 신비롭고도 두렵게 느껴졌다.

타협하지 않고, 평범한 길과 다른 자신의 길을 가는 것은 어렵다. 그런 길은 고통을 수반하기 때문이다. 상식의 눈으로 볼 때는 세속적인 평범에서 벗어난 삶을 몸으로 사는 사람들이 겪는 어려움이 마치 불운인 것처럼 오해되기도 한다.

그러나 평범한 길을 따라 사는 일도 우리에게 커다란 고통을 부과한다. 상식이나 보편의 이름으로 치장된 미리 정해진 삶도 진정 우리가 원하는 길이 아니기 때문일 터이다. 많은 사람들이 자유나 비타협의 고통보다는 원하지 않는 일을 억지로 해야 하는 고통에 더 시달리지 않는가.

인터뷰·정리_천정환

■ 장석만 저술목록

〈본래부터 성스러운 것이란 없다 : 종교학에서의 성과 속 연구〉,《지식의 최전선》, 김호기 외, 한길사, 2002.
〈수염 깎기와 남성성의 혼동〉,《역사비평》 59호, 2002.
〈매스 미디어와 종교 : 텔레비전은 종교를 어떻게 다루고 있는가〉,《사회비평》 33호, 2002.
〈만해 한용운과 정교분리원칙〉,《불교평론》 3권 3호(통권 8호), 2001.
〈개항기 천주교와 근대성〉,《교회사연구》 17집, 2001.
〈한국종교, 열광과 침묵 사이에서〉,《당대비평》 12호, 2000.
〈인간과 관계된 것 치고 낯선 것은 없는 법이다 : 조나단 스미스의 종교학〉,《현대사상》 7호, 1999.
〈종교학공부와 인생공부는 연결될 수 있는가?〉,《현대사상》 8호, 1999.
〈우주적 상상력의 '시중(時中)적 성찰'을 위하여 : 김지하 사상의 '틈' 벌리기〉,《당대비평》 9호, 1999.
〈한국 근대성 이해를 위한 몇 가지 검토 : 누구의 근대성? 그리고 왜 근대성?〉,《현대사상》 2호, 1997.
〈개항기 한국사회와 근대성 형성〉,《세계의 문학》 69호, 1993.
〈개항기 한국사회의 '종교' 개념 형성에 관한 연구〉, 서울대 박사학위 논문, 1992.
〈근대적 사고의 수로를 찾아서 : 근대적 담론의 형성과 한국사회〉,《현대비평과 이론》 2권 2호, 한신문화사, 1992.
〈미셸 푸코의 담화분석과 종교학 연구〉,《미셸 푸코 : 인문과학의 새로운 지평》, 한상진 편, 한울출판사, 1990.

"The Politics of Haircutting in Modern Korea : A Symbol of Modernity and the 'Righteous Army Movement' (1894~1895)", *Review of Korean Studies*, Vol. 1, September, 1998.
"The Formation of Antiritualism in Modern Korea," *Korea Journal*, Vol. 41, No. 1, 2001, pp. 93~113.
"Protestantism in the Name of Modern Civilization," *Korea Journal*, Vol. 39, No. 4, 1999.
"A Study on the Early Protestant Conversion in Korea, 1900~1910," The 4th PACKS Publication Committee 주관의 단행본에 게재 예정.

고미숙
우정의 교육과 유목적 지식

고미숙은 이 책의 진원지쯤에 해당하는 인물이다.
만약 〈수유연구실+연구공간 '너머'〉와 고미숙이라는 모델이 없었다면,
이 책은 훨씬 더 지난하고 지루한 길을 예감해야 했을 것이다.
〈수유연구실+연구공간 '너머'〉의 시도는,
기존 학문의 전공 파괴 · 서열 파괴 등을 감행하며
지식인 사회에서 신선한 바람을 불러일으키고 있었다.
따라서 나이와 전공, 학력, 직업을 불문하고 자유롭게 모여 재미있게 공부함으로써
학문을 축제로 만들어가겠다는 그들의 실천은
이 책을 기획하는 과정에서 하나의 나침반 역할을 담당하였다.
2001년 12월 8일 오전 10시부터 12시간에 걸친 마라톤 인터뷰가 대학로에 위치한
〈수유연구실+연구공간 '너머'〉의 카페 '트랜스'에서 진행되었으며,
2002년 1월 보충 인터뷰가 이루어졌다.

고미숙

고미숙은 강원도 정선군 함백 출신으로 고려대학교 독문과를 졸업했으며, 동대학원 국문과에서 19세기 예술사로 박사논문을 썼다. 박사논문을 쓰고 '민족문학사연구소'에서 공부의 영역을 넓히는 한편, 취직을 해볼까 하고 원서를 냈다가 좌절하는 시기를 겪는다. 그러던 중 취직을 거부하고 확실한 룸펜으로 살아가기로 작정하여 수유리에 연구실을 열고 세미나를 시작하면서 새로운 인생을 시작하였다. 서울사회과학연구소와 결합하면서 〈수유연구실+연구공간 '너머'〉라는 이름으로 대학로에 진출, 라이브 공연 형식의 심포지엄을 열고 명실상부한 게릴라식 무크지를 만들며, 세계로 진출하여 더 괴상하고 멋진 친구들을 사귀고 싶은 소박한 야망에 나이와 성별도 잊은 채 살아가고 있다.

1
아무도 기획하지 않은 자유

> 고미숙과 〈수유연구실+연구공간 '너머'〉는 이미 많은 주목을 받았기에, 관심이 있는 사람이라면 그곳의 동정에는 익숙할 터였다. 따라서 인터뷰는 고미숙 개인과 〈수유연구실+연구공간 '너머'〉의 과거, 현재, 미래를 꼼꼼히 기록하는 쪽으로 가닥을 잡았다. 그것이 이 인터뷰를 '우정의 교육과 유목적 지식'이라고 이름 붙일 수밖에 없는 이유이기도 하다. '우정의 교육과 유목적 지식'은 고미숙이 연구실 생활을 소개하기 위해 쓴 에세이의 제목이다. 그 글이 연구실 생활의 원칙을 밝혀놓았다면, 이 인터뷰는 처음부터 끝까지 그 글에 적혀 있는 내용의 실현 양상을 확인하는 과정이라고 할 수 있겠다.

| 수유연구실을 '대안대학' 혹은 '새로운 지식 공동체'라고들 합니다. 수유연구실을 만들게 되신 기본적인 문제의식부터 이야기해보죠. |

대안을 만들고, 어떤 프로젝트를 가지고 시작하지 않은 것이 지금 대안이 된 것 같아요. 많은 사람이 모여서 뭔가 하게 된 것은 기존의 조직구성 방식과 정반대 방향을 취했기 때문인 듯합니다. 일반적으로 조직을 구성할 때 이념에 따라 미리 조직의 상을 그려놓고 하부를 구축하는 식인데, 그래서 하부가 받쳐주지 못하는 경우가 많죠. 수유연구실은 프로그램에 따라 일을 한 게 아니라, 개인들이 한둘 모이다 보니까, 무엇을 할 것인가가 자연스럽게 도출된 것 같아요.

| 의도적인 프로그램하에서 움직이지 않았다는 말씀을 좀더 구체적으로

설명해주시겠습니까? |

처음에는 그저 개인 연구실을 내고 같이 공부할 사람들과 어울렸을 뿐인데, 사람들이 늘어나고 어쩌다 보니 강좌를 열게 되고, 그 덕에 사람들이 또 늘어나고 그러면서 여기까지 왔어요. '서울사회과학연구소'(이하 서사연) 철학강의에 다니다가 서로 안면을 익히기 시작했고, 수유연구실에 출입하는 사람만으로 숫자가 찰 것 같아 모임을 꾸려 수유리에서 강의를 해달라고 요청했어요. 그러다 보니 '서사연' 사람들 중에서도 수유연구실에 나오는 사람들이 생기면서, 일부가 아예 활동공간을 옮기게 된 거죠. 1998년 대학로로 옮기면서 전세금이며 운영비도 여럿이 형편껏 내기 시작했고요.

| 수유연구실 이전에도 재야 연구소 활동을 하셨죠? |

민족문학사연구소[1] 요.

| 민족문학사연구소에서 활동하게 된 계기는 무엇인가요? |

90년대 초에 역사문제연구소 등 지금 이름 날리는 연구소들이 많이 생겼어요. 80년대 마르크스주의의 직·간접적인 영향을 받은 사람

---

[1] 1990년 4월 한국 문학사에 대한 주체적 해명을 목적으로 창립된 연구소이다. 90년대 초반 역사학을 비롯하여 사회학·정치학·경제학·철학·법학·예술 등 사회 각 분야에서 진보적인 담론을 생산하기 위한 연구소가 만들어졌는데, 민족문학사연구소 역시 이러한 학술운동 내의 진보적 흐름과 맞닿아 있다. 민족문학 연구의 고립분산성과 연구 방법론의 한계 극복 등을 모토로 내세운 민족문학사연구소는, 과거와 현재의 민족문학을 민중적 입장에서 목적의식적으로 연구·비평함은 물론 새로운 문화 창조에 이론적으로 기여하고 또 그 연구결과를 대중 속으로 환원시키려는 목적하에 설립되었다.

들이 대학 외부에서 새로운 진보적 담론을 생산하기 위해서 결집했죠. 지금은 전부 다 너무 체제내화되었지만, 그때는 박사 과정 이후에 나아갈 수 있는 선택지랄까, 그런 거였어요. 학교 안에서 학술운동을 위한 대학원 조직을 만들거나, 외부의 다양한 진보적 흐름을 결합하는 방식으로 연구소가 주어졌죠. 그러니까 국문학자들은 "민족문학사연구소로 갈 것인가, 말 것인가"가 심각한 고민거리였어요. 그래서 거기 가면 취직이 안 된다는 말도 있었고, 실제 교수가 될 뻔했다가 거기 회원인 게 밝혀져서 안 된 사람도 있고 그랬어요. 나름대로는 굉장히 엄숙한 선택지였던 셈이죠.

그런데 저는 이념보다도 대학 내부에서 정상적인 길이 보장이 안 되었기 때문에 심각하게 고민할 처지가 못 됐죠. "할 것인가 말 것인가"가 아니라 진보적인 단체이고, 리얼리즘이든 민족문학이든 뛰어난 연구자가 있는 곳이니까 "무조건 배워야겠다"는 생각으로 시작했어요.

| 민족문학사연구소 활동은 얼마나 하셨습니까? |

들어가서 1995~1996년에는 굉장히 열심히 일했어요. 밑에서부터 올라가 기획실장 등 요직을 거쳐서 소장말고는 다 해봤어요. 그때 조직 내에 "어떻게 역동성을 부여할까" 고민했죠. 수유리에서 개인 연구실을 얻었을 때도 그 모임을 거기서 했어요. 지금 핵심적으로 리얼리즘을 공부하는 사람들, 주로 현대문학 이론가들이 모여서 연구소의 메커니즘을 어떻게 다이내믹하게 바꿀 것인가 의논했습니다.

| '재야 연구소'는 대학과는 달랐을 텐데 거기서도 해소되지 않는 무엇이

있었나요? |

여전히 학연이 굉장히 강하게 작용하고 있었죠. 대학 안에서 자기 대학 '빽'으로 만날 때랑, 재야단체에서 만날 때는 분자적인 흐름[2]이 엇갈리는 게 있어야 되는데, 여전히 그게 견고한 거예요. 그러니까 사람 사이의 벽이 점점 높아지고, 결국 자신의 거처는 다 학벌이 되어버리고 말죠.

사람관계를 어그러뜨리는 건 이론 투쟁을 한다든가, 지적 토론 때문이라기보다는 현실 이해관계 때문인 경우가 많은데, 대부분의 조직은 그걸 은폐하잖아요. 그러면서 속으로는 강사를 소개해주는 것도 자기 학벌 라인으로 한다, 이런 것들을 자꾸 문제삼게 되죠. 교수 임용을 할 때도 연구소에서는 동지적 관계라고 하면서 실제로는 다 자기 대학 출신만 밀어요. 이런 게 너무 피곤했습니다. 그리고 그걸 당파성이나 이념의 문제로 공격하는 것은 저로서는 좀 지리하고 관심이 없었죠. 그보다 더 큰 문제는 그런 것들을 솔직하게 말하지 못한다는 거예요. 그 구조에서는. 계속 자기와 아주 친한 사람에게만 털어놓지 이것을 어떻게 돌파할 것인가를 공론화시키지 못하죠.

| 내부에서 그런 문제들을 해결하려는 움직임들이 많이 있지 않았습니까? |

---

2 | 여기서 고미숙이 말하는 '분자적 흐름'은 들뢰즈(Gilles Deleuze)·가타리(Félix Guattari)의 개념이다. 들뢰즈·가타리가 말하는 '분자적인' 흐름이란 '몰적인(molaire)' 전체에 대립되는 것으로서 '몰적'이라는 말은 개개 분자의 고유한 움직임과는 상관없이 몰(mole) 단위로 서술되는 분자들의 통계적 동일성을 뜻한다. 반면 '분자적'인 것은 각 분자들의 고유성을 강조한다. 통계적 동일성으로 환원되지 않는 개개 분자들의 고유한 움직임들이 바로 분자적 흐름을 형성하는 것이다.

신동흔(건국대 국문학과 교수), 정출헌(부산대 한문학과 교수), 한기형(성균관대 동아시아 학술원 교수) 같은 사람들은 그런 것 정도는 뚫는 힘이 있어요. 그걸 보면 개인의 능력이 정말 중요하다는 걸 알겠는데, 현대문학은 의외로 유연하지 못하고 고전문학은 판을 주도할 처지가 못 되었어요. 판을 짜는 건 주로 80년대 현대문학의 유명한 리얼리스트들이 많이 했죠. 그런데 하부에서 접속이 일어나야 문제가 해결될 텐데 그 벽이 잘 허물어지지 않는 거예요 그래서 역동성이 없는 거죠.

| 개인의 역량만으로는 뚫고 나가는 데 한계가 있었다는 말씀 같습니다. 많은 사람들이 그런 문제를 느꼈다면 제도적·조직적 차원에서 상황을 타개할 만한 움직임도 있었을 것 같은데요. |

그것을 돌파하는 방식으로 회의를 강화하죠. 민주적인 합의를 강조하기 위해서는 그 방법이 가장 공정하니까요. 그래서 운영위원회, 집행위원회를 거쳐 하부의 견해가 위까지 올라가려면 한 달이 걸립니다. 그런데 임형택 선생님(성균관대 한문학과 교수)이나 이선영 선생님(연세대 국문학과 교수)처럼 연구소에 온 힘을 다 바치는 분들은 신중을 기하시니까, 그분들이 잠시 결정을 유보하면 결국엔 결정이 안 되는 경우가 많아지죠. 일단 한 번 내려가면 다시 올라올 힘은 없어져요. 그 다음에는 무력화되고 수동화되면서 냉소하는 거예요. 가장 조직의 활력을 떨어뜨리는 것이 냉소거든요. "여기서는 아무것도 안 통한다." 그러니까 자기 몫만 챙기게 되죠.

| 수유연구실에서는 그와 다른 것을 시도하셨을 것 같은데요. 민족문학사

"내가 좋아하고 즐거워하는 것부터 하자"라는 생각에서 개인 연구실을 열고 세미나를 조직했어요. 그렇게 하면 재야 연구소에서 하던 방식과는 굉장히 달라지죠. 무엇보다도 개인적인 친밀감이나 공간이 주는 쾌적함 같은 차이가 있었던 것 같아요. 전체를 사유할 필요가 없기 때문에 사람들이 와서 분자적인 결속을 더 많이, 자연스럽게 할 수 있게 되죠.

연구소에서 느꼈던 문제점들을 현재 수유연구실에서는 어떤 방식으로 돌파하고 계신가요?

연구소 활동에 좀 지쳤을 때 "내가 좋아하고 즐거워하는 것부터 하자"라는 생각에서 개인 연구실을 열고 세미나를 조직했어요. 그렇게 하면 재야 연구소에서 하던 세미나 방식과는 굉장히 달라지죠. 무엇보다도 개인적인 친밀감이나 공간이 주는 쾌적함 같은 차이가 있었던 것 같아요. 전체를 사유할 필요가 없기 때문에 사람들이 와서 분자적인 결속을 더 많이, 자연스럽게 할 수 있게 되죠.

앞에서도 '분자적 운동'이라는 말씀을 하셨는데요, 분자적 운동이 수유연구실의 핵심을 나타내는 용어라고 봐도 되겠습니까? 좀더 자세히 이야기 해주십시오.

어떤 프로그램에 맞추어서 계획대로 일이 진행되었다기보다는 개체들의 다양한 운동이 활발해지면서 그로부터 무엇을 할 것인가가 자연스럽게 도출되는 방식이라고 할 수 있습니다. 수유리에서 시작할 때부터 지금 대학로로 옮겨 와서까지 쭉 "어떤 공부를 같이 할 수 있는가" "그 공부를 우리가 좋아할 수 있는가"라는 관점에서 사람을 만났기 때문에, 다양한 대학이 결합했어요. 처음에는 제 출신 때문에 주로 고대, 고전문학 전공자가 많았지만, 어느날 문득 《대한매일신보》 세미나를 하려고 모인 사람들을 돌아보니 정말 다양한 대학 출신이 있더라고요.

왕양명(王陽明)의 수제자인 '왕용계(王龍溪)'[3]가 이런 말을 했죠. "아는 것은 즐거운 것이다." "즐겁지 않으면 지식이 아니다." 지식의 능동성·자발성 자체에 초점을 두면, 다른 건 전혀 문제가 안 돼요.

사실 우리 연구실에서는 학연이나 성차별은 전혀 자각이 안 되거든요. 가끔 이해관계가 얽히면 학연과 관련된 자의식이 발동하지만, 워낙 힘이 약해서 극복하기가 굉장히 쉽죠.

| 수유연구실에서는 회의를 거의 안 한다고 들었습니다. '분자적인 운동'과 관련이 있을 듯한데, 연구실 운영은 어떤 방식으로 이루어집니까? |

제가 연구실에서 "전체 회의는 절대 하지 말자" 그래요. 저희는 함께 밥을 지어서 먹고 같은 공간에 모여 함께 공부합니다. 일주일에 한 번씩 회의를 위해서 모이는 관계가 아닌 거죠. 그런 관계에서 인간의 태도는 다분히 사회적 코드에 견인된 모습을 보여줄 수밖에 없어요. 자기도 모르게 그 관계를 대변하게 되거든요. 뭔가 의미 있는 발언을 해야 된다는 것 때문에 거기에 얽히는 거죠. 속으로는 전혀 생각이 없다가도 회의장에 오면 그곳의 담론체계, 언표체계에 자신을 끼워 맞추기 때문에 뭔가 다른 주장을 해야 한다는 강박감이 있을 수 있거든요.

회의가 필요한 부분은 연구실 운영을 어떻게 할 것인가, 연구실의 방향성이 무엇인가, 이런 것들이잖아요. 그런데 운영이나 방향성은 이미 분자적인 운동을 한다고 정했기 때문에 논의할 필요가 없고, 구체적으로 무엇을 할 것인가에 대해서는 평소에 밥을 먹거나 차를 마시면서 충분히 이야기할 수 있죠.

3 | 중국 명나라 중기의 유학자. 1523년 진사에 합격하였고, 왕양명에게 사사하여 전서산(錢緖山)과 병칭되는 양명 문하의 준재(俊才)가 되었다. 양명 좌파의 대표적 인물이다.

올해 들어 카페가 들어서고 규모가 커지면서 이런 저런 회의를 했는데, 역시 회의는 쓸모없다는 사실을 다시 한 번 확인했어요. 아주 좋은 경험이었죠. 조직이 커지니까 어떻게 할 줄을 몰라서 모여 회의를 했는데, 생산성이 하나도 없더라고요. 뭔가 하고 싶으면 하고 싶은 사람들이 바로 하면서 효과를 내면 되고, 아니면 그만인 것이죠. 그러면 최소한 손해 보는 건 없잖아요. 이걸 전체를 다 모아놓고 회의하면 못 알아들어요. 모두 생각하는 층위가 다르거든요. 그런 경우에는 충돌밖에 일어날 게 없습니다.

| 회의를 통해 운영하지 않는다고 하니 무엇보다도 경비 충당은 어떻게 하는지 궁금합니다. |

처음부터 제 개인 연구실이었으니까 관계를 확장한 후에도 몫돈은 제가 맡은 부분이 많지만, 회원 회비·강좌 수익금·이월금으로 대강 수지는 맞아요. 그래서 자기가 투자한 회비의 몇 배를 가져가는 사람만 결합하자는 나름의 원칙을 세웠어요. "회원들을 너무 수동화시킨다"라는 문제가 제기되기도 하지만, 돈으로 따지면 제가 제일 많이 투자했는데 전 이익이거든요. 그렇다면 "다른 사람들도 다 이익일 거다" 그렇게 생각해요. 어떤 조직 안에서 자기가 손해를 본다면 그건 조직으로서도 마이너스죠. 그래서 손해라고 생각하는 순간에 떠나든지 관계를 바꾸라고 합니다. 그런 식으로 하니 운영 문제를 가지고 회의할 게 없어요.

| 그래도 많은 사람들이 함께 생활하는 곳인 만큼 의견이 상충하거나 갈등이 생길 수밖에 없을 텐데요. |

어떤 조직 안에서 자기가 손해를 본다면 그건 조직으로서도 마이너스죠. 그래서 손해라고 생각하는 순간에 떠나든지 관계를 바꾸라고 합니다. 그런 식으로 하니 운영 문제를 가지고 회의할 게 없어요. 여러 갈등이나 문제가 있어도 구석구석에서 그 자체의 힘, 움직이는 힘을 갖는 거죠. 계속 새로운 관계들이 구성되니까, 어떤 관계 하나가 일그러져도 새로운 관계 때문에 또 힘을 받을 수 있고요.

여러 가지 갈등이나 문제가 있어도 구석 구석에서 그 자체의 힘, 움직이는 힘을 갖는 거죠. 계속 새로운 관계들이 구성되니까 어떤 관계 하나가 일그러져도 새로운 관계 때문에 또 힘을 받을 수 있고요. 다른 데서는 저도 잘 느끼지 못했던 방식입니다.

| 외부인의 시선이겠지만 이제 수유연구실은 튼튼하게 자리를 잡은 것 같습니다. |

외부적으로 굳건해 보일수록 저는 계속 취약한 것만 보여요. 그래서 제가 계속 갈등을 만들죠. (웃음) 저희, 실패도 많이 했어요. 지금 보면 모든 게 다 순조로웠던 것 같지만 제가 보기에는 하나도 순조로운 게 없어요. 솔직히 말하면 강좌 하나 하나에도 굉장히 마음 고생이 심했고 의도대로 되지 않은 게 많았죠. 그런데 거대한 프로그램이 없었기 때문에 실패해도 영향을 안 받습니다. "아, 실패했구나" 그러고 금방 잊어버리니까 잘된 것만 기억하게 되죠. 그런 식으로 하니까 전부 다 플러스되는 운동이 될 수밖에 없어요. 한마디로 언제나 '남는 장사'가 되는 겁니다.

Tip 1__우정의 교육과 유목적 지식*

대체 앎의 영역에서 스승과 제자가 어떻게 고정된 선으로 구획될 수 있을 것인가? 나이가 많다거나 학벌이 좋다거나 지력이 뛰어나다거나 하는 것은 그저 하나의 특이성일 뿐이다. 왜냐하면 앎의 세계에는 한계가 없기 때문이다. 끊임없이 배우고, 가르치고 하는 앎의 흐름만이 있을 뿐. 스승이면서 친구인 것, 이것을 '우정의 교육학'이라 이름하면 어떨까?

우리 연구실에는 수많은 세미나들이 있다. 일본어강독, 중국어강독, 중세미학, 수사학, 동아시아 근대성, 화폐와 철학 세미나 등등. 이 세미나는 누가 일률적으로 제시한 것이 아니라, 그저 구성원들의 지적 욕구에 따라 제안되었고, 그 다음에 거기에 '맞장구치는' 사람들이 모여 이루어졌다. 말하자면 수요자의 학습 구성권이 전폭적으로 보장되는 시스템인 셈이다.

세미나의 성과가 업그레이드되어 강좌로 개설되는데, 여기서도 교사와 수요자 모두 자발성에 의해 결합되기 때문에 '지적 공명'만이 유일한 관건이 된다. 그래서 어떤 강좌에서는 선생이었던 이가 다른 강좌에서는 수강생이 되는 변환이 수시로 일어난다.

중요한 것은 벽을 넘어 흐르게 하는 것이다. 여기서 지식 생산의 배치에 대한 새로운 문제 설정이 필요하다. 그렇지 않으면 학제간 연구를 그저 기이한 종합이나 잡종교배 정도로 착각하는 해프닝이 반복될 것이다.

우리 연구실의 세미나는 처음 한국 근대 계몽기를 대상으로 하는 자료 읽기에서 시작되었다. 그런데 개화기 신문자료를 읽다보면, 누구나 문학 텍스트에 한정해서는 도저히 이 시기의 지도를 그릴 수 없다는 데 공감하게 된다. 그래서 자연히 종교·철학·사상사 전반, 이를테면 근대성 담론의 영역으로 시선이 확장되고, 다른 한편 한국의 근대성은 중국·일본 등 동아시아적 지평에서 사유하지 않고서는 불가능하다는 인식에 도달하게 된다. 일본어와 중국어에 대한 다양한 세미나는 이렇게 해서 생겨났다. 그리고 동아시아 근대성론은 전근대와 탈근대에 대한 비전을 동반해야만 비로서 심층적 탐사가 가능한 바, 중세미학이나 들뢰즈/가타리, 푸코 등 프랑스 현대철학과의 접속은 이렇게 해서 구성되었다. 이 과정에서 사회과학을 하던 이들은 점차 동양적 사유로 눈을 돌리게 되고, 고전과 한문학에만 틀어박혀 있던 이들은 서구 탈근대론을 주목하지 않을 수 없게 되었다. 이렇듯, 전 공간의 벽을 허무는 것은 결코 어려운 일이 아니다. 주어진 코드와 습속에 맹목적으로 사로잡혀 있지만 않다면, 시선의 광활함은 자연스럽게 심연에 대한 열정을 함께 불러온다.

흥미로운 것은 인터뷰를 할 때마다 항상 제도권 진입을 거부한다는 것이 주요 이슈로 다루어진다는 점이다. 분명히 말하지만, 이건 사실 사소한 일에 불과하다. 나와 나의 친구들은 제도권이냐 아니냐 하는 사안에는 전혀 관심이 없다. 우리의 목표는 교육과 연구를 하나로 융합시키면서, 인위적으로 경계 지워진 장벽을 넘어 지적 에너지를 흘러넘치게 하는 데 있을 따름이다. 다만 제도권 진입이 현실적으로는 도저히 불가능하기 때문에, 외부에서 먼저 시작했을 뿐이다. 그런데 문제를 제도권 내부냐 외부냐로 설정하는 순간 이러한 의도와는 무관하게 다시 이분법의 함정에 빠지게 된다.

그런 점에서 지식의 가장 큰 적은 이분법 그 자체일지 모른다. 중요한 것은 외부와 내부가 자유롭게 넘나드는 것이고, 따라서 외부에서의 이런 흐름이 큰 힘을 구성하게 된다면, 그것은 자연스럽게 내부를 변이하는 에너지로 투여될 것이다. '배움에는 자기도 없고, 남도 없'다고 했는데, 어찌 외부와 내부의 경계가 있을 것인가? 거듭 말하거니와 완벽한 제도, 이상적인 모델은 어디에도 없다. 모범답안을 찾기보다 자신이 선 바로 그 자리에서 지식의 기쁨을 향유하고, 그것을 통해 새로운 삶을 구성하고자 하는 열망, 그 초발심을 되찾고자 한다면 누구에게나 길은 열려 있다.

*고미숙이 연구실 생활을 소개할 목적으로 쓴 같은 제목의 에세이를 요약하였다.

2
혁명은 일상 속에서 이루어진다

> 결국 '수유연구실'은 아무도 기획하지 않았기에 맛볼 수 있었던 새로운 형태의 자유였다. 그런데 '수유연구실'이라는 지식인 공동체의 탄생과 고미숙이라는 개인은 어떤 관련을 맺고 있을까? 한국 사회에서 인문학을 전공하고 대학에 취직하지 못했다고 모두 고미숙과 같은 모습으로 살아가지는 않는다. 처음부터 기획되지는 않았다고 하더라도 고미숙은 매 순간의 선택을 통해 지금의 '수유연구실'을 이루어냈을 것이다. 그렇다면 이제 고미숙이라는 개인이 어떤 삶의 궤적을 그려왔으며, 그것은 수유연구실의 탄생과 어떤 관련을 맺고 있는지 밝혀져야 할 것이다.

| 이야기를 듣다 보니 선생님께서 살아오신 모습이 궁금해집니다. 수유연구실을 만들게 된 계기는 무엇인가요? |

다른 길이 봉쇄되어 있으니까 만든 거지, 특별히 처음부터 불만이 있어서 그런 건 아니에요.

| 교수가 될 수 없었다는 뜻인가요? |

그렇죠. 1994년 고려대에서 학위를 받고, 이듬해부터 한 2년 간 교수 되려고 열심히 노력했는데 뜻대로 되지 않았어요. 여기저기 원서 내고 면접 보고 그랬지만 길이 열리지 않았습니다. 한 번 면접을 보고 돌아올 때마다 엄청난 모멸감에 시달렸어요. 누군가에게 무시 당해서가 아니라, 스스로 너무도 초라했기 때문이죠. 면접을 보고 돌아와

선 일주일 내내 잠을 이루지 못했고, 한 2년쯤 그렇게 모멸감에 진저리치면서 살았습니다.

| 대학에서는 독문학을 전공하셨고 출판사에도 취직하셨던 걸로 알고 있습니다. |

대학 졸업할 때는 "세상을 많이 알고 싶다" 정도의 고민을 했고, 신문사나 출판사에서 일하고 싶었어요. 그런데 생각처럼 안 풀리더라고요. 그때는 책 만드는 일을 통해서 세상 돌아가는 걸 알고 싶었고, 저널리즘적인 글쓰기로 저를 표현하고 싶었어요. 대학원 들어가기 전까지 1년 반 동안 이런 저런 시도를 해봤는데 잘 안 풀리고 제 몸에 잘 안 맞았어요. 출판사에 들어갔는데 동사무소 직원처럼 기계적으로 교정 보고 정확한 시간에 출퇴근하는 시스템인 거예요. 제 구상이랑 너무 달랐죠. 1년을 채워보려고 노력하다가 결국 못 채우고 어느 날 갑자기 그만뒀어요. 아주 성실한 직원으로 있다가요. 상관이 무척 놀라면서 "이렇게 좋은 직장을 왜 그만두냐?"고 묻더라고요.

| 다른 선택도 가능했을 텐데, 사회생활을 하시다가 왜 다시 공부를 선택하셨는지 그 이유가 궁금합니다. |

그건 지금의 제게 왜 사냐고 묻는 것과 같은데요, 앎에 대한 욕구는 섹스에 대한 욕구만큼이나 본능적인 욕망이라고 생각해요. 그러나 앎의 층위는 여러 가지라서 글을 쓰고 그걸 통해서 세상과 소통하고, 세상을 변화시키는 데 힘을 보태고, 덩달아 나도 바뀌는, 이런 의미의 지식을 추구하게 되기까지는 앞서 말한 약간의 편력이 있었죠. 그러면서 정말 내 자신이 뭘 원하는지 아는 것도 매우 어렵다는 걸 여

러 번 경험했습니다. 그 전에는 독일문학, 러시아문학, 영문학 등에 굉장히 빠져 있었거든요. 국문학에는 전혀 무관심하다고 여겼는데 국문학을 시작했을 때, 그때 느낀 특별한 자유로움이 있었어요.

| 사회생활을 하다가 전공을 바꿔 국문과 대학원에 들어갔으니 대학원 생활이 수월하지만은 않았을 것 같습니다. |

매 학기가 전투였죠. 학위에도 관심이 없었고 그냥 한 학기 한 학기 버티는 게 절박한 문제였어요. 정말 자유롭고 싶었는데, 글을 못 쓰는 게 너무 부자유스러웠어요. 보고서를 못 쓰면 그 자체가 감옥처럼 답답해지고, 자면서도 가위눌리고 버스 타고 가면서도 갇혀 있는 느낌이었습니다. 그때는 글쓰기의 자유로움, 앎이 주는 자유로움, 이런 자유로움에 목말랐던 거죠.

그때부터 지식을 통해 자유로워질 수 있다면 끝까지 한 번 가보자 생각했어요. 그래서 공부를 제 삶으로 받아들일 수 있게 되었죠. 그 영역이 조금씩 넓어져서 박사논문 쓸 때 하나의 매듭을 지었고, 그 뒤에 자유의 경계를 더 넓히기 위해서 고전문학이라는 틀을 넘어선 겁니다. 지금은 인식 작용으로서의 앎에는 한계가 있다는 게 느껴져요. 의식이든 무의식이든 간에, '진리' 혹은 '도(道)'라고 할 수 있는 경계까지 갈 수 있다면 정말 자유로워지겠구나 생각하죠.

| 모든 억압으로부터 자유롭고 싶었고, 자유롭기 위해 공부했다는 뜻으로 이해가 됩니다. 그런데 앎 혹은 공부에 대한 기대치가 너무 높은 것은 아닌가요? 앎을 만병통치약으로 보시는 것도 같습니다. |

공부하는 과정에서 앎에 대한 욕망의 실현이 신체를 자유롭게 해준

근대 지식인은 지식과 일상을 분리시킴으로써 치명적인 한계에 봉착했죠. 이런 이분법이 지식인을 무력화시키고 있다고 봐요. 삶과 내가 아는 것을 결합하는 게 중요합니다. 내가 뭘 안다고 해도 몸이 마음대로 움직여지지 않잖아요? 새로운 걸 깨달았을 때 그걸 내 삶과 어떻게 결합시킬 것인가가 늘 문제인 거죠.

다는 것을 알게 되었죠. "지식을 흡수하고 글을 쓰는 것이 내 직업이다." 이런 정도에 만족하면 기능적인 것에 그치는 거죠. 거기서 더 나아가 절대적 경지에 대한 지향을 멈춰서는 안 된다고 생각해요.

근대 지식인은 지식과 일상을 분리시킴으로써 자기 근거를 확보했고, 근대 학문은 이걸 분리시킴으로써 치명적인 한계에 봉착했죠. 이런 이분법이 지식인을 무력화시키고 있다고 봐요. 삶과 내가 아는 것을 결합하는 게 중요합니다. 내가 뭘 안다고 해도 몸이 마음대로 움직여지지 않잖아요? 내 몸만큼 내 말을 안 듣는 것도 없어요. 새로운 걸 깨달았을 때 그걸 내 삶과 어떻게 결합시킬 것인가가 늘 문제인 거죠.

| 다른 무엇보다 지식인의 삶, 곧 지식인으로서 지식인답게 산다는 것에 관심을 갖고 계신 것 같습니다. 그러한 관점의 타당성을 인정합니다만, 혹시 지식인에게 과도한 의미 부여를 하시는 것은 아닙니까? 그런 관점이 지식인을 넘어 모든 사람들에게도 적용 가능할까요? |

연구실 안에서 많이 느낀 건데, 앎에 대한 욕구만큼 본능적인 것도 없어요. 공부하고는 거리가 멀 것 같은 전업주부들이 연구실에서 어려운 수업을 듣는 것을 보면 쉽게 알 수 있죠. 적당한 상식 수준으로서의 지식이 아니라 앎 그 자체에 대한 욕구가 누구에게나 있다는 겁니다.

| 공부를 통한 삶의 변화를 말씀하시는 것 같습니다. 그렇다면 운동으로서의 공부, 운동의 연장선으로서의 공부를 이야기하는 것으로 이해해도 되겠습니까? |

운동과 지식을 결합시키는 정도보다 더 넓은 층위가 있다고 생각합니다. 마르크스에게 가장 충격을 받은 것은 "마르크스한테는 공부와 혁명이 하나구나" 하는 사실이었어요. 〈공산당 선언〉을 읽으면서 "이렇게 지적인 글이 이렇게 선동적일 수 있구나" 하며 감탄했죠. 한마디로 수사학적으로 쇼크를 받았어요. 그러나 마르크스주의가 말하는 지식과 혁명, 지식과 삶의 일치에서 한 걸음 더 나아가 무의식적인 것까지 포괄하는 지식과 삶의 새로운 결합을 추구하는 모습이 있어요.

주자(朱子)가 이끌었던 강학(講學)이나 왕양명이 이끌었던 모임이 그렇죠. 그건 자유로운 지식 공동체였어요. 주자는 자발적으로 찾아온 제자가 몇 천 명이었어요. 왕양명도 장군이었으니까 반란이 일어나면 가서 반란군 진압하고 돌아와선 몇 천 명의 제자들과 모여서 강학을 했습니다. 숙박시설이 모자라서 이 사람들이 번갈아 잤는데, 한 무리가 자면 다른 사람들은 나가서 밤새도록 시 읊고 노래하는 거예요. 상상을 해봐요. 가슴이 벅차지 않아요? 새로운 앎을 찾아서 떠도는 사람들이 모여드는 거예요. 이럴 때 지식이라는 것은 삶 그 자체잖아요.

예를 들어 저희 연구실 내 화요토론회에서 하는 발표나 심포지엄은, 학회에서 발표하는 것과는 전혀 달라요. 현실적 이익은 전혀 없죠. 그것 자체가 지식과 삶의 결합이라고 봐요. 그것 자체의 즐거움 속에서 자신을 표현하니까 곧바로 연결이 되는 겁니다.

| 앎과 삶의 결합은 연구실에서 실천하고 있는 밥상 공동체와 무관하지 않을 것 같습니다. |

80년대에는 지식과 삶을 일치시킨다고 할 때 일상이라기보다는 혁명을 해야 한다는 책무와 강박증에 시달렸죠. 문제는 그때의 혁명은 습속[4]의 혁명이 아니라는 겁니다.

저희 연구실은 일상을 많이 공유합니다. 일상을 공유하게 되면 사람을 사회적인 코드가 아니라 그 사람의 신체적인 어펙션(affection : 情動)으로 바로 느끼게 돼요. 공식적인 자리에서 만나면 그 사람이 어느 대학 출신인지, 지금 지위가 뭔지 등을 굉장히 의식하게 됩니다. 그래서 그 사람이 별 볼일 없어 보여도 거기에 맞춰서 관계를 맺게 되는데, 일상을 공유하면 그게 다 소용이 없어요. 아무리 고매한 지식을 갖고 있고 학벌이 좋은들, 금방 안다는 거예요. 이 사람이 어떤 능력이 있고, 사람관계에서 어떤 배려를 할 줄 아는지 말입니다. 저희는 세미나를 많이 하니까 정말 성실한 사람들이 필요하죠. 또 청소나 요리 등 표나지 않는 궂은일들이 많은데 그런 일을 할 수 있는 능력을 중시하게 됩니다.

| 수유연구실 내 하루 일과를 보면 함께 밥상 차리고, 설거지하고, 탁구 치고, 세미나하고 그야말로 일상에서 함께 부대끼는 생활을 하는 것 같습니다. 이러한 일상의 공유가 결코 쉽지 않은 실천이라는 생각이 듭니다. |
연구실에 적응하지 못하고 나간 사람이 몇 명 있는데, 다들 지식은 아주 고매한 사람들이었어요. 그런데 사람 사이에서 관계를 만드는 힘이 현저하게 부족한 거예요. 그 사람들 스스로도 자신의 그런 모

---

4 | 한 사람의 행동이나 분위기를 결정하는 의식적·무의식적 차원의 생활화된 관습.

습을 처음 알았을 겁니다.

｜훌륭한 작품을 써내는 문인이라고 해서 반드시 인간성이나 인간관계가 좋은 건 아니지 않습니까? 그게 분리되었을 때 그 사람을 어떻게 대할 것인가는 쉽게 판단하기 어려운 문제인데, 여기서도 그런 문제가 있지 않을까요? 다시 말해 지적으로 훌륭한 것과 일상을 잘 공유하는 것은 다른 차원 아닐까요?｜

먼저 예술가 창작 집단과 지식인 집단, 학문 생산 집단의 일상은 차이가 있을 것 같아요. 세미나나 학문은 지구력이 필요한 거잖아요.

　일상을 공유하는 문제는 능력의 문제라기보다는 교육의 문제라고 봅니다. 지금까지 연구실 활동을 해보면, 남을 배려하고 관계를 만드는 능력을 훈련받지 못한 것이 교육의 한계라는 점이 분명하게 드러나더라고요. 고등학교 때까지는 공부 열심히 하면 되고, 좋은 대학 다니면서 가족관계에 특별한 문제가 없는 한 남한테 칭찬받고 배려를 받는 데 익숙한 사람들이 많아요. 특히 학벌이 좋을수록 더 그렇죠. 천성적으로 타고나지 않는 한, 훈련이 안 되기 때문에 남을 배려해야 하는 관계에 쉽게 적응을 못하는 겁니다. 그런 사람들이 연구실에 들어오면 불편해하는 게 역력하고 금방 표시가 나요. 그래서 일상을 공유한다는 게 놀라운 일입니다. 속이는 게 불가능하거든요. 속여봐야 금방 몸으로 아니까.

｜결국 일상의 공유는 타인에 대한 배려라고 할 수 있을까요?｜

그렇죠. 문제는 낡은 습속을 어떻게 변화시킬 수 있는가, 인위적인 이념이 아니라 생활 안에서 그것을 변화시키고 그 변화가 얼마나 삶

일상을 공유하는 문제는 능력의 문제라기보다는 교육의 문제라고 봅니다. 연구실 활동을 해보면 남을 배려하고 관계를 만드는 능력을 훈련받지 못한 것이, 교육의 한계라는 점이 분명하게 드러나거든요. 훈련이 안 된 사람들은 남을 배려해야 하는 관계에 쉽게 적응을 못하고 연구실에서 불편해하는 게 금방 표시가 나요. 그래서 일상을 공유한다는 게 놀라운 일이에요. 속이는 게 불가능하거든요.

의 능력을 키워주는가가 중요하죠. 연구실이 그렇게 할 수 있는 능력이 어디까지인가, 그것이 지금 제가 '일상'이라는 문제로 고민하는 점입니다.

앞서 얘기한 학연이나 성차별은 노력 없이도 벗어날 수 있는데, 정작 그 다음부터가 싸움의 시작이죠. 그 다음부터 개인의 능력들, 신체적인 능력이나 습관 등 여러 가지 것들을 가지고 스스로 변신해 나가지 않으면 관계가 고착되거나 계속 어그러집니다. 처음에 좋았던 관계가 계속 이어지는 건 없어요. 만약 계속 이어진다면 그건 아주 자족적인 서클이 된다는 얘기지요. 그때부터 일상의 혁명, 일상과의 전쟁이 시작되는 겁니다.

| 일상과의 전쟁에서 특별히 유의하는 점이 있으신가요? |
어떻게 하면 많은 사람들에게 편하고 즐겁게 밥을 먹일까 고민합니다. 지금은 스무 명이 밥을 먹지만 앞으로 1백 명이라도 편하고 깔끔하게 먹을 수 있도록 준비되어야 하기 때문에 음식쓰레기 문제, 기동력, 상호 배려, 이런 것들을 주로 생각해요. 또 배치에 따라 언제든지 공간을 바꿀 수 있어야 하니까 청결이 무엇보다도 중요하죠. 식당이 되었다가, 강의실이 되었다가, 탁구장이 되었다가 하려면 깨끗해야죠. 공간 변형이 자유로우려면 청결하고 소박해야 많은 사람을 받아줄 수 있거든요. 그래서 연구실 내에서 제가 잔소리를 많이 합니다.

| 연구실 내에 다양한 연령대의 사람들이 있는데, 연구실에서 세대차이를 느끼지는 않나요? |
제게 세대차이는 전혀 무의미해요. 여기 젊은 애들이 저와 20년 차

이인데, 그 이상 차이가 난다고 해도 별로 벽이 될 게 없습니다. 그보다도 애들이 너무 고루해요. 어릴수록 더 그러니 통념과는 많이 다르죠. 제 자신을 돌아보더라도 대학 1학년 때보다 석사 때 더 자유로워지고, 박사 때 더 자유로워지고, 결혼을 하면서 성에서 자유로워지고, 결혼을 접으면서 그런 관습에서도 자유로워지는 경로를 겪었습니다. 지금 20대는 자기가 정말 노력하지 않으면 고루한 습속과 지배적인 코드에 물들어서 그걸 깨닫는 데도 오래 걸리는 경우가 더 많죠.

| 이런 공간을 만든 것으로 보건대 사람들과 함께하는 걸 무척 좋아하시는 것 같습니다. |
개인적인 성향은 혼자서 놀고먹는 걸 좋아해요. 쉽게 말해서 전 혼자서 잘 놀아요. 여행할 때도 다른 사람과 떠드는 거 싫어하고. 엠티 가서도 춤추고 노는 게 재미가 없어요. 그런데 왜 이런 일을 하는가 하면, 이것도 제 스타일입니다. 이런 관계를 구성하는 게 재미있어요.

생각해보면 중학교 때부터 세미나를 조직했어요. 시골학교라 정규수업을 잘 못 받았거든요. 지금 생각하면 좀 어이없긴 하지만, 도시 아이들처럼 보충수업 해보는 것이 꿈이었어요. 농촌이 아니라 광산촌이니까 집에 와도 할 일이 없었죠. 우리 집에 골방이 하나 있었는데 할 일도 없고 심심해서 친구들하고 모여서 공부를 했습니다. 영어책도 외우고 한자도 외우고 책 읽은 거 토론도 하고요.

| 혼자 즐기는 스타일이라면, 이런 공동체 생활이 힘들지 않으신가요? |
저는 새로운 관계가 구성되는 걸 좋아해요. 물론 혼자 하는 게 더 즐

겁지만. 무언가를 같이 하는 게 싫은 건 아니지요. 거기서 구성되는 관계가 제 삶을 계속 바꾸어주는 게 좋습니다. 나는 탁구를 잘 안 치지만 탁구대를 사서 갖다 놓죠. 그래서 사람들이 탁구를 치면서 새로운 관계를 만드는 걸 보는 게 좋아요. 같이 밥을 먹으면서 서로의 관계가 변화되고, 공부하는 방식도 바뀌고 하는 것을 중요하게 생각합니다.

| 수유연구실이라는 지식인 공동체를 만들어내신 것은 선생님께서 여성 연구자라는 측면과 무관할 수 없을 듯합니다. 다른 영역과 마찬가지로 학계에서도 여성들이 공부하기가 녹록하지 않을 텐데요. 그런 점에서 여성 연구자로서의 자의식이 궁금합니다. |

박사논문 쓰고 취직하려고 할 때는 꽤 의식을 지녔었죠. 제도권 안에 있을 때까지는 여성으로서의 자의식을 갖지 않을 수 없는 상황이었습니다. 국가나 계급이 형성되면 성적 분화가 생기고 가부장제가 되는 것처럼, 제도권 안에서 코드화된 삶을 부여받을 때는 저처럼 무딘 사람도 여성으로서의 자의식을 갖지 않을 수 없습니다. 그렇지만 사실 제 내부로부터 여성적 자의식을 강요당한 경험은 별로 없어요. 그런데 연구실을 시작하면서 제가 여자라는 것, 서울대 출신이 아니라는 것, 고전문학을 한다는 것이 굉장히 유리하긴 했어요.

| 여성이라는 점이 연구실을 만드는 데 어떤 역할을 담당했다는 말씀이신가요? |

제가 만약 남자고, 서울대 출신이고, 사회과학을 전공했다면 연구실은 지금 같은 모양이 안 나왔을 겁니다. 제가 여자고, 나이가 많고,

서울대 출신이 아니고, 사회에서 전혀 튀지 않는 공부를 하기 때문에 연구실이 이런 모양으로 나올 수 있었던 거죠. 고전문학이 뭔가 궁벽한 학문이잖아요.(웃음) 이런 학문을 하는 것은 여러 사람을 만나는 데는 굉장히 좋은 조건이었습니다. 성적인 자의식이 없진 않지만 그것이 문제가 되지 않는 길을 많이 찾게 된 것 같아요.

| 평소 연구실 생활에서도 선생님께서 '여성'이라는 점이 어떤 역할을 담당하나요? 또 연구실 일상생활 속에서 여성과 남성의 성역할 구분이 있습니까? |

저는 오히려 성적 자의식이나 습속에 구속되어 있는 것을 보면 화가 나요. 연구실에서도 요리와 섹슈얼리티(sexuality)를 결합하지 말라고 권유합니다. 주방이 항상 성적인 문제와 결합되어서 문제가 불거지거든요. 다른 노동에서는 섹슈얼리티가 작용을 안 하다가 여자들이 주방일을 많이 하면 과민반응이 나오더라고요. 그런 경우 여자들을 빼주는 방식으로는 해결이 안 되고, 그런 습속과 사고방식 자체에서 벗어나야죠. 이렇게 정말 미시적인 투쟁을 하는 겁니다.

| 지식인 공동체라는 점에서 수유연구실에 대한 주변의 관심이 높습니다. 그런데 수유연구실 변화의 한 양상으로 연구실 내 '카페'의 탄생을 거론하는 것을 종종 보았습니다. 수유연구실의 성격과 카페라는 공간은 좀 이질적으로 보입니다. |

강의와 화요토론회도 편안하게 하고, 주방과도 분리되는 공간이 필요했죠. 또 외부 사람들이 와서 편안하게 있을 만한 공간이 필요했어요. 왜냐하면 세미나나 상근자를 위한 방은 내부성이 견고하잖아요.

| '카페' 라는 공간을 만들게 된 계기가 있으신가요? |

그 전까지는 연구실 공간을 상근자 중심으로 배치할 생각만 했어요. 가장 쾌적한 공간에서 생활하도록 말입니다. 그런데 화요토론회가 자꾸 커지면서 사람이 30명만 넘어도 너무 비좁은 거예요. 주방이 분리가 안 되어 있으니까 산만하고 밥할 때 되면 전부 정신이 없었죠. 또 작년 여름 상근자가 많이 늘면서 굉장히 위기감을 느꼈어요. 저의 파트너가 아니라 제가 보호해줘야 하는 사람들이 늘어나는 것이니까요. 상근자실을 늘리면 이런 관계가 계속 늘어날 거라는 사실이 상당히 충격적이었죠.

작년까지는 일상을 공유하면서 공부하는 게 굉장히 중요하다고 생각했는데, 지금은 또 생각이 많이 달라졌어요. 일상을 공유하는 게 중요하긴 한데, 그건 표현방식 중 하나인 것입니다. 연구실의 많은 활동을 어디에 귀속시키지 않고 전부 다 외부화[5]하려고 해요. 다시 말해 강좌는 강좌의 메커니즘을 갖고, 화요토론회는 화요토론회 자체의 원리를 가지면서 진행되는 겁니다.

| 카페는 곧 연구실과 사람들의 관계 변화를 알리는 상징인 듯합니다. 평면

---

5 | 이 역시 들뢰즈·가타리의 개념이다. 들뢰즈·가타리는 '외부(외부적, 외부성)' 와 '외재(외재적, 외재성)' 를 구분하여 사용한다. '외부성' 은 밖에 있는 것, 초월적인 것, 제3자를 뜻하는 '외재성' 과는 다르다. 그것은 어떤 체계나 구조의 내부와 대립되는 개념으로, 내부에 이미 외부가 존재하며 그런 외부를 통해 내부가 구성됨을 의미한다. 예를 들어, 알(卵)과 돌맹이는 품지 않는 한 동일하다. 그러나 품어준다는 행위, 즉 외부적 조건이 주어짐으로써 '알' 은 '알' 이 된다. 고미숙이 연구실을 '외부화' 하고자 하는 것은 이처럼 "본질은 관계 속에서 드러나"기 때문일 것이다.

적인 공간의 확장이 아니라 입체적인 공간 확장인 셈이군요. |
그렇게 볼 수 있죠. 이제 화요토론회나 강좌에 대해 아주 적극적으로 사고할 수 있게 되었어요. 그래서 상근자 위주로 사유하던 방식에서 벗어나게 됐고요. 이질적인 공간이 이질적인 관계를 가능하게 하고 이질적인 일이 벌어지게 만든 셈입니다. 보통 연구소나 지식인 세미나실이라고 할 때 떠올리기 어려운 전혀 새로운 방식의 공간이 된 겁니다. 이 공간이 자꾸 뭘 하라고 얘기해주거든요.

| 밥상과 연구의 공동체를 넘어서서 또다시 수유연구실의 새로운 도약을 생각하시는 것 같습니다. 연구실에 대한 상(像)이 달라지신 건가요? |
강좌든 화요토론회든 다른 방식으로 접속할 수 있는 외부적인 관계들을 많이 만들면, 연구실 네트워크가 더 넓은 데로 뻗어나갈 수 있을 거예요. 강호에 묻혀 있는 고수들은 자기 영역이 일정하기 때문에 세미나 상근 방식으로 결합하기는 어려운 면이 있죠. 가족을 책임져야 하고, 학교 안에도 관계가 있고, 여전히 참여해야 하는 조직도 있는 사람들에게 그걸 버리고 여기로 오라고 이야기할 수는 없지 않겠어요? 그런 사람도 뭔가 새로운 것을 모색하니까 연구실에 오는 것이고, 그렇다면 그런 네트워크가 필요합니다. 일상에서의 혁명을 반드시 연구실 안에서의 밥상 공동체로만 한정할 필요는 없다고 생각해요. 다른 방식으로도 일상에서 변화를 시도한 부분들이 삼투할 수 있습니다.

| 수유연구실의 미래에 대해 구체적인 상이 있다면 말씀해주십시오. |
몇 가지 대안은 가지고 있지만 앞으로 어떤 일이 일어날지는 지금

아무도 몰라요. 그 다음에 만나는 사람, 그것에 의해서 공간 배치가 바뀌고, 그것에 따라서 또 새로운 일이 그때 주어지는 거죠.

다만 조직이 커지고 개인의 역량이 축소되는 것은 아주 나쁜 경우입니다. 오히려 조직은 그저 그런데 여길 거쳐간 사람 하나 하나가 정말 다른 데서 볼 수 없는 능력을 갖고 있다면, 그게 가장 좋죠. 어디 가서라도 코뮌을 건설할 수 있는 사람들이 되는 것이 제가 가장 원하는 것입니다.

**Tip 2__〈수유연구실+연구공간 '너머'〉에 마련된
　　　　카페 '트랜스'의 마담 정여울 양을 만나보았다.**

카페 '트랜스'는 어떤 곳인가요?
전에는 처음 오시는 분들이 세미나나 공부하는 일이 아니면 연구실에서 마땅히 할 일이 없어서 굉장히 어색해하셨거든요. 제가 처음에 그랬듯이요. 그런데 카페가 생긴 후론 언제나 음악과 차가 있는 문화공간이 하나 생긴 셈이고, 단순한 휴식공간 이상의 카페의 새로운 용법들이 바로 그분들의 숨결을 통해 만들어지고 있는 중이에요.

여울 씨가 카페 마담을 맡게 되신 계기가 궁금합니다.
고미숙 선생님이 언젠가 제게 그런 이야기를 하셨어요. 처음에 연구실을 만들었을 때 가장 먼저 시작한 것은 아침 일찍 나와서 연구실을 청소하는 일이었다고요. 그때는 선생님 자신이 지금처럼 알려지지도 않았고 연구실이 어떤 모습으로 만들어질지 전혀 알 수 없었지만 누군가를 어떤 공간으로 끌어당기는 힘은 청결과 친절 밖에 달리 특별한 것이 없었다고요. 그리고 늘 풍성한 먹거리를 준비하셨답니다.
　저도 카페에서 그런 능력을 키우고 싶어졌어요. 아무것도 믿을 게 없고 자랄 싹도 보이지 않는 제게 사람들이 준 사랑을, 다른 방식으로 갚아보고자 했죠. 이곳을 세상 어디에도 없는 발랄하고 생기 넘치는 공간으로 만들어 보겠다는 욕심을 갖고 있습니다.

연구실 사람들 사이에서도 서로에 대한 불만이나 갈등 같은 게 존재하나요?
그냥 이곳이 살아가는 공간이기 때문에 문제는 뭐고 해결책은 뭐다 이런 식으로 생각하기는 힘들거든요. 여기 와서 일주일만 함께 밥 먹고 공부하고 하시면 그런 궁금증들은 금방 풀릴 것 같아요. 그냥 한 가지 예를 들자면 이런 거죠.
　저희 주방과 카페는 많은 선물들로 운영돼요. 물론 우리가 늘 요리를 하지만 김치뿐 아니라 여러 가지 반찬들을 집에서 가져오시는 분들이 많고, 커피도 선물 받고, 간식도 선물 받고 하여튼 선물이 들어오지 않는 날이 없을 정도로 많은 분들의 소중한 선물들을 받아요. 그런데 언젠가 김치를 너무 많이 선물 받았는데 잘 활용하지 못해서 상한 적이 있었어요. 아시다시피 김치를 만들려면 어머니들께서

하루 종일 고생하시잖아요. 특히 우리 주방은 절대로 음식을 남기지 않는 것을 원칙으로 하기 때문에, 이런 사태는 거의 대재앙이라고 볼 수 있죠. 그래서 연구실 전체가 초긴장 상태에 빠졌던 적이 있어요. 주방은 연구실에서 모든 사람이 함께하는 곳이기 때문에 중요하니까요. 남들이 들으면 농담인 줄 알겠지만 저희는 정말 심각했습니다.

연구실을 찾아오고 싶은 사람들에게 들려주고 싶은 말씀이 있다면요?
공부만 열심히 잘하는 능력은 저희 연구실에서는 특별한 능력이 아니라고 생각해요. 그런 사람에게는 제 마음으로부터 우러나오는 사랑이 잘 안 생겨요. 공부는 누구든 열심히 하거든요. 누구든 바쁘고 밀린 글쓰기 작업들이 많죠. 하지만 그럼에도 연구실의 일상을 행복하고 따뜻하게 만드는 능력이 있는 사람들이 정말 다른 것도 더 잘할 수 있는 것 같아요. 이건 제 2년 동안의 경험입니다.

3
근대의 경계를 넘어서다

> 새로운 성격의 지식을 생산해야 한다는 점은, '수유연구실'이 지식인 공동체라는 명명에 명실상부하기 위해 담보해야 할 필요조건이었다. 일괄적으로 규정짓기는 어렵겠지만 '수유연구실'에서 진행되는 수많은 세미나와 강좌를 통해서 확인할 수 있는 하나의 연구 경향이 있다면, 시기적으로는 근대 계몽기에, 연구 방법론으로는 탈근대적 사유와 동아시아적 시각 등에 주목하고 있다는 점이다. 근대 계몽기와 탈근대적 사유, 동아시아적 시각을 통해 그들이 새롭게 제기하고 싶은 화두는 무엇일까?

| 박사논문에서는 조선 후기, 특히 19세기 예술사를 다루셨는데요, 최근에는 근대 계몽기에 주목하고 계십니다. |

근대 계몽기에 대한 관심은 박사논문 끝날 때 이미 갖고 있었어요. 박사논문에서 다룬 19세기가 리얼리즘과 민족문학의 틀에서 봤는데도 굉장히 재미있었거든요. 그 이후 19세기와는 전혀 다른 계몽의 담론, 계몽기 시가에 촉발받고 흥분한 상태에서 푸코나 들뢰즈 같은 탈근대적 철학의 힘을 받으면서 계몽기 자체를 새롭게 볼 수 있게 된 거죠. 이전에는 장르에 대한 절대 불변의 믿음이 있었는데, 푸코와 들뢰즈를 공부하면서 장르 자체의 속박에서 벗어날 수 있었던 겁니다. 내부의 핵심 동력을 통해 틈새와 균열을 만들어야 한다고 생각하니까 계몽기에 대한 의미 부여가 확 커진 거죠.

ㅣ 최근 푸코나 들뢰즈의 영향을 받은 듯한 성향이 많이 드러나는데요, 박사 논문을 쓰실 때만 해도 고전문학계의 마르크스주의자로 알려지지 않았습니까? ㅣ

석사과정 때까지 매일 최루탄 속에 파묻혀 지내면서도 저의 고민과 학생운동을 접속시키는 데 굉장히 오랜 시간이 걸렸어요. 정서적으로 공감하는 부분은 많아도 늘 학생운동의 변두리에 있었죠. 그러던 사람이 박사과정에 들어가서 과격하게 마르크스주의자로 행동하니까, 선생님들께서는 제가 80년대에 감옥에도 드나들고 당연히 고생도 많이 했을 거라고 생각하셨죠. 하지만 전혀 그렇지 않았어요. 소련 해체 이후 포스트모더니즘이 휩쓸 때 본격적으로 루카치(Georg Luka's) 공부를 시작했습니다. 그때 《자본론》을 다시 읽었죠.

그러면서 제가 마르크스주의를 실천하는 방법은 계급문학 안에서 논쟁점을 만드는 방법밖에 없고, 그것이 마르크스주의자로서의 임무라고 생각습니다. 그래서 고전문학 안에서 논쟁자로 계속 찍혀 있었어요. 고전문학회에서 사설시조의 계급적 성격으로 박사 1학기 때 발표할 때가 제일 심했어요. 사설시조의 계급적 성격이 민중도 사대부도 아닌 중간계급이라는 내용으로 발표를 했는데, 사설시조에 대해서는 아무것도 안 물어보고 선생님들께서 저를 훈계하기에 바빴죠. 어떻게 보면 푸코나 들뢰즈를 만나기 전에는 전투적인 방식에 빠져 있었어요. 명확한 비전이 있었던 겁니다.

ㅣ 마르크스에서 들뢰즈로 변화한 모습이 좀 낯설게 느껴지기도 합니다. 어떻게 보면 철저한 근대주의자에서 탈근대주의자로 변모하신 것 같은데요. ㅣ

저는 지적인 것보다는 인간을 통해 쇼크를 받는 것을 중시하는 편입니다. 처음 지적인 본능을 김흥규 선생님(고려대 국문학과 교수)께 촉발받았던 것처럼. 마르크스나 루카치에서 푸코나 들뢰즈로 전환하는 과정에서 결정적인 역할을 한 것은 이진경 씨의 《필로시네마 혹은 탈주의 철학에 관한 7편의 영화》(이하《필로시네마》)예요. 《필로시네마》를 읽으면서 뭔가 탁 얻어맞은 기분이었고, 그걸 통해 저의 일상적이고 구체적인 고민들이 접속이 된 겁니다.

대학원 다니면서 강경대 사건 때(1991) 거리 집회에 나간 적이 있어요. 그런데 그때 정신적으로 너무 피곤해서 공부를 하고 싶었습니다. "바리케이드가 사라진 후에도 내가 일상 속에서 혁명을 할 수 있을까" "바리케이드 앞에서는 누가 혁명을 못하겠는가" "바리케이드가 무너진 후의 혁명이 정말 문제가 되는 것이 아닌가" 이런 생각을 어렴풋이 했던 거 같아요. 그리고 《필로시네마》를 읽으면서 근대 외부의 상상력과 미시권력의 측면, 무의식적인 습속의 혁명, 이런 문제들이 표면으로 부상하게 된 셈이죠.

| 선생님께 탈근대적 사유는 현실과 동떨어진 철학이 아니라 말 그대로 세계관의 차원이라 이해됩니다. 탈근대적 사유가 삶에 어떤 영향을 미쳤습니까? |

푸코나 들뢰즈를 공부하면서 제 일상을 바꿀 수가 있었죠. 온갖 비루한 습속과 무의식에 사로잡혀 나를 과잉으로 불행하게 만들었던 것들을 이제는 자유롭게 볼 수 있게 된 거죠. 그런 깨우침이 글 속에 자연스럽게 스며들게 되고 공부와 삶을 일치시키려고 노력하게 되었습니다.

지금도 철학적인 차원에서는 들뢰즈·가타리의 《천의 고원》 등을 잘 이해하지 못해요. 그런데 일상, 실천의 영역에서는 아주 궁합이 잘 맞죠. 고매한 철학적 명제가 아니라 삶에서 느끼는 문제들하고 계속 아귀가 맞으니까 그게 곧바로 촉발이 되는 겁니다. 탈근대를 통해 근대적 지반에 갇히지 않고 종횡할 수 있는 에너지를 찾고 싶어요. 단지 교수라는 지위를 포기한 것이 아니라 제도적으로 지식의 배치 자체로부터 굉장히 자유로워진 거죠. 이건 그 이전에 대학제도를 비판한 것과는 분명 다릅니다. 제가 분절했던 지식의 분과 자체를 가로지를 수 있는 무엇이 탈근대적 상상력과 결합되면서 사유나 운신의 폭이 굉장히 넓어진 거죠.

| 푸코와 들뢰즈를 통해 사유의 틀과 일상생활의 폭이 변화하셨다는 말씀이신 듯합니다. 어떤 면에서는 지금의 수유연구실을 움직이는 동력도 그러한 사유에 기반하고 있는 것 같고요. 그런데 그와는 조금 다른 측면에서 선생님께 탈근대적 사유는 연구 방법론으로서도 중요한 역할을 담당하는 듯합니다. 《문학과 경계》 창간호(2001)에 발표하신 〈'천의 고원', 유쾌한 '노마드'의 지적 여정〉에서는 박지원의 《열하일기》를 들뢰즈의 시각에서 다루고 계시던데요. |
제게 2001년 최고의 뉴스는 《열하일기》를 만난 겁니다. 그 텍스트를 보고 난 이후의 놀라움 같은 것들이 마르크스주의적 장에서는 안 잡혔을 것 같아요. 푸코나 들뢰즈를 공부하고 나서 그 힘으로 박지원과 새롭게 만날 수 있었어요.

| 국문학계에서 박지원은 항상 문제적 인물이었습니다. 주목받지 않았던

적이 없다고 해도 과언이 아닐 텐데요. 푸코나 들뢰즈를 통해 새롭게 발견한 박지원의 면모가 있나요? |

저는 박지원에 대한 해석학에 관심이 있어요. 근대 계몽기부터 시작해서 국학자들이 연구하고 내재적 발전론 라인에서 아주 활발하게 박지원이 연구되었죠. 그리고 80년대 이후 멈췄어요. 이것 자체가 한국 인문학의 발전 추이를 보여주는 코드가 됩니다. 정약용과 견주어보면 아주 재미있죠. 박지원은 분열적인 흐름이 많은 인간입니다. 텍스트 자체도 그렇고요. 민족주의적으로, 나중에는 계급주의적으로 해석되었어요. 그런데 박지원의 진짜 중요한 텍스트들은 안 떴죠. 그 시대마다 시대의 담론을 장악하고 있었던 담론들이 있었고 그 담론의 차원에서 박지원의 텍스트들은 계속 민족주의로, 계급주의로, 내재적 발전론 등으로 절단되어왔습니다.

| 마르크스든 푸코든 들뢰즈든 서구 이론에 기대어 고전문학 텍스트를 연구하는 것은 익숙하지 않은 방식인데요? |

저는 근대 학문은 다 서양 학문을 이식했다고 봐요. 그 이식 속에서 자생적인 창조가 가능했다는 것은 잘 안 믿어요. 일단 근대 지식은 서구의 패러다임을 그대로 받아들인 게 사실입니다. 모방이 아니라 '창조적인 변이'라는 것은 동어반복일 뿐이에요. 지식이라는 건 민족이나 국가의 경계에 갇히지 않아야 합니다. 고대나 중세에 이슬람이나 중국은 다른 작은 나라에 지식을 개방했고, 그래서 우리가 한자문화권에서 여러 지식들을 공급받을 수 있었던 겁니다. 지식의 경계는 근대 이후에 생긴 것이죠. 조동일 선생님(서울대 국문학과 교수)의 사유도 사실 마르크스주의적인 것입니다. 사상사를 구성하는 방

탈근대를 통해 근대적 지반에 갇히지 않고 종횡할 수 있는 에너지를 찾고 싶습니다. 단지 교수라는 지위를 포기한 것이 아니라 제도적으로 지식의 배치 자체로부터 굉장히 자유로워진 거죠. 제가 분절했던 지식의 분과 자체를 가로지를 수 있는 무엇이 탈근대적 상상력과 결합되면서 사유나 운신의 폭이 굉장히 넓어졌습니다.

식이 변증법적이잖아요. 마르크스를 '인용하고 안 하고'의 차이일 뿐이라고 생각해요.

저는 지식의 영역에는 경계가 없다고 생각해요. 제가 훌륭한 스승을 만나는 데 왜 경계가 필요하고, 한국 안에 스승이 없어서 딴 데 가서 배우는 게 왜 문제가 되나요? 스승이 많은 건 좋은 거죠. 저는 김흥규 선생님한테도 미쳤었고, 마르크스에게도 미쳤고, 들뢰즈에게도 미쳤어요. 들뢰즈가 아니라도 상관없습니다. 다른 어떤 것으로 환원될 필요 없이 이것도 절단할 수 있고 저것도 절단할 수 있지요. 그런 걸 논쟁거리로 삼는 것은 빈곤함의 반증입니다. 60년대 이후 논쟁사에서 그런 틀이 바뀐 걸 별로 보지 못했어요. 제게 욕을 해도 상관없지만, 전 그 밑에 깔려 있는 전제, 즉 학문의 민족성 자체에 별 관심이 없습니다.

| 그래도 박지원과 들뢰즈는 시간적으로나 공간적으로 너무 떨어진 인물이라, 두 사람을 연결시키는 것이 작위적이라는 비판의 여지가 있지 않을까요? |

완전한 무중력 상태에서 박지원과 허균을 만난다는 게 가능한가요? 주자학적인 관점이든지 유교적 관점이든지 어떤 중력 장치가 다 있는 거 아닌가요? 그런데 반드시 주자학적인 관점에 우위를 둘 필요가 있을까요? 그 장 자체가 제한되어 있다는 것은 인정합니다. 누구든 어떤 텍스트를 무공해, 무중력 상태에서 접하지는 않죠. 저는 이 게임의 장을 인정하자는 겁니다. 스승을 만나면 최선을 다해 열심히 배우고, 그 스승에게서 배운 것을 삶과 글로 실천하는 것이 제 게임의 법칙입니다.

| 이론상으로는 가능하지만, 서구 이론은 수입된 것이라는 점에서 문제가 있지 않겠습니까? 서양 이론이 나름의 역사를 지니고 있기 때문에 나름의 체계가 있고 사유가 두터워질 여유가 있었다면, 우리의 경우 이론이 수입되는 과정에서 단절이나 갭이 많지 않은가요? |

한국 자본주의가 아주 짧은 시간 안에 모든 걸 다 해보려고 했기 때문이기도 합니다. 우리나라의 근대성은 정말 지적인 지층이 너무 얇아요. 하지만 80년대 이전까지는 서양 이론을 받아들이는 데 시간적·공간적 낙차가 상당히 심했던 데 반해, 90년대 이후에는 근대적 지식의 정점들이 서양과 동시적으로 관계를 맺고 있죠. 마르크스는 간극이 굉장히 심했는데 지금 들뢰즈, 푸코 등은 시차가 적어졌어요. 그보다도 저는 동아시아적 담론의 차원에서 보면 오히려 우리가 서구 근대지식에 거꾸로 뭔가 줄 수 있다고 생각합니다.

| 동아시아 담론을 말씀하시니까, 그 부분에 대해 좀 여쭤보겠습니다. 연구 방법론으로서 '동아시아' 라는 틀을 설정하시는 이유는 무엇인가요? |

탈근대의 연장에서 동아시아를 생각합니다. 근대 계몽기에 동아시아적인 장 위에서 서로 교차하면서 주고받은 측면이 많기 때문이죠. 메이지 혁명을 살펴보면 그것이 거의 그대로 우리에게 이식되었음을 알 수 있어요. 그들이 몇 십 년 동안 애써서 만들어놓은 것 중 우리에게 몇 년 사이에 그대로 와서 박힌 것이 많아요. 그러니까 근대의 한국적인 발전, 내재적 발전론, 이런 것이 정말 허상인 거죠. 동아시아적 관점에서 보면 우리 관점이 얼마나 허약한지 알게 됩니다. 다시 말해 근대 외부를 사유하기 위해서 동아시아를 보자는 겁니다.

| 요즘 동아시아 담론이 상당히 유행처럼 번져나가고, 기존의 전공 구분을 넘어서려는 수유연구실에서도 동아시아적 시각이 상당히 유효하게 작동하는 듯합니다. 동아시아적 시각의 장점을 몇 가지 꼽아주시죠. |

동아시아론은 학문적으로 근대 계몽기를 살펴보기 위해서는 필수적입니다. 개화자강파, 친일파 이런 식의 구분은 더 이상 곤란해요. 범위 자체를 넓혀야 한다는 것은 기본적인 사항입니다. 척도를 가지고 있으면 경계를 넘나들기가 힘들어져요. 예컨대 후쿠자와 유키치(福澤諭吉) 같은 경우도 '탈아입구론(脫亞入歐論)'만을 확대해서 제국주의적이라고 비판하는 것에 반대합니다. 메이지 혁명 주체의 입장에서 볼 필요가 있어요. 당시 일본은 청일전쟁까지도 패권을 못 잡고 있었습니다. 청일전쟁 이후에도 계속 러시아에 밀리다가 러일전쟁에서 이기면서 비로소 한국에 대한 패권을 가진 것이죠. 그때까지 일본도 계속 내전을 겪고 있었고 근대로 진입하기 위해 몸부림을 치고 있던 상황인데, 그걸 제국주의적 관점으로 무조건 비판만 해서는 생산적 결과를 얻기 어렵습니다. "내가 메이지 혁명의 주체라면 어땠을까?" 이런 식의 생각이 필요하고, 그래야 우리나라 민족주의의 위상이 더 선명하게 보입니다.

| 새로운 연구 방법론으로 동아시아적 시각을 말씀하시는 분들은 많이 계십니다만, 특히 선생님께서 동아시아라는 시각에서 근대 계몽기를 다루고 있다는 점에 주목한다면, 최원식 선생님(인하대 국문학과 교수)의 연구 분야와 상당 부분 겹칠 것 같습니다. 기존의 동아시아 담론을 말씀하시는 분들과 차이점이 있으신가요? |

저도 최원식 선생님한테 많이 배웠죠. 그런데 최원식 선생님과 제가

동아시아를 바라보는 시각은 많이 다릅니다. 제가 탈근대의 연장에서 동아시아를 생각하는 반면, 최원식 선생님은 민중이나 민족을 동아시아적 관점에서 더 확장시키려고 하는 것 같아요. 예를 들어 최원식 선생님은 일본 영화 〈카게무사〉도 민중민족적 관점에서 봅니다. 이를테면 "아시아 민중의 억압에 대한 감독의 생각이 없다"라는 식으로 말이죠. 전 그런 건 강박증이라고 생각합니다. 예컨대 그 영화의 초점은 전혀 다른 데 있는데, 카게무사가 자기와 영주를 동일시해서 죽는 것을 일본 민중이 마치 근본적으로 절대권력을 지향하는 것으로 해석하죠. 그런 식으로 확장되면 결론은 아시아 민중의 연대를 강화해야 한다는 식이 되겠죠. 저는 오히려 민족이나 민중 등의 근대적인 가치들을 벗어나기 위한 장으로서 동아시아 근대를 보자는 겁니다.

| 동아시아적 시각이 근대 계몽기라는 특정 시기 연구뿐 아니라 고전 연구나 혹은 현대의 동아시아를 이해하는 데도 유효한 관점이라고 생각하십니까? |

동아시아 중세도 하나의 장으로서 우리 생각 이상으로 서로 소통했어요. 근대 이후에 계속 그것을 분절시키고 경계를 그었죠. 보편문화권이라 우리 역시 중국의 영향을 받지 않을 수 없는데도, 실학의 자생성을 말할 때면 그런 것은 아예 무시하고 논문들을 써요. 역시 민족이나 민중, 이런 심급을 부여하죠. 지식을 협소화하는 거예요. 중세의 자료를 근대적 가치를 재생산하는 데만 활용하고 있는 겁니다. 동아시아적 시각을 통해 문학사나 고전문학사 연구도 굉장히 활력을 부여받으리라고 봐요.

그러나 역설적으로 지금의 동아시아에는 별로 관심이 없어요. 그보다는 동아시아라는 지반도 넘어서서 전혀 다른 문명권들이 공존하고 있었다는 사실을 환기해야 할 것 같아요. 《한국의 근대성, 그 기원을 찾아서》(2001)에서 소박한 차원에서나마 달라이 라마 이야기를 언급한 것도 그런 맥락이죠. 근대에 긴박된 우리의 삶은 서구를 척도로 해서 그 거리를 측정하는 데서 벗어나지 못하는 경우가 많아요. 하지만 거기서 벗어난 국가가 의외로 많이 있죠. 동남아나 인도만 봐도 근대가 전일적으로 관철되지 않았거든요.

| 새로운 방식으로 글을 쓰신다는 느낌을 받습니다. 논문에서는 평론의 느낌이 들고 평론을 보면 논문 분위기가 납니다. 전체적으로는 글이 상당히 구어적이고, 감정을 솔직하게 드러내기도 합니다. 모두가 의도적인 실천인가요? |

최근에는 논문·에세이·비평 등으로 글쓰기를 구획하는 것 자체가 신체를 길들이는 방식이었다는 생각이 듭니다. 사실 소설이나 시를 쓰는 것도 어떤 표상 안에 들어가도록 하는 것은 아닐까 해요. 소설 문법을 열심히 체득하고, 기존 소설을 열심히 읽고 그 코드를 신체에 내면화해서 작품을 쓰는 것이니까요. 봉쇄된 글쓰기의 경계가 지식인의 신체에 무의식적 코드를 심는 방식으로 글쓰기의 코드가 굳어져왔다고 생각합니다.

| 선생님께 글쓰기란 어떤 의미인지 궁금합니다. |

박사 과정 때까지는 글에 어떻게 기(氣)를 담을까 계속 고민했어요. 고전문학 관련 글을 쓸 때도 논쟁적인 측면에서 의도적으로 강하게

지식인의 가장 큰 무기는 문체입니다. 내용이나 이념이 아무리 탈근대적이라 해도 글쓰기가 완전히 근대에 갇혀 있다면 한계가 있다고 봅니다. 제가 가장 하고 싶은 것은 내부에서 외부를 사유하는 방식, 즉 가장 근대적인 글쓰기의 내부에서 가장 탈근대적인 글쓰기의 장을 만드는 것입니다.

에너지를 투여했죠. 뭔가 대화를 해야 하고 제 주장을 표현해야 되니까요. 논쟁이 아니더라도 뭔가 제 논문이 힘을 느낄 수 있게 해야 한다는 생각은 그때나 지금이나 똑같아요. 하지만 그때는 글쓰기 방식 자체에 대한 근본적 회의는 아니었어요. 어떻게 하면 논문을 좀 생동감 있고 재미있게 쓸까 이런 고민이었죠.

근대권력의 가장 큰 위력은 연구자를 논문 쓰기 방식에 길들이는 데 있다고 봐요. "이건 논문이 아니야!"라고 선고할 때가 바로 그렇죠. 글쓰기가 제도권력의 코드를 대학원생들의 신체에 새기는 겁니다. 그러나 단순히 수사적인 글쓰기로 모든 것이 해소될 수는 없어요.

지식인의 가장 큰 무기는 문체라고 생각합니다. 내용이나 이념이 아무리 탈근대적이라 해도 글쓰기가 완전히 근대에 갇혀 있다면 한계가 있다고 봐요. 그 문제는 계속 고민 중입니다. 자칫 잘못하면 이분법에 빠져서 아카데믹한 글과 대척되는, 경쾌하게 쓰는 것만이 대안이라고 생각하기 쉬운데, 그보다는 글쓰기의 여러 형식들을 변이해서 어떻게 강렬도를 만들어내는가가 중요하겠죠.

| 새로운 글쓰기를 위해 주목하시는 모델이 있으신가요? |

연암체가 문체반정의 핵심 타깃이었잖아요. 소품체(小品體)도 아니고 고문체(古文體)도 아니고, 고문도 능숙하게 구사하면서 패관소품(稗官小品)[6]도 종횡으로 활용하는 식, 다시 말해 '연암체'라고밖에 이름붙일 수 없는 방식으로 말이죠. 어떻게 보면 주자학자로 보이고 어떻게 보면 주자학자가 아니고, 불교 같기도 하고 노자 같기도 하고, 어떤 사상에도 정착하지 않으면서 유연하게 미끄러져가는

힘이 그에게는 있죠. 그런 방식으로 글을 쓰면서 박지원은 담론 생산과 글쓰기의 힘을 변환하는 강렬한 힘이 되었던 것 같습니다. 연암 2백여 년 이후에도 여전히 문제는 글쓰기를 어떻게 할 것인가라고 봐요. 글쓰기를 통해서 어떻게 권력의 코드와 맞설 것인가라는 문제 설정에서 연암의 전략이 굉장히 현실적인 암시를 주고 있습니다.

또한 지식인으로서 뭔가 담론을 생산하겠다고 할 때 저의 가장 큰 모델은 《말과 사물》 같은 책이에요. 푸코는 거대한 에피스테메(episteme)[7]를 표현하면서도, 기교에 넘치는 수사학자도 따라잡기 어려운 표현형식으로 돌파해내거든요. 저도 무겁고 아카데믹한 주제를 완전히 다른 종류의 글쓰기를 통해 배치를 바꾸는 것을 목표로 하죠. 그것이 된다면 담론의 생산, 지식의 전혀 새로운 배치도 가능하지 않을까 생각합니다.

| 이른바 잡문과 논문의 중간 형태라고 할 수 있을까요?|

잡문이든 뭐든 다 쓸 수 있어야 한다는 게 제 원칙입니다. 제가 가장 하고 싶은 것은 내부에서 외부를 사유하는 방식, 즉 가장 근대적인 글쓰기의 내부에서 가장 탈근대적인 글쓰기의 장을 만드는 것입니

---

6 | '패관(稗官)'이란 옛날 중국에서 임금이 민간의 풍속이나 정사를 살피기 위하여 거리의 소문을 모아 기록하게 한 벼슬의 이름이다. 이 뜻이 발전하여 이야기를 짓는 사람도 패관이라 일컫게 되었다. 뒤에 이들이 모아 엮은 이야기에는 자연히 창의성이 가미되고 윤색됨으로써 흥미 본위로 흐름에 따라 하나의 산문적인 문학 형태로 발전하게 된다.
7 | 인식소 또는 인식체계. 푸코의 《말과 사물》에 등장한 용어로 역사상 특정한 시기에 지식이 획득되고 정리·유포되는 방식을 가리킨다.

다. 글쓰기에 있어서 지금의 지식인들은 표현형식이 많지 않기 때문에 무기력한 측면이 있어요. 국문학과는 비교적 열려 있는 편인데도 논문 외의 글은 평론이나 창작밖에 없잖아요. 그런 면에서 고전평론가라는 업종을 개발해야 한다고 생각합니다.

| '고전평론가' 라는 직함이 흥미롭습니다. 고전평론을 통해 새로운 글쓰기가 가능하다는 뜻인 것 같은데 고전평론이 과연 그런 가능성을 지니고 있을까요? |

비평가라고 하면 현대문학 비평가만을 염두에 두죠. 고전문학 연구자들은 대중과 접촉할 생각을 안 하고 고착화되는 거 같아요. 고전도 아주 현대적인 배치 속에서 재미있고 강렬하게 말할 수 있어야 합니다. 고전의 방대한 텍스트를 가지고 얼마든지 지금의 현실과 접속할 수 있거든요. 시공간을 넓히면 훨씬 호소력이 크고 다양한 표현형식을 갖죠.

고전평론에는 서양고전도 들어갈 수 있어요. 어떤 면에서는 국문학자들이 외국문학도 더 능동적으로 텍스트 해석을 할 수 있습니다. 우리 연구실에서 '문학과 철학 사이' 라는 강좌를 한 적이 있는데 전공자들의 해석에는 별로 개의치 않고 자유롭게 봤어요. 루카치나 푸코의 책을 가지고도 얼마든지 외국문학 텍스트와 자유롭게 접속할 수 있습니다.

| 고전평론가로서 지금의 문제에 대해 발언하는 것이 중요한 사안일 듯한데요. |

그렇죠. 전 고전평론을 통해서 지금에 대해서 말하고 싶은 겁니다.

공부와 삶의 간격이 벌어져버리면 공부한다는 것이 지식의 과시, 기능적 밥벌이 외에 무슨 의미가 있나요? 그런 걸로 어떻게 다른 사람을 촉발할 수 있겠어요? 전 고전이 아니라 요즘 소설을 읽을 때 오히려 현실감이 전혀 안 느껴집니다. 제가 읽는 고전은 그 시대의 가장 강렬한 문제의식을 담은 거니까, 텍스트가 일상의 문제로 다가오는 속도가 점점 빨라집니다. 특별히 노력하지 않아도 시공간의 벽으로부터 자유로워지는 느낌이 들어요.

| 그렇다면 고전에 주목하시는 이유가 궁금합니다. 고전은 이미 지나간 옛날의 것입니다. 문제는 '옛날 그곳'을 다루는 고전평론이 '지금 여기'의 현실과 어떻게 긴장감을 확보할 수 있을까가 아닐까요? |

지금의 배치를 바꾸기 위해서 아주 먼 옛날의 것을 더 생동감 있게 이용할 수 있죠. 무엇을 공부하든 누구를 만나든 문제는 지금 바로 이 순간에 제가 얼마나 충만할 수 있는가예요. 허균이든 왕양명이든 고전 텍스트 속에서 그들이 고민하는 문제와 제 문제가 전혀 다르지 않다는 걸 구체적으로 느낄 때가 많습니다. 물론 질감으로 따지면 제가 떨어지는 게 많지만 문제의식의 구체성, 돌파해야 하는 대상 이런 것은 전혀 다르지 않다는 느낌이 들죠.

사실 시공간이라는 것도 그래요. 근대 이후 익숙해진 관념 때문에 고대를 아득하게 여기고 현대는 가깝게 여기지만, 시간이 그런 식으로 선형적으로 펼쳐지는 게 아니거든요. 고전을 읽으면서 그런 생각이 점점 더 심해집니다. 예전에는 의식적으로 애를 써서 "아, 고전과 오늘날의 삶이 별로 다르지 않구나" 이렇게 생각했는데, 요새는 "지금 내 고민이 바로 그거네" 싶어요.

| 말씀을 듣다보니, 선생님께 고전과의 만남은 앞서 말씀하셨던 공부와 삶의 결합과 연결될 것 같습니다. |

무엇을 공부하든 억압으로부터의 자유, 다른 사람과 어떻게 자유를 공유할 것인가를 고민하고, 이런 고민이 추상적인 게 아니라 "어떻게 호흡할 수 있는가"라는 문제처럼 지금 여기, 바로 이 순간과 연결되어 있는 거죠. 이걸 괴리시켜 사유하는 건 다 가짜라고 봐요. 요새는 그 간격, 그러니까 공부와 제 삶의 간격이 자꾸 좁혀져요. "밥상

의 혁명" "이 공간에서 타인을 배려하기 위해 무엇을 할 것인가" 이런 생각이 들지 않으면 혁명과 이념이 무슨 의미가 있을까요? 그렇게 간격이 벌어져버리면 공부한다는 것이 지식의 과시, 기능적 밥벌이 이외에 무슨 의미가 있나요? 그런 걸로 어떻게 다른 사람들을 촉발할 수 있겠어요? 전 고전이 아니라 요즘 소설을 읽을 때 오히려 현실감이 전혀 안 느껴지던데요. 제가 읽는 고전은 그 시대의 가장 강렬한 문제의식을 담은 거니까, 텍스트가 일상의 문제로 다가오는 속도가 점점 빨라집니다. 특별히 노력하지 않아도 시공간의 벽으로부터 자유로워지는 느낌이 들어요.

Tip 3__한국의 근대성, 그 기원을 찾아서*

근대 계몽기(1894~1910)는 우리의 근대가 시작된 '기원의 공간'이다. 이 시기에 형성된 사유 체계, 삶의 방식, 규율과 습속 등은 굴곡에 찬 현대사의 수난과 자본주의의 눈부신 번영에도 불구하고 완강히 반복되고 있다.

'민족'이라는 기호가 시대의 절대적 명제로, 지고지순한 가치로 떠오른 것이 바로 근대 계몽기이다. '충군'이라는 기호는 사라지고, '민족'이라는 표상이 이전에 이런 저런 기호 속에 흩어져 있던 것들을 마치 블랙홀처럼 흡인하게 되었다. 그것은 천리·전제군주·중화주의 등 초월적 기표들의 돌연한 실종 속에서 신분·성·개인·집단·가족 나아가 삶과 죽음을 가로지르는 또 하나의 '초월자'가 된 것이다. 특히 기독교 교리와 민족주의의 결합은 민족이라는 표상을 초월자로 만드는 데 결정적 기여를 하게 된다. 우리에게 민족에 대한 의식을 심어준 것은 다름아닌 서양 선교사이다. 즉, '밖'에서 주어진 것이다. 근대 계몽기의 민족 담론은 그 시선을 서구 문명으로 향하고 동일성에 대한 열렬할 희구의 형태를 취함으로써, 민족적 자각이 강렬할수록 근대 문명화론의 궤도를 충실히 따라가야 하는 역설이 탄생한다. 이는 민족주의가 제국주의의 태내에서 제국주의를 그대로 모사함으로써 성취된다는 역설이기도 하다.

그런데 이러한 민족의 범주에 해당하는 구성원은 당연히 남성이다. 그렇다면 여성은? 19세기 말에서 20세기 초, 서구의 도래와 함께 여성은 '재발견'된다. 근대 계몽기에 '남녀평등, 여성해방'이라는 테제가 지표면에 느닷없이 던져지는 방식을 취했던 것 역시 그때의 시선이 서구 문명을 향해 있었기 때문이다. 여성은 해방되어야 한다. 왜? 서구 문명 국가들이 모두 그러하니까. 그러나 근대 해방기 여성 해방론의 핵심은 욕망의 주체로서의 여성의 발견이 아닌, 오직 생식하는 성으로서의 여성, 인구를 생산하는 주체로서의 여성의 발견에 놓여 있었다. 여성의 생식력은 인구 재생산이라는 국가적 중요성을 띤 사안이었으므로 남녀는 평등해져야 했다. 여성이 애국자가 될 수 있는 유일한 방도는 교육과 지식으로 무장하는 것이었는데, 여성의 교육이 국가적 차원에서도 중요한 이유는 여성이 인구 재생산의 직접적 주체라는 점 때문이었다. 즉 여성은 미래의 국민 구성원들의 '어머니'라는 지위로 호명된 것이다. 모성은 문명의 기초이자 민족주의의 근간이 된다. 방탕한 여성들은, 그들이 어머니였으므로 용서될 수 없었다. 간음녀는 탐관오리나 매국노들과 마찬가지로 반국가적·반민족적 죄인에 해당되었다.

민족과 섹슈얼리티라는 앞의 두 항목이 주로 사회적 관계망을 구성하는 것이라면, 근대적 주체 생산 방식에 깊이 관여하게 된 '병리학적 체계'와 관련되는 마지막 항목은 비가시적 심층의 영역을 차지하는 것이다. 근대 계몽기에 문명 개화의 적은 불결, 질병, 비위생이었다. 바야흐로 '위생의 시대'가 도래한 것이다. 계몽주의자들에 의해 위생에 대한 새로운 표상들이 전파되는 한편, 1905년 이후 통감부 체제가 들어선 뒤에는 법적·제도적 차원에서 위생국·치도국이 정비되고, 가옥개량·도로교량·위생법 등이 실시되어 삶 전체를 '위생적으로' 조직하기 위한 광범위한 프로젝트가 추진된다. 서구에서도 '위생 유토피아'를 건설하겠다는 광신이 20세기 전반기까지 확고부동했음을 생각한다면, 이제 막 계몽의 세례를 받은 한국에서 병리학적 체계가 불가항력의 힘을 발휘한 것은 당연한 일이다. 이렇게 되면서 중세를 지배한 의학이나 민간요법은 저급한 미신으로 전락함과 동시에 공적 치료의 장에서 사라지고 근대 의학이 질병에 대한 절대적 권위를 행사하게 된다. 이제 권력은 푸코식으로 말해 "살게 내버려두거나 죽게 만드는 권력"이 아닌, "살게 만들고 죽게 내버려두는 권력"이 된다. 이제 인구관리의 목표는 건강한 신체를 가진 인구의 조직화가 되었다.

그렇다면 우리는 근대적 주체 생산의 장으로부터 어떻게 탈주할 수 있을까? 근대성의 심층을 탐사하는 것은 근대성의 외부를 사유하는 일과 분리될 수 없다. 이제 필요한 것은, 낯설고 이질적인 장 속에 능동적으로 뛰어들 수 있는 용기뿐이다.

* 고미숙이 2001년에 발간한 같은 제목의 책을 요약하였다.

4
코뮌을 꿈꾸다

> 이야기는 자연스럽게 '수유연구실'의 현재와 미래로 이어질 수밖에 없었다. 현재 자신의 삶 속에서 대면한 문제들을 해결하기 위해 근대를, 자본주의를, 현재 한국 사회를 넘어서고자 하며 앎을 통해 삶의 극한적 자유를 맛보고자 하는 고미숙의 꿈은 '수유연구실'만으로 한정될 것 같지 않았다. '수유연구실'을 넘어선 고미숙의 꿈, 그것이 궁금해졌다.

┃지금의 수유연구실은 도시에 존재하는 지식 공동체라는 점에서 주목받고 있습니다. 일반적으로 공동체는 삶과 생산의 일치 때문에 농촌이나 전원에 있잖아요. 공동체가 도시 속에 존재한다는 점에서도 수유연구실이 갖는 중요성이 있다고 생각합니다.┃
공간을 조금만 바꿔놓으면 굉장히 많은 사람을 수용할 수 있다는 걸 매일 느껴요. 그건 정말 공간-기계[8]와 제가 접속을 하는 거예요. 기계적인 접속이죠. 그래서 지식 공동체, 지식인 코뮌은 철저히 자본주의 심장부에 있어야 한다고 생각합니다. 그런 점에서 대학로라는 공간이 아주 맘에 들어요. 주말에는 노동자들 시위도 있고, 길거리 공연이나 선교회 활동도 있고, 라이브 공연도 있고요. 그래서 우리가 대학로에 있다고 하면, 그렇게 시끄러운데서 어떻게 공부하냐고

의아해하는 사람들이 있는데, 전혀 안 시끄러워요. 그런 게 사람들의 허점 같습니다. 굉장히 도식적으로 사고하거든요. 실제 이 동네에 살아보면 여기가 도심 한가운데인데, 제가 살았던 강원도보다 더 촌스러운 곳이 많아요. 실제로 공부하는 데 전혀 지장 없고, 그런 식의 활력이 있다는 점에서 여기야말로 풍수지리적으로 우리가 있어야 할 곳이라고 생각합니다.

| 도시 속의 지식인 코뮌을 꿈꾸시는 겁니까? |
포스트모던한 사회에서 근대의 대안으로서, 근대적 지식이 가졌던 경계를 무엇으로 극복할 것인가 꿈꾸고 있는 중입니다. 그것이 연구실에서 일상의 문제인데, 그것을 얼마큼 감당할 수 있느냐가 조직으로서 연구실의 능력이 되겠지요.

| 앞으로 전원으로 나가는 것이 꿈이라고 말씀하신 적이 있는데 그건 어떤 맥락에서 나왔는지 그와 더불어 향후 선생님의 꿈이 궁금하군요. |
원래는 전원 집필실을 하나 마련하려고 했어요. 그런데 생각이 바뀌었지요. 명상센터로.

---

8 | 고미숙이 몸담고 있는 연구실에서는 공간적 배치가 늘 초미의 관심사가 되고 있다. 모든 배치는 욕망의 배치이며, 따라서 배치를 이루는 항들로서 각각의 공간-기계는 인간의 실천·지식·권력·욕망의 문제와 밀접하게 연결되어 있다. '기계'란 들뢰즈·가타리의 용법에 따르자면 흐름을 절단하고 채취하는 방식으로 작동하는 모든 것을 뜻한다고 할 때, 공간-기계와 인간-기계의 접속 방식에 따라 매번 다른 공간적 배치가 탄생하게 된다.

| 명상센터라니 뜻밖이에요. 그런 생각을 하게 된 계기가 있으신가요? |

연구실에서 소설을 쓰는 애들이 방학만 되면 입산해서 집필을 한두 달 해요. 그런 데 가서 며칠씩 집중적으로 독서하거나 공부하거나 글을 쓰면 효율성이 높고, 무엇보다도 건강이 굉장히 좋아지거든요. 생활 리듬이나 공기가 좋으니까요. 그래서 농담으로 전원 집필실을 하나 마련해야겠다고 이야기하곤 했죠. 쉬고 싶을 때 가서 며칠씩 있으면서 머리 식히고 생각을 정리한다든지, 아니면 엠티를 간다든지, 좌선도 할 수 있고, 늘어지게 잠도 잘 수 있는 공간이 있으면 좋겠다 그랬죠. 그건 이 도심에서는 불가능하니까요.

그런데 지난 여름 송광사에 갔다 오면서 생각이 완전히 다른 방식으로 발전했습니다. 송광사 총무스님께 인도의 명상 공동체에 대한 이야기를 들을 기회가 있었죠. 인도에는 명상 공동체가 많대요. 2킬로미터 정도 되는 길에 제일 처음에는 먹고 떠들고 노는 축제의 공간이, 그 다음 블록엔 온갖 지식인들이 모여서 토론하고 세미나하는 지식인 공동체가, 그 다음엔 특별한 수련을 받은 수도자들이 명상을 지도해주는 명상 공동체가 있대요.

| 명상 공동체에 대해 좀더 자세하게 말씀해주세요 수유연구실이 지향하는 지식인 공동체와는 다른 모습인가요? |

인도의 명상 공동체의 경우, 처음 몇 달 간은 완전히 무료래요. 누구든지 와서 쉬다 가는 거죠. 거기서 살 사람은 살고요. 그런데 거길 거쳐간 사람들 중에서 그릇장사는 그릇 가져다 주고, 떡장사는 떡 갖다 놓고, 그래서 창고에 가득 쌓여 있다고 합니다.

그런데 처음 그 공동체를 만든 사람은 거기 살면서 화장실 청소만

하고 있어서, 아무도 그 사람이 설립자인지 모른대요. 저는 그게 이해가 됩니다. 그 사람은 자기가 화장실 청소를 해도 자기가 주인이라고 생각하는 거예요. 아마 다른 사람은 화장실 청소만 계속 시키면 금방 열등감이 생기겠죠. 저희 연구실도 비슷해요. 저는 청소하면서도 기분이 나쁘지 않거든요. 그래서 틈만 나면 쓸고 닦는데, 처음 온 사람들한테 그렇게 시키면 금방 자의식이 생길 수 있죠.

그걸 보고 스님께서 너무 감동을 받으셨는데, 한국에는 그런 식으로 새롭게 살 방법이 없다는 거예요. 한국에서는 어디 쉴 수 있는 데도 없죠. 절에도 3일 이상 못 머문대요. 우리나라 절들은 떠도는 사람들이나 여행자들이 쉴 수 있는 구조가 아닌 거죠. 교회는 말할 것도 없고, 시골에 가서 "하룻밤 묵어 가겠습니다" 하는 건 상상도 못하죠. 그래서 여행할 때 제일 두려운 게 어디서 자느냐의 문제잖아요. 여자 혼자 여행하는 경우에는 더욱 그렇고요. 얼마나 부자연스럽고 부자유스럽습니까.

| 명상 센터를 만들기 위해 구체적으로 계획하고 있는 일이 있으신가요? |
돈을 모아서 폐교를 싸게 사면 된다고 스님께서 일러주시더군요. 그분 말씀이 스님은 돈을 만지면 안 되기 때문에, 명상 지도 같은 것은 할 수 있지만 만들 수는 없다고 하시더라고요. 인도네시아의 사보르디아 공동체도 생활 공동체면서 명상 공동체인데, 만 개나 있다고 합니다.

아주 거대한 규모라면 어렵겠지만 욕심을 좀 버리고 애초에 생각했던 전원 집필실에 공간을 하나만 더 만들면 사람들이 와서 자유롭게 쉬거나 글을 쓰거나 명상을 할 수 있는, 도시 외부에 있지만 도시

최고 수준의 구도라고 할 수 있는 지식과, 일반 저잣거리 사람들의 삶이 결합된 시스템, 이거야말로 정말 환상적이잖아요. 그렇게 되면 이건 전면적인 거죠. 제가 추구하는 지식도 저의 삶과 죽음을 전면적으로 포괄하는 것이 되기를 바랍니다.

와 긴밀하게 결합된 공동체도 가능하겠다 싶어요.

| 명상 센터는 수유연구실과는 무관한 것인가요? |

전혀 별개예요. 지금 수유연구실이 독자화되면 저는 그 중 한 부분을 맡고 싶어요. 외부화한다는 게 그런 거예요. 명상 센터도 연구실 활동과는 별개로, 거기 동의하거나 하고 싶은 사람들이 결합해서 새로운 공간을 만드는 거죠.

| 명상 공동체는 지금과는 다른 새로운 형태의 공동체가 될 것 같습니다. 지금까지 선생님께서 걸어오신 길과 앞으로 꿈꾸는 생활은 어떤 관련이 있는지요? |

캠프로 시작해서 축제와 지식을 결합한다. 그리고 좀 쉽다까지는 생각해봤는데, 명상 공동체와 같은 상상을 하면 지식인 코뮌이 아니라 그 다음부터는 영화 〈안토니아스 라인〉에 나오는 진짜 '코뮌'이 되는 거죠. 연구실은 소외받는 대학원생은 받아들일 수 있지만, 소외받는 매춘부는 받아들일 수 없잖아요.

그런 공동체가 되면 삶의 전부, 제가 추구하는 지식이 구도의 수준으로 나아갈 거 같아요. 양명학에서 했던 게 그런 거죠. 왕양명의 제자들은 스승이 죽은 후 자기 고향으로 돌아가서 계속 떠돌아다니면서 강학을 했대요. 대중강연을 한 거죠. 그랬기 때문에 양명학에서는 지식의 평민화가 가능했습니다. 노비나 평민들도 다 듣는 거예요. 그래서 자기 삶에서 진리를 듣고, 자기 삶에서 실천했던 거죠.

최고 수준의 구도라고 할 수 있는 지식과, 일반 저잣거리 사람들의 삶이 결합된 시스템, 이거야말로 정말 환상적이잖아요? 그렇게 되면 이건 전면적인 거죠. 제가 추구하는 지식도 저의 삶과 죽음을 전면적으로 포괄하는 것이 되기를 바랍니다.

인터뷰는 이렇게 끝났다. 그녀든, 혹은 연구실의 다른 사람들이든 연구실에 대해 무언가를 물으면 항상 "직접 와서 며칠만 같이 생활해보면 알 것"이라고 답변한다. 아마 그럴 것이다. 그녀와 그들의 '생활'을 담아내기에 인터뷰는 아무래도 뭔가 부족하고 많이 아쉽다. 나 역시도 수유연구실에서의 한 끼의 밥상, 그리고 한 번의 세미나, 강좌, 화요토론회, 심지어 단 한 잔의 커피와 단 한 곡의 음악을 권하고 싶다. 그럼에도 불구하고 내가 그녀를 인터뷰할 수 있었던 건 행운이었다. 인터뷰 내내 난 끊임없이 세포를 증식하고 변이하는, 형태를 규정지을 수 없는 에너지와 대면하고 있는 느낌이었다. 장시간의 인터뷰에 성실하게 응해준 그녀에게 감사한다.

인터뷰·정리_조희정(서울대 강사)

■ 고미숙 저술목록

《한국의 근대성 그 기원을 찾아서》, 책세상 문고 '우리시대' 50, 2001.
《비평기계》, 소명출판, 2000.
《18세기에서 20세기 초 한국시가사의 구도》, 소명출판, 1998.
《19세기 시조의 예술사적 의미》, 태학사, 1998.

공동저작·엮음
고미숙 외, 《이것은 애니메이션이 아니다》, 문학과경계사, 2002.
고미숙 외, 《철학극장, 욕망하는 영화기계》, 소명출판, 2002.
강명관·고미숙 편, 《근대계몽기 시가 자료집》, 대동문화연구원, 성균관대학교출판부, 2000.
임형택·고미숙 엮음, 《고전시가선》, 창작과비평사, 1997.

논문
〈'천의 고원', 유쾌한 '노마드'의 지적 여정〉, 《문학과 경계》 1호, 2001.
〈우정의 교육과 유목적 지식을 위한 에세이〉, 《이머지》, 2000년 11월.
〈18세기에서 20세기초 민족담론의 변이양상〉, 《현대문학의 연구》 13집, 한국문학연구회, 1999.
〈근대 계몽기, 그 생성과 변이의 공간에 대한 몇 가지 단상〉, 《민족문학사연구》 14, 1999.
〈한국 '근대 계몽기' 시가의 이념과 형식〉, 《대동문화연구》 33, 성균관대학교 대동문화연구원, 1998.
〈19세기 시조의 전개 양상과 그 작품 세계 연구〉, 고려대 박사논문, 1994.
〈조선 후기 평민가객의 문학적 지향과 작품 세계의 변모 양상〉, 고려대 석사논문, 1986.

윤해동
항상 주변화시켜라, 그리고 낯설게……

민족주의에 대한 비판적 사고의 뿌리는 오래되었지만,
그것이 한국사학계에 불어닥친 것은 그리 오래되지 않았다.
일종의 '패션'으로까지 치부되는 포스트주의의 영향은
잠잠하던 한국 사학계에서도 민족주의 논쟁을 자극했는데,
윤해동은 그 논쟁의 한가운데에 서 있는 연구자이다.
학문을 업으로 삼는 소위 '전문 연구자'에게 학문적 고민은
곧 '자기 존재에 대한 근본적 성찰'과 직결된다.
인터뷰가 끝난 후 어떠한 집단정체성에도 긴박되지 말아야 한다며
경계하듯 내뱉는 그의 말 한마디가 그 같은 고민의 무게를 짐작케 한다.
"에드워드 사이드는 가장 낯선 곳에서 가장 낯설게 살 수 있는 사람이
제일 좋다고 그래. 나 역시도 그래. 항상 내 자신을 주변화시켜야지."
인터뷰는 2001년 12월부터 2002년 1월 사이에 퍼슨웹 사무실에서 열렸다.

윤해동

1959년 경북에서 출생. 서울대 국사학과에서 학부와 대학원을 마쳤으며, 현재 시간강사 겸 역사문제연구소 연구원으로 있다. 출신 고등학교를 묻는 첫 질문에 손사래를 치는 그는, 한때 잘 나가기로 유명했던 영남의 모 고등학교 출신이다. 마치 어떤 방정식으로도 접근 불가능한 4차원의 존재인 것처럼, 혹은 방정식으로 제한되거나 예측될 수 없는 존재의 자유로운 유영을 꿈꾸는 듯한 그에게, 유치하게 출신지역과 고등학교 족보를 따지는 것은 어울리지 않는 일이었다.

1
프롤로그

그가 학계에 발을 들여놓는 계기가 되었던 그리고 아직도 관계를 유지하고 있는 역사문제연구소와, '80년 광주'와 군사정권의 억압적 통치하에서 보냈던 학부 때의 기억은 어떤 식으로든 오늘날 그의 작업에 흔적을 남기고 있을 것이다. 당시 모든 사람은, 특히 대학생들은 '잠재적인 반독재 민주화 투사'들이었다. 식민지 치하에서 모든 조선인들이 잠정적으로 그리고 자연스럽게 '반일 성향'을 가지는 것으로 전제되는 것처럼. 확실한 물증을 발견하지는 못했지만, 윤해동 선생에게 연구 대상으로서 '식민지배기'와 경험적 대상으로서 '1980년대'는 미묘하게 얽혀 있는 듯했다.

| 선생님이 입학할 당시 서울대는 계열별 모집이었는데, 왜 국사학과를 선택하셨습니까? |

그때는 국사학과가 운동권이 주로 가는 학과로 인식되어 있었어요.

| 일반적인 평가가 그랬습니까? (웃음) |

네. (웃음) 그때 국문과하고 국사학과가 그랬죠. 운동권에 발을 담근 사람들은 학점이 나빴으니까요. 또 당시 운동권 분위기도 조금 국수적이랄까, 돌이켜보면 그런 분위기도 있었고요. 과 자체가 주는 국수적인 냄새도 있었고, 과 분위기도 운동권 분위기가 많았습니다. 운동권 출신이 국문과·국사학과에 많이 갔는데, 거기에 묻어서 갔죠 뭐. (웃음)

| 학부 때는 주로 어떤 공부를 하셨습니까? |

공부 안 했죠.(웃음) 맨날 술 마시고.

| 그래도 서클 같은 데서 전공말고 다른 공부를 하셨을 것 같은데요. |

거기서 했죠. 사회과학 공부를 하긴 했는데, 파고들어가는 것보다는 아주 제한된 학년별 커리큘럼에 따라서 했습니다. 솔직히 말하면 텍스트를 제대로 읽어본 경험이 별로 없어요. 선배들한테 귀동냥으로 얻어듣고 3학년 되면 후배들 가르치는 그런 수준이었습니다. 그때 주로 읽었던 것이 네오 맑시스트들이 쓴 해설서들, 예를 들면 스위지(Paul Sweezy)나 돕(Maurice H. Dobb), 그리고 일본에서 나온 해설서들이었습니다. 1981~1982년에 종속이론이 수입되면서 상당히 선풍적인 인기를 얻었고, 마르크스주의는 원전 자체가 접근 불가능했으니까 쉽지 않았죠.

| 학부 졸업하시고는 곧바로 대학원에 진학하셨나요? |

아니요. 시험 봤다가 떨어졌어요. 군대 갔다 와서 1986년에 역사문제연구소[1]에 들어갔고, 거기서 간사로 일하다가 1989년에 대학원에 갔습니다.

[1] 역사문제연구소는 1986년 2월 21일 종로구 신수동에서 처음 문을 열었다. 초대 소장은 故 정석종 영남대 교수였고, 연구소 설립을 주도했던 인물들은 시민운동가로 잘 알려진 박원순 변호사를 비롯해서 문학평론가 임헌영, 원경 스님, 이호웅 전 국회의원 등이었다. 역사문제연구소의 초기 활동은 금기시되었던 현대사에 대한 세미나를 중심으로 이루어졌는데, 남로당 연구의 대가인 김남식 씨와 현재 역사문제연구소 소장을 맡고 있는 서중석 교수 등도 이때부터 결합했다.

| 제대 후에 역사문제연구소에서 일하시게 된 계기는 무엇이었습니까? |
다른 이야기를 좀 해야 하는데, 당시 학생운동권 분위기가 1981년부터 〈야학비판〉[2] 같은 지하출판물이 나오면서 현장으로의 존재 이전 문제가 크게 대두됐어요. 이른바 '무림-학림' 논쟁인데, 아무튼 그런 논쟁의 와중에서 현장으로 이전하는 것이 당연하게 받아들여졌죠. 그런데 제가 그런 걸 받아들이지 못한 겁니다.

| 어떤 점에서 그랬습니까? |
여러 가지 이유가 있는데, 저로서는 우선 그렇게 살 자신이 없었고, 그 논리가 가지고 있는 일상적인 억압성이랄까? 이런 것들을 느끼고 있었죠. 그래서 자신이 없는 상태에서 억압에 굴복한다는 게 개인적으로 좀 걸렸습니다. 한편으로는 80년대 중반에 들어오면서 논의구조 자체가 굉장히 폐쇄적으로 진행됐어요. 현장에 있지 않은 사람은 제대로 상대하지도 않고, 논의도 그룹별로 이루어졌기 때문에, 1985년에 제대하고 나니까 도대체 무슨 논의가 어떻게 굴러가는지 개입할 방법이 없었습니다. 현장에 가지 않으면 끼워주지를 않으니, 대학에서의 관계는 완전 무용지물이 되는 거죠.

---

[2] '야학비판'이라는 이름으로 알려진 1982년경의 문건은 1980년 초반, 학생운동 세력 내 존재했던 두 조류인 '준비론'과 '투쟁론' 중 준비론을 대표하는 문건이었다. 학생운동의 시위 만능주의를 비판하고 일상투쟁을 통한 대중조직의 건설, 학생운동 인자의 현장으로의 대규모적 존재 이전을 주장했는데, 80년대 초반 이 같은 운동권 내의 두 흐름은 소위 '무림-학림 논쟁', 'MT-MC 논쟁' 등으로 계속되었다.

1981년부터 학생운동권에서 현장으로의 존재 이전 문제가 크게 대두됐어요. 그런 논쟁의 와중에서 현장으로 이전하는 것이 당연하게 받아들여졌는데, 제가 그런 걸 받아들이지 못했습니다. 우선 저로서는 그렇게 살 자신이 없었고, 그 논리가 가지고 있는 일상적인 억압성을 느꼈죠. 자신이 없는 상태에서 억압에 굴복한다는 게 좀 걸렸습니다.

| 일반 회사에 취직하는 건 전혀 생각하지 않으셨나요? |

출판사에 좀 있긴 했어요. 그때 역사문제연구소가 발족했는데, 세미나팀에서 공부하다가 간사 자리가 비면서 제가 하게 됐죠. 초기 역사문제연구소 출범 자체가 시대적 특성을 띠고 있었고, 그래서 제가 들어갈 수 있는 여지가 있었습니다.

| 역사문제연구소 초창기 세미나 팀에서는 어떤 공부를 하셨습니까? |

1985~1986년부터 현대사 공부를 했죠.《해방전후사의 인식》1권이 나와 있기는 했지만 학교에서는 해방 후 연구가 불가능한 상태여서, 현대사 연구 세미나를 조직하니까 각 분야에서 많은 분들이 참여했고 성과도 나왔죠. 현대사 연구 세미나팀이 출범해서 일제시대, 19세기 연구팀으로 확장되는 와중에 제가 들어간 겁니다.

| 그때 주로 무슨 공부를 하셨나요? |

처음에 저는 일제시대 연구반에서 시작했어요. 대학원 석사 과정에서도 일제시대 연구가 막 시작되던 때였으니까, 학계에서 현대사나 일제시대 연구가 희소가치가 있었죠. 역사문제연구소는 특히 현대사에 비중을 많이 뒀어요.

| 역사 전공자들 외에 다른 멤버들도 많았나요? |

정치학이나 사회학 연구자들이 많이 참여했어요. 사회학 쪽은 산업사회연구회가 있긴 했는데 주로 산업사회학 중심으로 편제되어 있어서 역사사회학을 하고 싶어하는 사람들이 참여했죠. 한국정치연구회[3]가 만들어지기 전이니까 그 핵심 멤버들이 역사문제연구소 현

윤해동 · 항상 주변화시켜라, 그리고 낯설게 ...... _249

대사반에 있었고요. 그게 1986~1987년경 일입니다. 역사문제연구소가 학계 내에서 지분을 갖게 된 것은 현대사 연구 때문이죠.

| 역사문제연구소에서 세미나를 하면서 대학원 진학을 결정한 거군요. |
초창기 역사문제연구소의 인원은 대학원생과 일반인이 반반이었어요. 주로 운동권 출신인 아마추어와 대학원생이 반반이었죠. 2년 정도 지난 후 일반인들이 떨어져 나가면서 대학원에 가야겠다는 생각이 다시 들었던 겁니다.

| 일반적으로 80년대 들면서 학술운동이 본격화하는 시점에서 선생님도 한국사 연구와 인연을 맺게 되신 것 같습니다. 사실 한국사, 특히 근·현대사 연구는 초창기 '공동작업' 형태로 많이 이루어졌는데 돌이켜 본다면 그때를 어떻게 평가하십니까? |
저도 역사문제연구소에서 계속 공동작업을 시도했어요. 세미나팀도 꾸리고. 그런데 결국 학문에서 공동작업이라는 게 어떤 측면에서는 불가능하다는 생각을 가지게 됐어요. 자료의 공유 정도지, 인식의 문제로 들어가면 개별적인 작업일 수밖에 없다는 생각이 듭니다. 4~5년 이상 관여했던 공동작업이 성과 없이 끝나거나 논문으로 성과를 낸다고 하더라도, 결국 그건 개별 작업에 지나지 않는다는 경

3| 1987년 8월 '학술운동을 통한 진보적 정치학의 발전'을 목표로 발족한 단체로 현재 약 1백 여 명의 회원이 활동하고 있다. 당시 한국정치연구회의 출범을 주도했던 이들은 정치학을 전공하던 석사과정생들이었다. 한국정치연구회는 많은 연구성과들을 내보였는데, 스스로도 밝히듯 "초창기의 학술작업이 주로 한국 사회의 '변혁'에 초점이 맞추어져" 있었음을 알 수 있다.

험적 반성이랄까요. 어떤 측면에서는 공동작업에 대한 불신을 가지게 되었습니다.

| 공동작업은 말씀하신 것처럼 효율성 문제와도 관련이 있겠습니다만, 80년대 분위기에서 여러 종류의 현대사 관련 책들이 나온 것은, 당시 사회적인 요구에 한국사 연구자들이 어떻게 반응할 것인가라는 고민과도 닿아 있거든요. 그런 욕심이랄까 아니면 일종의 사명감이랄까요? 사회운동과 학술운동이 어디서 접점을 그릴 것인가 고민하다 보면 새로운 메인 스트림(main stream)을 형성할 수도 있을 텐데, 그런 욕심은 없으셨나요? |
굉장히 개인적인 질문인데……, 있었겠죠. 역사문제연구소에도 관여하고 후배들을 연구원으로 충원하고, 대학원에서 근대사 세미나반도 조직하는 이런 일을 90년대 중반까지 해봤습니다. 그런데 그런 회의가 오면서 이건 아니라는 생각이 들었어요. 사람들을 조직해서 돌파구가 찾아지지 않겠다는 생각도 들었고요. 역시 학문 내적인 인식론으로 들어가야지, 한국사학계가 처해 있는 문제가 사람들을 조직해서 해결될 수 있는 그런 문제는 아닌 것 같아요, 지금도.

2
힘에 겨운 민족주의, 결별을 생각한다

> 제3세계가 끓어오르기 위해서는 민족주의라는 열기가 필요했고, 실제 제3세계의 근대화 프로젝트에서 민족주의가 가지는 능동적인 활력은 위세가 대단했다. 20세기 세계사의 메인 스트림에 합류하기 위해서는, 한반도에 살고 있는 우리에게도 이 같은 혁명적 열기가 필요했고 또 여전히 필요하다는 것이 대세이다. 대세에 합류하지 않으려면 몸이 고달프게 마련이다. 이전부터 일련의 민족주의 비판을 목적으로 하는 글을 써왔던 그에게, 먼저 80년대 그러니까 민족주의가 곧 진보와 동일한 이름으로 이해되었던 시기에서부터 이야기를 풀어보았다.

| 역사문제연구소에서 활동하실 때, 그러니까 80년대 중·후반에는 이른바 'NL-PD'가 나뉘면서 대체로 내용은 다르지만 진보진영 내에서도 일정하게 민족주의 비판이 있지 않았습니까? 그와 관련해서 어떤 생각을 가지셨습니까? |

80년대 중반은 '삼민주의(민족·민중·민주)'로 정리할 수 있겠죠. 계급론적 시각과 민족주의적 시각이 혼재되어 있는 건데, 1985~1986년은 민중에서 계급론을 이끌어내고 민족을 공론화시켰다는 것 자체가 성과였던 시대가 아닌가 생각됩니다. 그러니까 민족에 대한 비판 자체가 제대로 될 수 없었죠. 80년대 후반의 과제가 민족적 과제와 계급적 과제를 어떻게 결합시킬 것인가였습니다. 사회구성체 논쟁에서도 어떤 것을 배제시킨 채 논의를 전개시키지는 않았

다고 기억됩니다. 사회구성체 논쟁이 1988년에 정리되고 잦아들면서 계급주의자들 사이에서 민족주의 비판이 일정하게 제기되긴 했지만, 그것도 전면적인 비판은 아니고 주로 북한 문제를 둘러싸고 진행됐죠.

| 80년대 후반에는 사실 NL론 비판이나 주체사상 비판이 운동권 내 중요한 사상투쟁 주제였는데, 그런 비판들에 대해서는 공감하셨습니까? |
그때 사회과학에서 제기하는 민족이론 비판이 너무 생경해서 수용하기가 쉽지 않았어요. 재미있는 것은 1985년경 주체사상이 전면적으로 수용되면서 민족 담론이 운동권에서도 표면화·전면화되었는데, 주체사상이 운동권에 준 충격은 일정하게 있었죠, 처음에는요. 선명하게 민족을 내보여주니까 상당히 참신하다 이거죠. 그래서 초기에 많은 사람이 열풍적 분위기에 동조하는 흐름은 좀 있었던 것 같아요. 그런데 사실 주체사상은 문건 한두 개만 봐도 이건 아니다라는 생각이 들었어요.(웃음) 그러면서 비판적인 시각을 갖게 된 것 같습니다.

| 선생님의 민족주의 비판의 단초가 아무튼 그 즈음 생겨나기 시작했군요. |
1992~1993년에 제가 NL 비판을 했다면, 그건 아마 주체사상적 경향성에 대한 비판일 겁니다. 주체사상적 경향성이란 너무 전체주의적인 것, 특히 저한테 가장 크게 문제가 되었던 것은 '영도이론'인데요, 말하자면 '혁명적 수령관' 같은 것이죠. 이게 인민론을 전도시키고 있다는 생각이 들었어요. 유기체론적 성격도 강하고요. 북한 사회 자체가 상당히 소농적·봉건적 요소를 갖고 있기 때문에 이런

주체사상이 전면적으로 수용되면서 민족 담론이 운동권에서도 표면화·전면화되었는데, 주체사상이 운동권에 준 충격은 일정하게 있었어요. 선명하게 민족을 내보여주니까 상당히 참신하다는 것이었죠. 그런데 사실 주체사상은 문건 한두 개만 봐도 이건 아니다라는 생각이 들었어요. 그러면서 비판적인 시각을 갖게 된 것 같습니다. 하지만 그것이 민족주의 비판과 큰 관련이 있는 것은 아닙니다. 주체사상적 경향성에 대한 비판이죠.

논리가 통용될 수 있다는 느낌도 받았습니다. 그래서 이걸 무비판적으로 수용할 수 있는가라는 생각을 90년대 초반에 했던 거 같아요. 그런데 그건 민족주의 비판과는 크게 관련은 없습니다. 주체사상적 경향성에 대한 비판이죠.

| 본격적으로 선생님의 탈민족적 문제의식이 드러난 글은 비교적 늦은 편이었지요? |

굉장히 늦은데요. 1999년 역사문제연구소 심포지엄에서 발표한 글이 처음입니다. 그 이전에 민족문제연구소 토론에서 친일파 청산문제에 관해서 발표한 게 있어요(〈친일파 청산과 탈식민의 과제〉). 친일파 청산 문제가 너무 민족 담론에 매몰되어 있다는 생각에서 비판적으로 쓴 글인데, 1998년 정도였죠.

| 당시 한국사 연구자로서 민족주의 문제를 그렇게 '예각적'으로 말씀하시는 것이 쉽지는 않았을 텐데, 발표 후 반응은 어땠습니까? |

그 뒤에 4~5편 정도 그와 비슷한 글들을 썼는데, 아직까지 직접적으로 대응하는 글은 없고. 김성보 씨가 《역사비평》 55호(2001)에 실었던 것이 유일할 겁니다. 저로서는 그 글의 초점이 좀 잘못된 것 같아서 불만은 있어요.

| 어떤 부분이 그렇습니까? |

근대성 비판 가운데서 민족주의 비판은 부분적이었습니다. 비판의 요지는 말하자면 "한국사학의 성과를 민족주의라는 부분적인 것으로 너무 무화시키려고 한다"라는 것 같은데, 그건 제 본의를 오해한

것 같습니다. 뒤에 좀더 구체적으로 이야기하겠습니다만, 저는 근대 역사학으로서의 한국사 연구 전반에 대한 '메타비평'의 일환으로 민족주의에 대한 비판을 제기한 것입니다. 내재적 발전론에 대한 비판이지요.

| 그 문제는 조금 있다 말씀을 듣기로 하고, 역사문제연구소 심포지엄에서 발표하신 것에서 좀더 나아가 구체적인 문제를 지적하신 〈식민지 인식의 '회색지대 : 일제하 공공성'과 규율권력〉(2000)에서 '수탈-저항의 2분법적 도식'이 아닌 '협력과 저항'이란 개념을 도입하면서 의도하는 효과랄까, 직접적으로 삼고 있는 비판의 대상에 대해 말씀해주시죠. |

그 논문은 사실 청탁을 받아서 쓴 글이라서, 원래는 의도하지 않았는데 그렇게 나왔어요. 청탁 받은 원고가 속한 전체 기획이 '합의독재(concensus dictatorship)'였어요. 독재는 위로부터의 방식·억압적 방식에 의해서는 이루어질 수 없다, 곧 독재란 아래로부터의 합의가 없이는 유지될 수 없다라는 문제의식이죠. 그걸 한국에도 적용할 수 있는지, 식민지시대에서 합의독재 개념을 유추해낼 수 있는지, 이렇게 써달라고 청탁을 받았죠. 굉장히 어려운 문제였고, 제가 볼 때 합의독재 개념을 식민지에 적용하기에는 무리가 있어서 협력이라는 틀로 풀어 쓰다 보니 그렇게 됐습니다.

    기본적으로는 일상적 삶을 살고 있던 다수의 사람들은 민족주의라는 선명한 이분법으로는 잘 구분되지 않는 영역에 있지 않나 하는 문제의식이 있고, 지금까지 역사 연구에서 그 부분을 등한시해왔다는 생각이 들어요. 제 논의 자체가 너무 불충분하다는 점은 잘 알고 있습니다. 앞으로 미시적인 영역 속에서 밝혀내야죠.

| 개인적으로 그 논문을 읽고 충격을 받았습니다. 논문에서는 일반 민중이 국가와 만나는 점점에서 일어나는 사건과 그러한 공간을 강조하셨는데요? |
식민지하에서 일상의 영역 자체가 굉장히 이중화되어 있다는 생각입니다. 촌락을 주제로 논문을 쓰면서도 느끼는 점인데, 식민지체제하에서 일상이 어떤 식으로 운영되는가 보면 식민지 권력과 촌락이 만나는 접점이 구장이나 면장, 면서기입니다. 그 중에서 특히 구장은 굉장히 이중적인 존재예요. 식민지 권력 침투의 첨병이면서 촌락민의 대변자죠. 이 이중적인 측면이 '식민지 공공성'이랄까 이런 걸 잘 보여주는 것 같습니다. 이걸 하나의 틀로 논리화해내지는 못했습니다만, 아무튼 공동의 과제를 해결해나가는 장에서 반드시 생기게 마련인 공공성을 식민지 사회에서 어떤 식으로 해결해나갔을까 하는 것이 저의 중심 고민입니다.

| 민족주의적 근대사 인식을 전복시키는 데 중요한 개념 같습니다. '식민지적 공공성'을 좀더 구체적으로 말씀해주시죠. |
말하자면 식민지 권력에 의해서 전유되지 않은 공간은 어디에든 있게 마련인데, 그런 공간을 어떻게 발견하고 어떤 식으로 공론화할 것인가의 문제입니다. 일반석으로 한국시에서 시민 사회가 결여되어 있고, 근대성이 결여되어 있다고 내세울 때 전형적으로 많이 이야기하는 부분이 그런 거죠. 그것을 서구적 기준에서 본다면 우리에게 시민 사회가, 공공성이 결여되어 있다고 아무리 말해봤자 소용이 없다는 겁니다. 전근대 유교 사회에서는 공사일체(公私一體)를 가장 모범적인 것으로 규정하고 그런 상태를 추구해왔고, 또 근대 이후에도 사회의 대부분이 국가에 의해 전유되어 있었지만, 접점이 있을

것이라고 봅니다. 공공의 영역과 국가에 의해 전유되고 있는 영역, 그 경계의 영역에 존재하는 공간이 있을 텐데, 그게 어떤 것이고 또 해방 이후 어떻게 변화되어왔기에 한국에서는 서구적 의미의 시민사회가 보이지 않는 것인가, 왜 공공성이 부족하다고 하는가, 하는 문제를 그런 측면에서 밝힐 수 있으리라는 문제의식도 포함되어 있습니다. 하지만 아직은 초보적인 수준입니다. 문제의식만 갖고 있고요.

|방금 경계라고 말씀하셨는데, 선생님 이야기에 비판을 제기하는 사람들은 '국가의 영역'과 '공적 영역'이 명확하게 구분되는 것에 대해 너무 이분법적이라고 합니다. 민중의 공간이라 하더라도 거기에는 여전히 국가에 의해 규정되는 측면이 있을 텐데 너무 이분법적으로 보시는 건 아닙니까? '공공성'이란 개념을 쓸 때에는 그런 위험이 있을 것 같습니다.|

그런 측면이 있습니다. 일반적으로 '공공성'이라 할 때에는 식민지 사회나 일본도 마찬가지지만, 완전히 국가에 의해 전유되는 듯한 느낌을 갖는데요, 그 공공성은 다시 정리해야 하고요. 제가 말하는 공공성은 공동의 과제를 제기하고 해결해나가는 방식을 의미합니다. 그 방식은 존재하고 있다는 거죠. 공동의 일을 공공적 논의를 통해 해결해가는 방식은 존재하고 있었다고 봅니다. 그건 아주 미세한 부분일 수도 있고, 좀더 확대된 분야일 수도 있는데, 아무튼 다양하게 존재하고 있다는 생각입니다. 어떤 방식으로 공동의 과제를 인식하고 확대하며, 그 과제를 공동의 소통 즉 공공화된 논의를 통해 해결해나갔는가 하는 문제겠죠.

굉장히 다양한 영역이 존재했는데, 그 자체가 식민지 정책과 맞물려 있어요. 그걸 공공의 영역이라고 말할 수 있는가라는 반론을 제기하면 이야기하기 어려운 측면은 분명 있습니다. 국가에 의해 전유되어버렸다고 하면 할 말이 없는 건데, 제가 문제삼는 것은 그게 아니라 한국적 공공성의 특성을 보고자 한다면 그런 식민지적 공간에서 자기 문제를 해결해나가려고 했던 노력을 볼 필요가 있다는 생각입니다. 물론 식민지 사회에서 공공의 영역이 압도적으로 국가에 의해 전유되었다는 점은 분명합니다. 하지만 그게 교묘하게 교차하고 있는 지점들을 볼 필요는 분명히 있죠.

| 공공성을 밝혀봄으로써 예상되는 효과는 뭐가 있을까요? 기존의 일제지배기 연구에 대한 비판으로서 선생님의 작업이 의도하는 효과랄까요, 그런 점에 대해 이야기해주세요. |

저항의 영역이 아니면 수탈의 영역, 말하자면 이것이냐 저것이냐 하는 이항대립의 구분법에 의해 이쪽으로 끌려가기도 하고 저쪽으로 끌려가기도 하는 일반인들의 삶의 세계를 다시 볼 수 있는 여지가 있을 듯합니다. 또 해방 이후 서구적 기준을 가지고 한국 사회를 마구잡이로 비판하는데, 그런 논의를 견제하는 역할도 할 수 있을 것입니다. 한국적 근대가 보편적 길일 수 있다, 한국적 근대가 특수한 길 혹은 주변적인 길로만 이야기되어서는 곤란하지 않겠는가, 한국적 근대가 가지고 있는 보편이 그런 접근을 통해서 가능하지 않겠는가라는 기대를 갖고 있습니다. 사실 막연하긴 합니다.

| 90년대 후반부터 민족주의 비판론이 다시 활발해지는 듯도 한데, 비판진영 내부에도 미세하긴 하지만 약간의 차이가 있는 것 같습니다. '공공 민족

주의'나 '열린 민족주의'로의 전환 가능성이나 혹은 완전히 민족주의 폐기를 말하는 논자도 있습니다. 선생님께서는 공공성을 계속 고민하고 계신데, '열린 민족주의'나 '공공적 민족주의'[4]에 대해서는 어떻게 생각하십니까?

뭐 그렇게 생각하는 사람들도 있겠죠.(웃음) 그런 견해들은 물론 존중되어야 합니다만 제 생각은 좀 다릅니다. 민족주의를 열어놓고 사유할 수 있는 환경이 역사학 내부에는 주어져 있지 않죠. 요새는 민족주의에 대해서 생각하면 할수록 점점 더 비관적이 되는데……, 갈수록 심해져요.(웃음)

인류사적으로 보면 '집단 이기주의'가 공공연하게 인정될 수 있는 최소 단위가 국가, 네이션 스테이트입니다. 그게 후진국가에서 에스닉 내셔널리즘(Ethnic Nationalism), 곧 종족이나 인종과 결합하면 아주 고약한 형태가 되죠. 인종 이기주의를 어디까지 합리화할 수 있는가? 이는 인식론 상으로는 도저히 인정할 수 없는 겁니다. 굉장히 배타적이고 규범적으로 아주 질이 낮은 거죠. 소수자 문제나 억압성 문제를 다 떠나서 윤리적인 문제만으로 국한시켜 보더라도 아주 수준 낮은 집단 이기주의를 강조하는 이걸 가지고 인류의 미래를 풀어나갈 수 없다는 생각이 최근 점점 더 강해지고 있습니다.

---

4 | 윤해동은 《역사문제연구》 5호에 수록한 논문 〈내파하는 민족주의〉에서 '공공적/시민적 민족주의(civic/civil nationalism)'와 '열린 민족주의'의 대표적인 논자로 최장집, 임지현, 김동춘 등을 들고 있다. 그러나 대부분의 한국사 연구자들 역시 민족주의의 긍정적인 면을 인정하는 입장이기 때문에 어느 정도는 "민족주의를 열어나가야 한다"는 '열린 민족주의'로 분류할 수 있을 것이다.

인류사적으로 보면 '집단 이기주의'가 공공연하게 인정될 수 있는 최소 단위가 국가입니다. 그게 종족이나 인종과 결합하면 아주 고약한 형태가 되죠. 인종 이기주의를 어디까지 합리화 할 수 있는가? 이는 인식론 상으로는 도저히 인정할 수 없는 겁니다. 굉장히 배타적이고 규범 적으로 아주 질이 낮은 거죠. 윤리적인 문제만으로 국한시켜 보더라도 아주 수준낮은 집단 이 기주의를 강조하는 이걸 가지고 인류의 미래를 풀어나갈 수 없다는 생각이 갈수록 강해지고 있습니다.

| 이론적으로는 그렇습니다만, 식민지 시기 민족주의가 어느 정도 건강성을 가지고 있었다는 부분에는 민족주의 비판론자들도 대부분 동의하는 것 같습니다. 또 해방 이후에도 분단이나 통일 문제는 여전히 민족주의가 강력한 위력을 발휘하게 만드는 현실적 조건이라는 것이 상식처럼 되어 있는데요. |

역사학 내부적으로 보면 분단사학론 그리고 근대를 해명하는 설명 틀로 '민족국가 건설론'이 아주 강력한 틀로 자리 잡아가고 있죠. 논리적으로 연장시키면 민족국가 건설론은 결국 분단사학론의 연장선 위에 서 있습니다. "결여된 민족국가, 곧 분단된 상황이니까 역사학은 '결여 상태로서의 현재'를 정확하게 인식하고 완성시키기 위해 노력해야 한다." 이건 결국 국가 중심주의적 사고가 압도적으로 진행되어왔다는 방증이죠. 그 영향이 너무 큰 듯합니다.

하지만 이것이 분단이라는 조건으로 합리화될 수는 없습니다. 과연 분단이 무언가 결여된 현상을 지칭하는 것인가, 혹은 분단의 물적 토대가 있는가 등 여러 문제를 제기할 수 있습니다. 이 문제는 뒤에 자세하게 이야기하겠지만, 아무튼 한국역사학을 언제까지나 종족적인 틀에 가둬둘 것인가를 심각한 문제제기로 받아들여야 합니다.

저는 90년대 중반쯤부터 "이건 학문이 아니다, 인간이 실종되어 있는 것이 어떻게 학문일 수 있는가"라는 회의를 하면서, 한국에 사는 사람들은 인간이 아닌가? '보편 지향' '보편의 세계'로 한국사 연구를 열어놓지 않으면 안 된다는 생각을 많이 했습니다. 민족주의는 좀 전에 말한 대로 집단 이기주의의 아주 노골적인 표현인데, '공공성'이나 '열려 있다'라는 것과는 접합이 불가능하다고 생각합니다.

| '열린 민족주의'가 논리적으로 성립 불가능하다는 뜻입니까? |
민족주의를 어떻게 열어갈 수 있는지 저는 잘 이해하지 못하겠습니다. 민족주의를 열면 세계주의나 보편이 나올까요? 궁극적으로 공공성이나 시민성 같은 것은 세계주의 위에서만 가능하다고 봅니다. 국가 단위로 어떻게 가능할지……, 형용모순이죠. 오히려 보편성의 사고를 열어나가는 것이 좋지 않을까 싶어요. 열린 보편성 또는 월러스틴(Emmanuel Wallerstein)의 '다원적 보편성'처럼요. 물론 다원적 보편성도 형용모순이긴 합니다만, 그런 방식으로 우리의 고민을 모아나가는 것이 낫지 않을까 합니다.

민족주의가 현실적으로 대중의 일상에 깊이 침투해 있기 때문에 무시하지 못한다고들 말하는데, 저는 오히려 그 대중들의 삶을 점검해본 적이 있는지 되묻고 싶어요. 그것이 한국사 연구자들의 과제 중 하나라고 생각합니다. 미시적인 수준에서 민족주의가 일반인들에게 도대체 무엇인지 따져볼 필요가 있다는 거예요. 지식인들이나 관제민족주의자들이 이야기하는 그런 민족주의가 과연 민중들에게 공유되고 있는가에 대해서는 굉장히 회의적입니다.

| 민족주의의 힘을 과소평가하시는 것 아닙니까? '내파(內破)하는 민족주의'라는 개념도 민족주의가 갖는 동원력이나 힘을 경시하는 논리라는 생각이 듭니다. 내파라고 하지만, 사실 민족주의를 끊임없이 재생산하는 기제가 작동하고 있고, 또 제가 볼 때는 강력하게 작용하기 때문에 오히려 민족주의를 비판해야 하는 것 아닙니까? 좀 단순하게 보시는 게 아닌지 모르겠습니다. |
두세 가지 측면을 지적할 수 있습니다. 강력하게 작동하고 있다고

하는데 그 실체를 봅시다. 정말 그런가? 강력하게 작동하고 있는 힘이 정말 민족주의인가? 민족주의란 것이 일상 속에서 독자적으로 작동하는 힘을 갖고 있지는 않습니다. 이런 저런 계기들과 결합할 때만 힘을 갖는 것이 바로 민족주의입니다. 일상 속에서 작동하는 민족주의를 추동해내는 것 역시 담론의 힘이죠. '담론으로서의 민족주의'를 비판하고자 하는 것은 바로 이런 이유 때문입니다.

또 하나는 규범적인 문제인데, 더 이상 이걸 끌고 가서는 안 된다는 겁니다. 건강하고 공정한 시민 사회적 가치를 정착시키고, 인류의 보편적 과제를 설정할 수 있는 힘이 민족주의에는 없습니다. 또 민족주의를 현실적으로 분단 문제와 연결시키는 것도 제가 볼 때에는 문제가 많습니다. 지금까지는 민족주의가 저항과 국민 형성 이데올로기로 충분히 기능해왔지만, 아직까지도 그리고 이후 통일 과정에서도 민족주의가 그렇게 기능해야 한다는 주장은, 그 역효과를 주목하지 못한 때문입니다. 민족주의는 오히려 남북한 사이의 적대를 확대재생산할 겁니다. 이 같은 몇 가지 측면에서 비판해야 할 것 같습니다.

Tip 1__식민지적 공공성

'식민지적 공공성'은 윤해동의 민족주의 비판의 키워드이다. 기실 그의 작업을 제대로 독해하기 위해서 가장 필요한 것이 이 '식민지적 공공성'에 대한 이해이다. 민족주의에 대한 담론적 비평 작업 못지않게, 민족주의적 역사서술이 간과해 왔던 한국적 근대의 발현을 실증적으로 조망하는 작업은 식민지 역사인식의 진일보를 위해 필수적이다. '식민지적 공공성'이 왜 기존의 역사서술에서는 제대로 조명되지 않았는지, 식민지하에서의 공적 영역을 복원해내는 것이 어떤 의미를 가지는지, 〈식민지 인식의 '회색지대': 일제하 '공공성'과 규율 권력〉의 내용을 따라 살펴보자.

"한국 역사에서 정치사 구성의 방식은 식민 지배기를 거치면서 상당히 큰 폭의 굴절을 경험하지 않으면 안 되었다. 민족주의 역사학은 근대 민족국가 형성을 위한 과정으로 식민 지배 기간을 이해함으로써, 민족해방 투쟁을 새로운 국가 형성을 위한 운동으로 규정하는 압도적인 정치사 우위의 인식을 가지게 되었다. 그럼에도 그러한 민족해방 운동사 중심의 정치사 이해는 민족주의라는 프리즘에만 정치적인 행위를 투사시킴으로써 모든 정치적인 행위를 민족해방 운동사로만 모으는 역할에 충실했다."

식민 지배기에 대한 민족주의적 역사서술의 난점은 "근대 민족국가 형성으로만 귀결되는 정치사"로 요약할 수 있다. 즉 식민지 시기의 모든 사건(혹은 공적 행위)을 민족주의(민족국가 건설=독립)라는 관점에서만 다룸으로써 개개의 행위와 존재가 지닐 수 있는 다양한 가능성을 봉쇄할 수밖에 없다는 것이다. 어떠한 국가, 사회에서도 구성원이 행하는 모든 공적 행위가 '국가적(민족적) 아젠다'로 귀결될 수 없음은 상식이다. 이는 식민지라는 조건하에서도 당연할 터인데, 윤해동은 '정치적인 것'의 의미를 재음미함으로써 식민지하에서 '정치적인 것'이 민족적-국가적 이슈가 아닌 다른 형태로 드러날 수 있는 가능성을 제기한다.

"식민 지배기의 정치사를 정당하게 복원하기 위하여 우리는 '정치적인 것'의 의미를 음미해야 한다. 식민 지배기 '정치적인 것'이란 무엇인가? 식민 지배기 식민지민의 일상을 구성하는 모든 행위는 '정치적인 것'일 수 있다. 일상의 영역은 사적인 것과 공적인 것이 섞여 있는 영역이다.······공적인 영역에서는 사적인 이해관계는 뒤로 물러나고 공동의 삶과 관련한 문제만이 관계된다. 일상의 영역 가운데서 '정치적인 것'이란 바로 '공적인' 것이다. 그러므로 일상으로부터 '정치적인 것'의 의미 구조를 통해서 정치사를 복원하는 일은 '공적 영역'의 의미를 재해석하는 일과 관련되어 있다."

수탈-저항의 이분법하에서 식민지 정치사는 '친일과 반일'만이 존재할 수밖에 없다. 다양한 가능성을 향해 열려 있는 사회 구성원의 공적 활동은 민족주의라는 프리즘을 통해서 반일과 친일로 정확하게 규격화되어왔고, 이 과정에서 '식민지' 혹은 '식민지적 근대'의 시공간을 넘어설 수 있는 '가능성의 통로'는 완벽하게 차단될 수밖에 없다. 근대 민족국가 수립이라는 근대적 프로젝트를 넘어서고자 하는 사람들에게 이 가능성의 통로는 소중하겠지만, 그 같은 프로젝트가 여전히 유효하다고 믿는 사람들에게 이 공간은 환영일 뿐이다. 그래서인지 몰라도 윤해동은 조심스럽게 이 공간을 '회색지대'라고 명명한다. 그 회색지대 안에는 지금까지 '친일과 저항'의 경계선에서 모호하게 규정되어오던 다양한 활동과 사건이 존재한다.

"저항과 협력이 교차하는 지점에서 '정치적인 것'으로서의 공적 영역이 위치한다. 우리는 식민지 지배하 공적 영역의 확대를 지방선거에서의 참정권 확대과정을 통하여 살펴볼 수 있다.······ 또한 지방 행정자문 기관만이 아니라 민중의 자발적인 '대회'를 통해서도 일상의 이해관계는 공동의 문제로서 제기되고 있었다······ 식민 지배하에서라고 하더라도 참정권의 확대 또는 지역민의 자발적인 발의로 공적 영역은 확대되고 있었던 것이다. 그리고 일부나마 공적 영역의 확대를 통하여 일상에서 문제되는 공동의 문제를 제기할 수 있었고 일정한 영향을 유지할 수 있었다. 식민지 인식의 회색지대, 즉 저항과 협력이 교차하는 지점에서 '정치적인 것' = 공공 영역이 위치하고 있었던 것이다. 우리는 이를 '식민지적 공공성'이라고 부르고자 한다. 식민지적 공공성은 식민권력에 의해 지배되고 있었고 식민권력을 전복시킬 수 있는 능력을 가지고 있지는 않았지만, 식민권력과 대치선을 그릴 수는 있었으며 일상에서 제기되는 공동의 문제를 통해 정치의 영역을 확대하고 있었다."

　인터뷰에서도 말한 바와 같이 식민지 시기 존재했던 '회색지대'는 여전히 실증적이고 미시적으로 조명되어야 할 '가려진 영역'이다. 그에게서도 이 문제는 아직 시작에 불과하며 또 문제제기에 가깝다. 하지만 저항-협력의 양자가 '교차'하는, 그리고 '민족국가의 건설'로도 또 '황국신민화의 길'로도 이어지지 않는 그 어떤 '가능성의 공간'이 열려져 있는 것만은 분명하다. 윤해동에게 '식민지적 공공성'이란 민족주의적 역사서술이 남겨두고 온 과거를 복원하는 열쇠이자, 나아가서 그러한 역사서술을 근원에서부터 교란하는 무기의 역할을 한다.

3
거꾸로 선 식민사학, 내재적 발전론

> 윤해동이 수행하고자 하는 작업은 순수하게 역사학 자체의 문제를 향하고 있다. 그가 민족주의 비판 혹은 민족주의로부터 자유롭지 못한 식민지 역사서술에 대해 비판하고 나선 것은, 사실 한국 사학계가 이루어냈던 '내재적 발전론'이라는 거대한 인식틀을 비판적으로 검토해보기 위한 방법 중 하나이다. '내재적 발전론'에 대한 비판은 근대 역사학이 두르고 있는 발전·진보의 허상, 인과론의 환상에 대한 회의로 이어졌고, 이는 곧 한국적 근대, 근대 그 자체에 대한 반성적 사고로 귀결된다.

| 선생님께서 최근 2~3년 사이에 진행해온 민족주의 비판이 결국 메타비평으로서 내재적 발전론에 대한 문제제기의 일환이라는 말씀을 하셨는데요. 내재적 발전론 비판이 결국 한국에서의 근대를 어떻게 이해할 것인가라는 문제인 것 같습니다. 좀 추상적인 질문입니다만, 한국적인 근대를 어떻게 인식할 것인가, 그리고 선생님이 생각하시는 한국적 근대의 특성은 무엇인지 정리해주세요. |

그것 역시 중요한 과제입니다만 "불완전한 근대와 과잉 근대의 공존" 이런 식으로 정리할 수 있는 문제는 아니라고 생각합니다. 아이디얼 타입의 근대가 설정될 수 있다면 그런 논의가 가능하겠지만, 기준이 있어야 과잉인지 결여인지 말할 수 있는 것 아닙니까? 근대라는 것이 과연 그런 논의를 가능하게 하는 것인지에 대해 회의적입

니다. 한국적 근대의 경로 자체를 우리가 하나의 틀로서 정립할 수 있어야 합니다. "과잉인가 결여인가"라는 논의는 근대 자체를 아이디얼 타입으로 전제하는 것이죠. 그보다는 근대의 식민지적 타입에 대한 논의를 좀더 해야합니다. 어떤 토론 자리에서도 이야기를 했습니다만, 서구 근대의 경로만이 근대인가? 서구 근대의 이면에는 식민지가 존재하는데, 식민지적 근대가 근대의 보편적 형태로 자리잡지 못하는 것이 문제가 아닌가 하는 겁니다. 우리가 그런 능력이 없기 때문에 문제가 생긴다는 생각이 듭니다. '한국적 근대'의 논의에서도 그런 문제가 중심이 되어야 한다고 생각합니다.

| 한국사학계에서 그 동안 지속적으로 추구해왔던 것이 결국 그 같은 노력의 일환이라고 생각되는데요. 한국에서의 보편의 전개 과정을 밝히는 작업이기도 하고요 |

내재적 발전론 자체가 완벽한 논리적 개념틀을 형성하게 된 것은 80년대 중반 가지무라 히데키(梶村秀樹)[5]라는 조선사 연구자에 이르러서입니다. 가지무라는 60년대 이후 한국 역사학계의 여러 개념적 시도들을 '내재적 발전론'이라고 깔끔하게 정리한 공로자입니다. 그 이전에도 물론 완성된 형태는 아니지만 여러 가지 내용들로 내재적 발전론이 형성되어왔습니다. 60년대에는 자본주의 맹아론[6]이 있었고, 그 뒤 '국민국가 건설론' 혹은 '민족국가 건설론' 그리고 유명한

---

5 | 가지무라 히데키는 1954년 동경대학 동양사학과에 입학하여 조선사를 전공하였다. 조선사료연구회, 조선사연구회 등에서 활동하면서 정체성·타율성에 입각한 조선사 연구에서 벗어나 '일국사적(내재적) 관점에서 그리고 발전론적 시각에서' 조선사를 연구하는 데 전력을 기울였다.

'두 가지 길 이론' 등 몇 가지 시도들이 있었죠. '내재적 발전론'에 대한 비판은 이 모두를 포함한 것이어야 합니다. '자본주의 맹아론' 은 70년대부터 이미 다양한 방식으로 비판받기 시작해서, 지금 현재는 공식적으로 '자본주의 맹아론'을 이야기하는 사람은 별로 없습니다만, 그 발상 자체는 강하게 잔존하고 있습니다. 지금까지도 조선 후기사나 그 이전 시기 연구자들이, 근대적 발상을 전근대사에 투영하는 방식이, 바로 '자본주의 맹아론'적 발상이죠.

그 다음 '민족국가 건설론'과 '두 가지 길 이론'은, 어떤 측면에서는 상당히 교묘하게 서로 침투하면서 이론화되어온 것 같습니다. '민족국가 건설론'은 근대의 완성태를 네이션 스테이트의 수립으로 보기 때문에, 통일이 되지 않으면 미완성의 근대이고 한국의 근대는 네이션 스테이트의 수립 과정이라고 일률적으로 분석할 수밖에 없는 강력한 민족주의적 담론입니다. '두 가지 길 이론'은 조선 후기 17세기 이후부터 20세기 후반까지를 하나의 틀로 묶고자 하는 시도인데, 20세기 후반의 상황은 '두 가지 길 이론'의 궁극적 귀결이라

---

6 | 조선의 식민지 지배에 대한 학문적 토대 가운데 하나인 (조선 사회) '정체성론'은 20세기 초반 일본인 학자들에 의해 성립되었다. 인종적·문화적 특질로서 조선인과 조선 사회의 후진성과 정체성을 설명하였던 일본인 학자들의 이론에 맞서, 세계사적 보편성의 전망하에서 조선사의 발전 과정을 설명하고자 했던 시도 가운데 하나가 '자본주의 맹아론'으로 불리는 일련의 연구들이다. 50년대 중반부터 북한의 전석담·김석형 등 사회경제학자들에 의해 제기된 '자본주의 맹아론'은 60년대까지 '조선 후기 농업사'의 형태로 남북한 학자들에 의해서 전개되었다. 정체성론자들이 주장했던 조선에서의 봉건제 결여론을 비판하면서, 아울러 조선 후기에는 자본주의적 농업경영 형태의 맹아를 보이는 계층의 출현과 같은 '자본주의적 관계'가 농업경제 내부에서 진전되고 있었다고 주장하였다.

한국적 근대의 특성은 "불완전한 근대와 과잉 근대의 공존" 이런 식으로 정리할 수 있는 문제는 아니라고 봅니다. 기준이 있어야 과잉인지 결여인지 말할 수 있는데, 근대라는 것이 과연 그런 논의를 가능하게 하는 것인지 회의적입니다. 서구 근대의 경로만이 근대는 아니거든요. 한국적 근대의 경로 자체를 우리가 하나의 틀로서 정립할 수 있어야 합니다.

고 보고 있습니다. 위로부터의 길과 아래로부터의 길이 남북한 사회에 각각 '현현'한다는 거죠. 이것이 '민족국가 건설론'과 결합하게 되면 아주 기묘한 형태로 통일에 대한 신화를 창출하게끔 되어 있습니다. 이런 몇 가지 논리들은 모두 그 자체로 문제가 된다고 봅니다.

| '내재적 발전론'이라고 범칭되는 한국사 연구의 논리틀에 대해서 구체적으로 어떤 문제점을 지적할 수 있을까요? |

'내재적 발전론'은 '독립적 주체'를 상정하는데, '자본주의 맹아론'에서의 '근대'라든지 '민족국가 건설론'에서의 '근대국가'나 '민족' 같은 것들이 '내재적'이라는 형용 속에 모두 들어가 있습니다. 그리고 발전론은 마르크스주의적인 법칙론적 발전이든 근대화론적 발전이든 모두 경제적 성장 담론과 강하게 연계되어 있습니다.

'내재적 발전론'은 식민사학의 대표적 형식논리라 할 수 있는 '타율성론'과 '정체성론'을 그대로 뒤집어놓은 형태입니다. 타율성론을 뒤집어놓은 것이 '내재적'이라는 개념이고, 정체성론을 뒤집어놓은 것이 '발전론'입니다. 여기서 한 가지 착오하고 있는 것은 '타율적이다' '정체적이다'라는 발상 자체가 하늘에서 뚝 떨어졌거나 일본인들의 발명품이라고 생각한다는 겁니다. 그건 아니죠. 일본인들이 서구 담론, 이른바 오리엔탈리즘을 자신들 나름대로 수용하여 식민화하면서 뒤집어놓은 겁니다. '타율적이다' '정체적이다'라는 발상 자체가 서구 근대 역사학의 산물입니다. 서구적 진보관, 서구적 국민국가관이 없으면 타율적이라든지 정체적이라는 발상 자체가 불가능하죠. 한데 그것을 60년대 이후 한국 역사학자들이 다시 뒤집은 것이고, 그럴 때 서구적 근대성이나 서구적 발전론으로부터 전혀 독립적일 수 없습니다.

　그래서 아주 성급한 판단일 수도 있습니다만, 일본인들이 세우고자 했던 근대상을 그냥 뒤집어놓은 것에 지나지 않고, 따라서 '반식민사학'의 기치를 걸었지만 식민사학을 다시 되살리게 되는, '반식민사학적 식민사학'이라고 할까요? 이런 함의를 갖고 있다고 하겠습니다. 너무 과격한 말이긴 합니다만.(웃음)

| 식민사학을 뒤집어놓는 게 문제가 되는 건가요? 식민사학이 거꾸로 세워놓은 한국 역사를 제대로 세워놓은 것이 해방 이후 한국사학의 성과였다고 이야기되지 않습니까? |

전체적으로 서구 근대관, 서구 역사학이 추구했던 근대관으로부터 전혀 자유롭거나 동떨어져 있지 않다는 겁니다. 서구 중심주의(eurocentrism)를 반복하는 것에 지나지 않고, 오리엔탈리즘을 내면화한 것이 아닐까 하는 겁니다.

| 결국은 서구적 근대 - 진보 관념에 대한 근원적 반성 없는 한국사 서술에 대한 비판이군요. 그렇다면 마르크스주의적 역사서술이든 무엇이든 모두가 동일한 근대관을 공유하고 있다는 말씀이신데, 한국사학계에서 그 점에 대해 인정할까요? |

그렇게 생각을 안 했죠. 지금까지는.

| 사적유물론을 공식적이든 비공식적이건 역사학 방법론으로 내세우는 것으로는, 한국사 서술의 방법론적 고민으로부터 자유로울 수 없겠군요. 선생님 비판의 사정권 내에는 마르크스주의적 역사서술 역시 포함되나요? |

저는 그게 비판의 핵심 요소라고 봅니다. 발전관과 관련해서도 그렇고, 법칙적 발전론이 굉장히 목적론적이고 아주 강한 인과론에 기반하는 거니까요. 그리고 근대에 기반해서 전근대 사회를 추상하는 것에도 비판적 입장을 가지고 있습니다. 자본주의적 상품화폐 경제가 아닌 사회를 생산력-생산관계만 가지고 추상해내는 것이 과연 정당할까요?

| 그건 한국사만의 문제는 아니군요. |

그렇죠. 그렇지만 한국사학계가 유독 집착하고 있죠. 전체가 다 그런 건 아니겠지만.

| 결국 선생님의 내재적 발전론 비판은, 식민사학과 반식민사학이 서구 근대 역사학을 무반성적으로 받아들였다는 점으로 모아지는 것 같은데, 이와 관련해서 최근 포스트주의 역사학의 대두와 이에 대한 기존 역사학계의 대응이 흥미롭습니다. 1998년 한국역사연구회[7] 창립 10주년 기념 심포지엄에서 포스트주의 역사학에 대한 기존 한국 사학계의 대응이 상당히 예민하다는 느낌을 받았습니다. 또한 포스트적 역사학, 혹은 탈근대 논의가 구체적

---

7 | 한국사 관련 단체 가운데 가장 높은 활동력을 보유하고 있는 한국역사연구회는, 많은 연구활동과 일반인을 상대로 한 활발한 대중교양활동을 벌이고 있다. 1988년 5월, 망원한국사연구실과 한국근대사연구회 사이에 통합논의가 진행되면서 한국역사연구회가 발족했는데, 이 와중에 망원에 참여하던 일부가 '구로역사연구소'(현재의 역사학연구소)를 따로 만들기도 했다. 이른바 '역사학 3단체'란 한국역사연구회, 역사문제연구소 그리고 역사학연구소를 지칭하는 것으로, 기존의 학회조직과는 다른 새로운 형태의 연구자 단체로서 활발한 사회 참여와 기존의 역사인식과는 구분되는 한국사 서술을 주도했다.

내재적 발전론은 식민사학의 대표적 형식논리라 할 수 있는 '타율성론'과 '정체성론'을 그대로 뒤집어놓은 형태입니다. 그런데 이 '타율적이다' '정체적이다' 라는 발상 자체가 서구 근대 역사학의 산물입니다. 서구적 진보관, 서구적 국민국가관이 없으면 그런 발상 자체가 불가능하죠. 그것을 60년대 이후 한국 역사학자들이 다시 뒤집은 것이고, 그럴 때 서구적 근대성으로부터 전혀 독립적일 수 없습니다.

으로 무엇을 지목하는지도 불분명하고요. 간단하게 지적되는 몇 가지 사례로 정근식, 김진송 등을 들고는 있죠. 우선 기존 한국사학계에서 말하는 포스트적 역사학, 탈근대 논의가 정확하게 어떤 부분을 지목한다고 보십니까? |

1998년 한국역사연구회 10주년 심포지엄에서 한국사 쪽 발표와 동·서양사 발표의 차이를 좀 느꼈습니다. 동·서양사 발표자들은 기존의 동서양 사학계의 문제를 지적하고 역사학의 근대적 구성 자체를 문제삼는 내용이었고 한국사 쪽은 오히려 근대적 구성 자체를 완성해가야 한다는 의미가 강했던 것 같아요.

어떤 측면에서는 한국사 발표가 특정 포스트 담론에 대한 거부이기보다는, 오히려 내재적 발전론이라고 개념화된 논리를 더 완성시켜야 할 필요가 있다는 취지였던 것 같습니다. 다시 말해 한국사 연구자들이 도입하고자 하는 포스트 담론에 대한 적극적인 거부반응이라기보다는, 내재적 발전론의 논리를 정치화시키고 그에 입각한 연구를 더 왕성하게 생산해낼 필요가 있다는 것이었죠.

| 포스트주의에 입각한 한국사 연구가 구체적으로 무엇인지, 실체는 있는지, 기존의 한국사학계가 강하게 비판할 만한 실질적인 힘이나 세력을 이루고 있는지 의문스럽습니다. 그보다는 오히려 상황이 변하면서 제도권 밖의 연구단체들이 처음 출발할 때의 명확한 전선이 불분명해지면서, 외부에 대한 비판을 통해 다시 한 번 자기 정체성을 재확립하고자 하는 의미가 있다는 생각이 듭니다. |

그런 측면은 있는 것 같습니다. 90년대 후반부터 서양사학계에서 포스트 담론이 많이 소개되고 근대적 담론, 특히 한국사학계의 민족

담론에 대한 비판론이 상당히 형성되는 데 대한 거부반응을 보인 거라는 생각은 드네요. 심성사나 미시사 또는 신문화사나 역사인류학 등 70년대 이후 서구 학계에서 만들어진 방법론·인식론을 90년대 서양사학계에서 적극적으로 소개하면서 거부반응이 나왔죠. 일반 서양사 연구자들이 한국사학계의 민족주의적 성향에 대해 매우 비판적이라 생각하고, 방어적인 자세를 보인 것 같습니다. 이건 단순한 제 느낌이고, 정확한 의도는 잘 모르겠습니다. 다만 좀 전에 말씀드린 대로 내재적 발전론의 내용을 좀더 발전시키자는 것은 분명한 것 같습니다.

| 그런 흐름에 대해 상식적인 차원에서 "한국사가 다른 학문 분과의 성과를 흡수해야 한다" "그런 비판을 겸허하게 수용해야 한다" 이렇게 반응하면서도, 결론에 가서는 "역사학 연구가 기본적으로 실증이 뒷받침되어야 하는데 실증적인 내용을 갖추지 못한 내재적 발전론 비판은 이데올로기 공세다" 혹은 "신자유주의 옹호"라고 비판하기도 합니다. 선생님도 역사 전공자시니 실증의 의미에 대해서는 공감하실 텐데, "실증적인 비판이 아니다"라는 점에 대해서는 어떻게 받아들이십니까? |

그건 좀 무리한 비판이죠. 실증은 역사학, 근대 역사학의 일종의 존재 조건인데 그것을 가지고 모든 것을 합리화할 수 없지 않은가 싶습니다. 어떤 사람도 실증을 부정하고서는 역사학의 존재 조건을 말할 수 없습니다. 그것만을 최대의 무기로 내세우는 것은 설득력이 약하죠.

이런 측면이 있는 것 같아요. 자료가 메우지 못하는 것은 역시 상상력으로 메워야 하는데, 상상력의 개입 자체를 차단하려는 의도도 있을 수 있겠죠. 강한 인과론적 분석을 개입시키기 때문에 그런 것 같습니다. 가령 "역사학에서 가정은 불필요하다"라는 것이 역사학계의 오랜 신념이나 믿음인데, 저는 오히려 '역사학적 가정'이 필요할 수도 있다고 생각합니다. 그것을 실증을 무시한 것이라고 이해하면 곤란하죠.

│ 역사학에서 자료와 해석 혹은 실증과 상상의 문제는 참 어려운 부분입니다. 역사학적 가정으로 메워야 하는 공백은 분명 근대 역사학이 담고 있지 못하는 무엇일텐데요. 앞서도 서구 근대 역사학에 대한 무비판적 수용을 지적하셨는데, 근대 역사학의 어떤 점을 문제삼으시는 겁니까?│
역사의 방법론, 근대 역사학의 방법론이 너무 과학 지향에 치우쳐 있어요. 과학에 대한 짝사랑이랄까? 근대 이후 사회과학이 자리를 잡으면서 역사학은 전통적인 서사와 근대 사회과학 사이에서 동요해왔습니다. 그런데 사회과학에 대한 동경이 압도적으로 강했죠. 물론 근대 역사학 자체를 부정하려는 의도는 아닙니다. 아날학파가 처음부터 내세웠던 것이 사회과학과의 접합이랄까, 사회과학의 필요성을 끊임없이 이야기했는데요. 역사학이 사회과학적 분석방법을 적극적으로 도입한 바탕에는, 역사학을 끊임없이 현재적 필요성·현재적 상황과 연계시켜야 한다는 문제의식이 자리잡고 있는 것 같습니다.

근대 사회과학적 분석과 역사학이 접합되어야 한다는 문제의식을 역사학자들이 계속 주장해온 것은, 그런 현실적 필요성·현실적 문제의식하에서 역사의식이나 역사서술을 발전시켜야 한다는 것이었죠. 그건 근대 역사학이 이룬 굉장히 중요한 성과라고 생각합니다.

그런데 그런 측면들, 현재성을 추구하는 근대 역사학의 문제의식은 발전시키되, 지금까지 소외시켜온 서사적 구조를 다시 복구할 필요가 있다는 의미입니다.

| 상실된 역사학의 서사적 구조를 복원하는 것은 말씀하신 역사적 상상력의 동원에 의해 가능할 것 같고, 그건 결국 근대 이후 역사학이 추구해온 민족 단위의 역사서술을 넘을 수 있는 가능성을 탐구하는 작업일 수 있다는 말씀 같습니다. 예컨대 대안적 역사서술의 일환으로서요. |

대안적 역사서술을 이야기할 때 방법론의 문제를 심각하게 짚어야 합니다. 아니 이 문제를 해결하지 않으면 대안적 역사서술을 이야기할 수 없다고 생각합니다. 아주 단순하게 도식화하면 "문학이냐 과학"이냐, 이 사이에서 동요해온 방법론의 문제를 새롭게 돌파해야 합니다. 제게도 굉장히 익숙한 방식입니다만, 인과론적 구조를 당연히 염두에 두고 논문을 전개해나갑니다. 어떤 결과에는 당연히 원인이 있는 것이죠. 역사적 우연성을 너무도 당연하게 배제하는 건데, 그것이 과연 정당한가? 과학 지향성이 너무 강했기 때문에, 사실 근대 역사학에서 내러티브(서사)가 실종돼버렸어요. 동아시아 역사에서 소설 양식은 사실 역사학에서 떨어져 나왔거든요. 그런 과정은 서구에서도 마찬가지였습니다. 역사서술이 서사의 전통을 갖고 있는데, 동아시아에서 서구적 역사학 방법론을 받아들이면서 서사의 전통이 완전히 백안시되어버렸어요. 방법론 문제를 돌파해야 합니다.

또 한 가지 심각하게 고려해봐야 할 것은 진보론이에요. 근대적 시간관과 연관된 문제인데, 단선적·직선적 시간관이죠. 이러한 시간관 위에 서 있는 것이 단선적 진보론입니다. 이것이 과연 정당한

가? 우리가 교육받아온, 또는 지금 바탕에 깔고 있는 역사인식은 진보에 대한 믿음에서 출발하거든요. 한국 역사학에 깊이 침투해 있죠.

2차세계대전 이후 세계적 상황에서 진보가 특히 물질적 진보, 발전론으로 치환되어버린 측면이 있어요. 마르크스주의 역사학에서도 레닌적·스탈린적 틀이 깊이 침투하면서 발전론 중심의 진보 인식이 팽배해 있는 것을 심각하게 재고해야 합니다. 이런 문제는 새로운 역사적 상상력에 관한 질문이기도 한데, 민족국가라는 틀 속에서 질식된 우리 상상력을 열어나가야 합니다. 이런 입장에서 민족주의에 대한 비판도 이루어져야죠. 대안적 역사서술을 이야기할 때에는 이런 문제를 심각하게 살펴봐야 합니다.

| 자료가 보여주지 못하는 역사상들이 있고, 또 그런 지점에서 상상력을 동원해서 새로운 역사서술의 가능성을 모색해야 한다면 우스갯소리처럼 들릴 수도 있겠습니다만, 그럴 경우 역사와 소설의 경계를 어디쯤에서 그을 수 있을까요? |

이에 대해서는 두 가지 문제를 지적할 수 있습니다. 하나는 객관에 대한 믿음을 강조하지만, 지금까지 역사학자들이 그런 작업을 하지 않았는가? 저는 그렇게 생각하지 않습니다. 사료가 사회상을 완전히 구성해주지 못하기 때문에, 지금까지도 역사학자들이 충분히 상상력을 발휘해왔다고 생각합니다. 어떤 측면에서는 각자 선입견을 가지고 사료를 선택하고 해석해왔다고도 생각하는데, 그런 측면에 대해서는 인정하지 않죠.

또 하나는 역사학이 문학과 다른 측면이 무엇인가? 서양사학계에서는 1920년대에 이미 역사학과 문학의 관련성을 두고 상당한 논쟁

객관에 대한 한국 역사학계의 과도한 믿음과 '실증에 대한 사랑'이, 담론적 구성물·담론의 사회적 실재, 이런 측면들을 강력하게 거부하게 만드는 겁니다. 역사적 상상력의 개입, 역사적인 가정의 문제, 과도한 인과론이나 목적론의 개입에 대한 비판을 더 적극적으로 수행해나가야 한다고 생각합니다.

을 벌였습니다. 역사학이 사회과학과 문학 중 어디에 더 가까운가는 직접적인 해답을 내릴 수 있는 문제는 아닌 것 같습니다. 이건 지금까지 의도적으로 회피해왔던 "역사학이 문학과 거리를 두어야 한다"라는 문제에 대한 질문이죠. 문학과 역사학은 물론 상당히 다릅니다. 기본적으로 사료와 실증이라는 측면에서 차이가 있을 수밖에 없는데, 그런 측면까지 부정하자는 것은 아닙니다. 단지 사료가 보여주지 않는 공백, 그것을 지금까지 역사학자들은 인정하지 않았는데, 거기에 역사적 상상력이 개입할 수밖에 없다는 사실을 인정해야 한다고 생각합니다.

| 포스트주의 역사학이라고 소개되는 서구의 역사학적 방법론이 한국사학계 내에서 진지한 학문적 논쟁의 대상으로 쉽게 받아들여지지 않는 이유가, 예컨대 식민사학과 맞서 싸워서 어렵게 쟁취한 '새로운 한국사'가 또 다른 한 편의 '언어적 구성물일 뿐'이라니 상당히 허탈할 수밖에 없겠죠. 아직은 양 논의가 생산적인 논쟁으로 전화하기에는 좀 섣부르다는 생각이 듭니다. | 객관에 대한 한국 역사학계의 과도한 믿음, '실증에 대한 사랑'과 관련이 있죠. 그런 측면이 담론적 구성물, 담론의 사회적 실재, 이런 측면들을 강력하게 거부하게 만드는 겁니다. 역사적 상상력의 개입, 역사적인 가정의 문제, 과도한 인과론이나 목적론의 개입에 대한 비판은 더 적극적으로 수행해나가야 한다고 생각합니다.

| 포스트주의 역사학에 대한 진지한 학문적 검토나 논의가 상당히 지체되고 있는 듯합니다. 선생님의 글에 대한 논의도 지상논쟁으로 비화되지는 않는 것 같고요. 한국사학계의 고질적인 문제도 있겠지만, 역사학 내지는

| 한국사학이 갖고 있는 방법론과도 관련이 있는 듯합니다. |

크게 보면 두 가지 정도로 설명할 수 있습니다. 역사학 내부로 보자면 좀 전에 말한 것처럼 식민사학의 극복이라는 문제의식이 60년대 이후 한국사학계의 주도적인 틀이 되면서 내용은 내재적 발전론이라는 형태로 채워지기 시작했는데, 문제는 그 규정성이 너무 강하다는 것입니다. 거기에 큰 역할을 했던 것 중 하나가 한국역사연구회의 '과학적·실천적 역사학'이라는 슬로건입니다. 80년대 후반 한국 역사학계의 소장 연구자들이 힘을 모으면서, 과학적이고 실천적이라는 슬로건의 참신함 같은 것 때문에 새로운 방법론에 대한 필요성 자체를 느끼지 못했죠.

이와 함께 역사학 연구자들의 인식의 지체 현상도 관련이 있습니다. 이론의 수용 자체가 가장 늦었기 때문에, 방법론의 변화에 대한 감각도 좀 늦어지고 있는 것 같아요. 80년대 후반에 완성된 방법틀을 새롭게 변화시켜야 할 필요성을 아직은 못 느끼고 있는 것 같습니다. 다른 하나는 좀더 고질적인 문제인데, 한국사 연구자들의 폐쇄성입니다. 한국사 연구를 하는 데 이론이 무슨 필요가 있는가 하는 거죠. 한국사 연구는 한국이 최고라고 생각하는 폐쇄성입니다. (웃음)

| 현재 한국사학계에 대한 선생님의 진단은 상당히 비관적입니다. |

비단 한국사의 문제만은 아닐 겁니다. 저는 근대 역사학의 전면적 위기 상황이라고 일단 진단합니다. 근대 역사학 자체가 더 이상 지속될 수 있을까라는 의문인데, 이건 대학에서 역사학과가 없어진다든지 역사학 생산물이 대중들에게 잘 읽히지 않는다는 문제가 아니고, 근대 역사학이 구성해왔던 제도적 구성물이 더 이상 지속될 수

있을 것인가, 지속되어도 좋은가 하는 의문입니다. 그것은 기본적으로 '실증에 기반한 객관성의 신화'와 '근대적 진보관에 대한 믿음' 이 두 가지에 대한 비판입니다. 이걸 더 이상 끌고 가는 것이 좋은가 하는 질문이죠.

| 선생님 말씀도 결국 역사학이 서 있는 지반을 흔들어보자는 의도가 있는 것 같습니다. 곧 단선적 진보관에 대한 회의, 실증론-인과관계에 대한 불신, 주체의 문제 등을 제기하는 것은, 실증 문제로 환원되지 않는 그러니까 어떻게 보면 한국사학계가 자신들의 대상 영역이 아니라고 생각해온 '실증 이외의 문제들'을 도입함으로써 한국사학계가 딛고 있는 굳건한(흔들리지 않을 것이라고 믿어온!) 토대를 흔들어보자는 의도 같습니다. 그러한 시도는 결국 한국사 연구의 토대가 흔들릴수록 좀더 진전된 한국사 서술의 가능성이 열릴 거라는 생각이십니까? |

그게 필요합니다. 근대 역사학 일반이 해왔던 역할이 민족국가의 통합입니다. 한국 근대 역사학의 발전, 특히 내재적 발전론의 개념화를 중심으로 전개되어온 해방 이후 한국사학은 민족사의 전개로 자기 정체성을 규정했고, 이는 한국의 민족 형성 나아가 국민화 과정에 결정적인 토대를 제공해왔습니다. 민족사의 전개로서의 근대 역사학이 지고 있던 지금까지의 역할에 대한 자각이 필요합니다. 그리고 그런 역할은 이제 그만둬야죠.

| 그런 혐의는 맞네요. 그럼 한국사학계의 기반을 뒤흔드시려는 건가요!(웃음) |

이런 비판론에 대해 한국역사연구회에서는 관변역사학과 한국역사

연구회 같은 비주류 역사학을 동일시하는 것이라고 비판하는데, 저는 사실 지금까지 그런 기능을 해왔다고 생각합니다. 만약 '주류'적인 내재적 발전론자들이 있다고 한다면, 그 사람들은 대체로 마르크스주의적 함의와 반체제적 민족주의 성향을 강하게 갖고 있었는데, 그게 과연 박정희가 구축하고자 했던 체제이데올로기와 얼마나 거리가 있는가? 국민화 과정에의 기여라는 측면에서 보면 그렇다는 말입니다.

Tip 2 __ 내파(內破)하는 민족주의

〈내파하는 민족주의〉라는 글은 민족주의관을 비판하는 김민철의 글에 대한 반비판으로서 〈식민지 인식의 '회색지대' : 일제하 '공공성' 과 규율 권력〉과 함께 윤해동의 민족주의에 대한 입장을 잘 드러내주고 있다. 먼저 민족주의와 민주주의를 대립 개념으로 이해하고 있다는 비판에 대해서, 윤해동은 민족주의 이데올로기의 2차성-양면성을 강조하며 오히려 개념의 명확한 이해가 무엇보다 필요하다고 주장한다.

"민족주의는 자기 완결적 논리구조를 갖추지 못한 채 다른 이데올로기와 결합함으로써 자신의 목표를 구체화시키는 2차적 이데올로기이며, 저항 민족주의로서 진보성과 아울러 제국주의적이고 침략주의적 반동성까지도 한 몸에 갖춘 양면성 또는 이중성을 가진 이데올로기이다. …… 민주주의와 친연성을 갖기도 하고 그에 대해 억압성을 행사하기도 하는 것이 민족주의일진대 어떻게 민족주의와 민주주의를 대립적인 개념으로 이해할 수 있을 것인가?"

아울러 이러한 개념의 혼란은 역사학적으로도 '자료의 문제' 가 심각함을 지적하고 있다. 즉, 신문 등을 통해서 확인되는 '지식인 민족주의' 가 아니라 민중의 민족주의의 실체에 대해 누구도 제대로 된 해명을 하지 못하고 있음을 지적한다. 이 점은 비단 민족주의 비판-옹호의 문제를 떠나서 '한국 근대의 민족주의' 에 대한 연구가 기형적으로 진행되어오고 있음에 대한 비판이다.

윤해동은 민족주의 비판론자들에 대한 반비판이 지니는 한계를 지적한 다음, 최근의 신자유주의 세계화 흐름에 비추어 국민국가의 지위가 심각하게 후퇴하고 있음을 강조한다.

"신자유주의적 민족주의 비판의 시각은 초국적 자본의 이해를 대변하는 것으로, 이 논리는 민족과 민족주의를 실체적으로 해체해가고 있는 강력한 힘에 바탕한다.…… 극단화된 신자유주의의 이론적 맥락을 옹호할 이유는 없지만, 그렇다고 그 현실로서의 힘을 무시할 수는 없는 일이다."

세계화 흐름에 따른 국가 통합성의 약화, 즉 '국가 공동화 현상(hollowing-out)'은 결국 근대 이후 공고화되어온 국민국가를 '이중적으로 해체' 시킬 것이라는 전망에 윤해동은 동의하는 듯하다. 또한 2000년 6월 남북 정상이 "연방제통일안과 국가연합안이 일치한다"고 합의했던 것은 한반도의 통일 과정이 '국가성의 약화' 라는 시대성을 반영할 수밖에 없음을 보여준 것이라고 관측하고 있다.

한편 신자유주의 세계화 흐름의 실질적인 국가성 해체의 흐름과는 달리, 민족주의의 공공성을 제고함으로 민족주의를 복원하고자 하는 '공공 민족주의'에 대해서는 시민사회와 근대국가를 분리했던 헤겔의 사고를 빌어와서 근본적으로 '공공성'과 '민족주의'는 결합이 불가능한 개념이라고 비판한다. 그럼에도 한국의 근대 민족주의가 공공성의 담지자 역할을 수행해왔던 것은 민족주의가 국민국가 형성을 위한 이데올로기로 기능해야 했기 때문이다. 하지만 이 '불가능한 동거'로 인한 모순은 민족주의 개념 그 자체를, 그리고 민족주의의 외포와 내연을 끊임없이 혼란시킬 수밖에 없다. 결국 이 같은 내포와 외연의 불일치-충돌이 민족주의를 최후적으로 '내파' 시킬 것이라고 예측하게 해준다.

"20세기의 민족주의 특히 한국의 근대 민족주의는 민족주의가 가진 원래적 특성으로서 통합성을 유감없이 발휘하고 있다. 다른 모든 가치를 민족주의의 틀 속에 담음으로써 그 유용성을 지속적으로 발휘하고자 하는 것이다.…… 식민지에서 해방된 이후 전후(戰後) 민족주의는 이런 방식으로 지속적으로 내포를 조정 또는 심화시킴으로써 외연의 혼란을 방지해야 하는 운명에 처한다.…… 해방 후 한반도에는 중도적 이데올로기와 결합하여 통일을 주장했던 통일 민족주의, 남북한 각각의 국가에 의해 주도된 두 개의 국가 민족주의, 남한의 국가민족주의에 반대하고 자유민주주의의 실현을 목표로 한 시민 민족주의(civil nationalism), 민중주의와 결합하여 민중 민주주의를 지향하던 민중 민족주의, 사회주의와 결합하여 통일을 주장했던 통일 민족주의 등의 다양한 민족 담론이 존재하였다.…… 그러나 기존의 민족주의로는 내포의 확장을 용인할 수 없고, 따라서 그 외연에서도 혼란이 야기되는 지점 즉 개념이 내파(內破 : implosion)하는 지점에 이르면, 상위 개념과의 관련을 재조정하지 않으면 안된다. 민족주의의 개념을 '보편주의'로 '열어' 갈 수밖에 없는 것이다. 최근 열린 민족주의 또는 민족주의의 개방성을 주장하는 논의가 제기되는 것이 그 반증이 될 것이다.…… 이처럼 민족주의의 가치를 열어가

자는 제의나 민족주의에 보편성을 부여하려는 시도는 민족주의의 내파를 면하려는 시도일 터이다. …… 민족주의는 그에 통합된 제 가치들의 내부관계를 조절하거나 외연을 개방함으로써 내파를 면하려 하지만, 그것은 논리적 쇄신만으로 가능한 일이 아니다. 민족주의의 내포를 조정함으로써 그 생명을 연장하려는 시도는 어쩌면 절망적 시도이거나 아니면 반동적 시도일 수도 있다. 통합이라는 희망을 내세워 소수에 대한 다수의 억압을 가장하게 되면 민족주의는 반동적 성격을 전면화할 수밖에 없으며, 대상의 변화를 알아채지 못한 채 즉물적 희망만을 내세우게 되면 민족주의는 절망적일 수밖에 없다."

아무리 노력하더라도 결국 민족주의는 보편주의와의 불가능한 동거를 유지할 수 없다는 것이 윤해동의 단호한 결론이다. 구한말 지식인들의 민족주의적 보편지향이라 말할 수 있는 '삼국공영론' '동양평화론' 등의 동아시아 연대론이나, 이광수 류의 보편적 경향을 강하게 드러낸 민족주의자들은 모두 불가능한 동거를 지향했던 역사적 선례를 보여준다. 그러한 노력이 번번이 실패했던 것은 누구나 다 아는 사실이지만, 여전히 비슷한 노력이 계속되고 있는 것이 안타깝다면 안타까운 현실일지 모른다. 그래서 그는 "또다시 미네르바의 부엉이는 황혼에야 날아오르는 것인가?"라고 한탄하는 것인지도 모른다. 아울러 내파하고 있는 민족주의를 부여잡고 있을 것이 아니라, 더 늦기 전에 새로운 사회적 통합원리와 개체성에 입각한 사회적 요구를 정식화하는 과정을 모색해야 한다고 주장한다. 물론 이 새로운 과정, 지향이 무엇일지에 대한 가능성을 그는 매우 넓게 열어두고 있다.

4
분단과 냉전, 정면으로 바라보기

> 분단 문제와 통일 그리고 민주화 투쟁 전선에서 학술적·이데올로기적 후원 역할을 했던 '현대사 연구'에 대한 윤해동의 비판은 단호하다. 반공이데올로기와 냉전적 사고만이 가능했던 시대, 금기시되었던 근·현대사 연구의 물꼬를 텄다는 점은 충분히 평가하지만, 논리적으로는 근·현대사 연구의 흐름 역시 '내재적 발전론'의 연장선 위에 서 있다는 것이다. '개척자의 권위'가 굳건한 근·현대사학계에 대해 비판한다는 것, "여전히 냉전구도와 반공주의와 정면대결하지 못했다"라는 지적은 많은 사람을 긴장시키기에 충분하다.

| 체제 이데올로기라는 말씀을 하셨는데, 조금 다른 주제에 대해 질문을 드리겠습니다. 어떤 글에서 "역사학계가 냉전구도와 반공주의에 대해 정면대결을 시도해본 적이 있는가?"라는 무척 도전적인(!) 표현을 쓰셨던데요. 제 생각에는 지금까지 현대사 연구 자체가 반북 – 반공이데올로기와의 대결이라고 느끼는 사람이 많을 것 같습니다. 실천적인 저항일 수도 있다는 거죠. |
맞습니다. 80년대 중반까지만 하더라도 현대사 연구 자체가 굉장히 위험한 거였죠.[8] 그 자체가 냉전에 도전하는 것이 될 수 있었습니다. 그런데 90년대 이후에도 그런 문제의식에 너무 집착하고 있는 것 같아요. "현대사 연구자들이 냉전구도에 대한 비판이 없었다"라고 했던 것은 이런 측면입니다. 남한체제 자체에 대한 투쟁과 저항이 최대 목표였기 때문에 그 반사물로서 상대편 체제에 일정한 동경을 가

지고 있었고 현실 사회주의가 목표로 바로 치환될 수 있었던 것인데, 이처럼 현실 사회주의를 하나의 대안적 목표 혹은 대안적 체제로 상정해놓는 이상 냉전구도 자체가 시야에 들어올 수 없다는 겁니다. 냉전의 회로판이 얼마나 사회적 억압기제로 작용할 수 있는가 하는 문제에 무기력할 수 있다는 거죠. 60년대 이후 민주화 운동의 성과를 전면적으로 부정하는 의미가 아니라, 90년대 이후에도 그런 상황에 안주해 있는 데 대한 비판의 의미로 그런 표현을 했던 겁니다.

| 60년대 상황과 90년대 이후 변화된 상황에 대한 능동적인 대처가 부재했다는 의미 같은데요. 민족주의 진영의 상황 인식에 문제가 있었다는 점은 이해가 됩니다만, 체제 이데올로기로서 박정희식 민족주의와 반체제 민족주의를 동일선상에서 이야기하는 것에는 많은 비판이 있을 듯합니다. |
해방 후 남한 민족주의의 전개를 보면 그런 측면이 해명될 수 있을지 모르겠습니다. 60년대 중반까지, 그러니까 한·일국교정상화 시점까지 민족주의는 굉장히 불온시되었습니다. 60년대 후반 이후 반정부운동·민주화운동 진영에서 획득해낸 용어가 민족주의이고, 그래서 지금까지 민족주의는 굉장히 진보적인 것으로 규정되어왔습니다. 그렇게 투쟁으로 민족주의라는 용어를 획득해낸 사람들의 입장에서 보면, 이승만 정권이나 박정희 정권이 반민족주의적으로 보일

---

8 | 이와 관련한 유명한 필화사건이 '한국민중사 집필 사건'이다. 민중적 역사학을 표방하면서 풀빛 출판사에서 출판되었던 《한국민중사》(1986)는 80년대 후반 필독서 가운데 하나였는데, 망원한국사연구실 소속 소장 연구자들이 집필한 것으로만 알려져 있고 정확한 필자와 참여 인원 등은 알려지지 않았다.

수밖에 없죠. 그런데 이승만·박정희 정권이 과연 반민족주의적이었는가, 그 체제에 대해서 '민족주의적'이었다고 볼 수 있는 근거가 전혀 없는가라고 한다면, 저는 그렇지 않다고 봅니다. 이승만 정권이나 박정희 정권의 이데올로기는 기본적으로 민족주의적 정서 위에 구축되어 있다고 봅니다. 이른바 관변-체제 민족주의 곧 오피셜 내셔널리즘(Offical Nationalism)입니다. 다만 오피셜 내셔널리즘이 반체제적 내셔널리즘을 억압했을 뿐인데, 그 반체제적 내셔널리즘에서는 오피셜 내셔널리즘을 민족주의가 아니다, 우리의 민족주의가 진정한 민족주의다라고 이야기를 하는 거죠.

| 아까도 잠깐 그 이야기를 하셨습니다만, 냉전과 분단 문제 역시 민족주의 문제로부터 자유롭지 않습니다. 분단이 과연 결여된 형태인가, 혹은 분단의 물적 조건이 존재하는가 하는 발언은 상당히 도발적인 문제제기인데요.(웃음) |

분단이 민족국가의 '결여된 형태'가 아닐 수도 있습니다. 도리어 민족 담론 속에 빠져 있기 때문에 이게 자꾸 결여 형태가 되는 겁니다. 그것 때문에 분단에 대한 부정적인 측면이 상승작용한다 이거죠. 말하자면 적대가 해소되지 않고 점차 높아지는 것, 군비 경쟁이 확대되는 것 등은 기본적으로 남·북정권이나 민중들이 민족 담론 속에서 분단 문제를 해결하려고 하기 때문이죠.

거꾸로 이 상황에서 가장 중요한 것은 적대를 해소하는 것인데, 이건 통일이라는 과제로 설명될 수 없습니다. 탈분단의 과정이죠. 물론 나중에 하나의 네이션 스테이트로 통합될 날이 올 수도 있고 또 그게 좋을 수도 있지만 최선이 아닐 수도 있습니다. 다양한 대안을 제출할 수 있을 겁니다. 예컨대 '국가연합'이라든지 '지역 국가'로서의 틀을 상정할 수도 있고요. 따라서 분단 상황을 이유로 네이션 스테이트나 민족주의, 에스닉의 색깔을 가지는 내셔널리즘을 정당화할 수 없다는 게 제 생각입니다.

| 백낙청 선생의 분단체제론에 대해서는 비판이 많습니다만, 그 용어는 이제 일반화된 것 같습니다. 선생님의 문제제기도 유사하다고 볼 수 있을까요? |

백낙청 선생의 분단체제론은 세계체제론을 한반도에 끌어들인 것인데, 현실적으로 한반도에서 기능하고 있는 두 개의 네이션 스테이트를 아우르는 하나의 체제, 중간체제가 있다는 것이죠. 그에 대해서는 사회과학자들과 논쟁도 벌였습니다만, 저 역시 중간의 매개항을 분단체제라는 하나의 체제로 상정하는 데에는 회의적입니다. 두 개의 분단국가를 인정한다는 측면에서는 백낙청 선생의 생각과 유사할지 모르지만, 그 두 분단국가와 세계체제를 매개하는 중간체제를 분단체제로까지 상정하는 문제에 대해서는 좀 생각이 다릅니다.

물론 냉전기 남북한 관계를 '적대적 의존구조'라고 부르기도 하죠. 남북한 사회체제의 재생산 자체가, 특히 정권을 중심으로 보면 상대방 체제에 상당히 의존적이다, '적대적으로 의존적이다'라는 데에는 동의합니다만, 그런 구조는 점차 약화되고 있지 않은가요? 그럴 때 중간 매개항으로서의 분단체제를 설정하는 것이 얼마나 유효할까요? 그러나 분단체제론적 문제의식은, 지금까지 단순하고 정열적이고 감상적인 차원에서 민족이라는 역사적·정치적 상상물만을 매개로 두 개의 국가를 두 개의 국가로 인정하지 않는 그러한 의

식보다는 분명 진전된 것이죠.

| 분단과 외세 혹은 세계체제와의 상호작용은 분석의 차원에서는 다양한 의견이 제시될 수 있겠지만, 분단 문제의 '이론화 작업'과는 무관하게 '현실의 분단모순과 통일'은 세계화가 진행되고 있는 오늘날 대한민국에 민족주의가 강고하게 뿌리내릴 수 있는 유력한 '물적 조건'이라고 이해되는 상황 아닌가요? 그렇기 때문에 분단 상황에 대한 이해의 가능성은 열려 있으나, 실천적으로는 '통일' 이외의 다른 해결방식을 찾지 못하는 것이 아닌가 하는 생각도 듭니다. |

그런데 한반도에 상존하는 이 적대구조를 현실적으로 어떻게 인식하는 것이 우리에게 도움이 되는가에 대해서는 상당히 많은 고민을 더 해야 할 것 같습니다. 저는 막연하게는, 한반도의 적대구조는 시야를 넓혀서 동아시아적 지평 속에서 보면 완화될 수 있는 측면이 많다고 생각합니다.

남북한의 적대구조 자체도 동아시아적 전망 속에서 지역권역을 설정하게 되면, 훨씬 더 부드럽게 해소해갈 수 있는 여지가 생기지 않을까 하는 겁니다. 이것은 어떤 측면에서는 우리가 지극히 당연한 것으로 상정하고 있는 "하나의 역사적 민족이 네이션 스테이트와 같은 하나의 근대적 정치체를 구성해야 한다"라는 전제 자체를 일단 유보해놓은 상태에서의 이야기이죠. 그것이 한반도에 사는 남북한 주민 모두에게 오히려 훨씬 더 유리한 발상이 아닌가 생각합니다.

| 완벽한 남북의 통합, 그러니까 단일민족국가 수립보다는…… |
훨씬 더 진전된 생각이죠. 가령 《창작과 비평》 진영에서 이야기하는

분단이 민족국가의 '결여된 형태'가 아닐 수도 있습니다. 민족 담론 속에 빠져 있기 때문에 자꾸 결여 형태가 되는 것이고, 그 때문에 분단에 대한 부정적인 측면이 상승하는 것이죠. 이 상황에서 적대를 해소하는 방법은 통일이라는 과제로 설명될 수 있는 것은 아닙니다. 탈분단의 과정이죠. 물론 하나의 민족국가로 통합될 날이 올 수도 있고, 또 그게 좋을 수도 있지만 그게 최선이 아닐 수도 있습니다. 다양한 대안이 있을 수 있죠.

복합국가론이 그렇습니다. 복합국가는 이미 네이션 스테이트를 넘어선 국가일 수 있습니다. 연방국가든 국가연합이든 지역국가든 그게 지금까지 우리가 상상하지 못했던 어떤 형태의 정치체제일 수 있다는 것이니까, 분명 진전된 문제의식이죠.

| 제국주의와 식민지, 사회주의와 자본주의의 대립 그 속에서 아직 민족국가를 완수하지 못한 한국 사회라는 틀이 지금까지는 유력했는데요, 그런 구도 자체가 갖는 문제를 제기하시는 거죠? 또 그렇게 구도를 설정하는 이상 냉전구조에 대한 발본적 비판이 불가능하고, 현실 사회주의 비판도 포함되어야 한다는 말씀 같습니다. |

90년대 이후에 그렇다는 이야기고요. 저는 60년대부터도 그런 측면이 있었다고 생각합니다. 좀전에도 말했듯이 60년대 이후 민주화운동이 냉전구조에 대해서는 심각하게 반성적으로 비판하지 못했습니다.

| 반미하고는 다른 의미에서요? |

반미하고는 다르죠. 냉전구조하에서 반공주의가 강고하게 작동하고 있는 측면들을, 반대 진영을 유토피아로 설정함으로써 무매개적이고 상상적으로 해소시켜버린 게 아닌가, 냉전의 작동기제 자체에 대한 현실적 성찰을 제대로 할 수 없었던 것이 아닌가 하는 이야기죠.

| 프로젝트로서 유토피아를 설정해놓는다는 것은 근대성 비판 문제와도 연관이 되는 것 같습니다. |

그런 상황에서는 근대에 대한 근본적인 성찰은 불가능하죠.

│ 이런 표현이 적당한지 모르겠습니다만, "사회주의가 망하고 나니까 그동안 조용히 있다가 이제서야……" (웃음) 이런 히스테릭한 반응이 없지 않거든요. 80년대 한창 민중운동이 잘 되고 민주화가 대세일 때는 잠복해 있다가 사회주의가 망한 뒤 그런 논의가 전개되는 것에 대해, 예전의 무식한 반공주의의 다른 형태 아닌가, 결국 그건 체제 합리화의 논리나 이데올로기의 변종이 아닌가, 이런 비판에 대해 어떻게 생각하십니까? 물론 선생님이 그런 비판의 직접적인 대상이라는 말씀은 아닙니다. (웃음) │

아니요. 저는 그런 비판을 받을 여지가 있다고 생각합니다. 조용히 있다가 붕괴되고 나니까 엉뚱한 소리한다는 건데요. (웃음)

50년대부터 서구 사회에는 스탈린체제의 본질이 알려지기 시작하면서, 유로코뮤니즘이나 미국 사회주의자들 사이에서도 내부 분열이 일어나고 동요가 있었는데, 그때 스탈린체제나 현실 사회주의 체제에 대해 근본적인 비판을 수행하지 못했던 사람들의 지적 행로에 문제가 많았다고 합니다. 그런 점과도 관련이 있을 겁니다. 한국에서는 상황의 열악함·엄혹함 같은 것들로 인해, 그런 측면이나 인식들까지 가능하기에는 무리가 있었다고 생각합니다. 하지만 그렇다고 해서 그 책임을 상황의 문제로만 돌릴 수는 없죠.

엉뚱한 이야기입니다만, 일제시대 때 전향 문제도 저는 그렇게 봅니다. 전향과 비전향의 구도에서 비전향한 사람들 또는 은거하거나 도피한 사람들, 전혀 싸우지도 않고 숨어 있었던 사람들이 전향한 사람들을 아주 비인간적으로 매도하는데, 비전향 자체가 어떤 측면에서 전향의 한 형태일 수 있고 비판받을 수도 있습니다.

│ 친일파 문제도 민족주의 비판 작업의 중요한 한 축을 형성하고 있는데요,

이 문제 역시 기존의 해석에 익숙해 있는 저로서는 쉽게 이해하기 힘든 부분입니다. 전향과 비전향의 문제에서 도덕적 잣대가 유일한 판단의 기준이 될 수는 없다는 뜻인가요?

비전향한 사람들에게도 현실 자체를 정확하게 인식하지 못했던 책임은 있다고 생각합니다. 그것을 전향한 사람들을 희생양으로 해서 책임을 돌린다고 비전향의 책임이 전부 다 없어질까요? 식민지 지배체제가 바뀌지 않았다는 것은 어떤 측면에서는 비전향자의 책임이 아닐까요? 물론 과도한 비약입니다만, 전향을 희생양으로 삼아 비전향의 도덕적 우위만을 역사적 평가의 잣대로 삼는 것은 상당히 무리라고 생각합니다.

그와 관련해서 90년대 이전의 현실 인식에 있어서 군부독재체제의 엄혹함, 반공체제의 엄혹함을 내세워 제대로 현실을 인식하지 못한 책임을 회피하는 것도 곤란하다고 생각합니다. "그때 아무것도 안한 X이 지금에 와서 무슨 소리냐?"라는 식의 비판은 학문적으로도 별로 의미가 없다고 생각합니다.

친일잔재 문제는 잠시 뒤에 다시 말씀을 듣겠습니다만, 아무튼 학문적으로는 아무 문제가 없지만, 현실적으로는 그런 레테르가 상당한 위력을 가지고 있지 않습니까?

중요한 것은 우리 사회의 현실을 파악하는 것인데, 80년대 이전에 민주화 투쟁을 했다는 사실이 지금 우리 사회를 제대로 인식하는 데 어떤 역할을 할 수 있을까요? 과거 경험을 특권화하면 오히려 현실 인식에 있어 발목을 잡힐 가능성도 있다는 것이 더 심각한 문제가 아닐까요?

| 80년대 이후의 성과를 21세기에 어떻게 발전시켜나갈 것인가라는 점과도 관련이 있는 듯합니다. 식민지 잔재를 제대로 청산하지 못한 후유증이 지금까지 지속되고 있듯이, '80년대의 성과' 역시 마찬가지일 겁니다. 그런 점에서 "발목을 잡을 수도 있다"라는 말씀은 의미심장하게 들립니다. |

저는 그렇게 생각합니다. 근본적인 지점으로 돌아가서 자기 성찰을 하지 않으면 안 된다. 이렇게 많은 희생을 치르며 여기까지 왔는데, 우리의 과거를 비판하는 것이 그런 희생자들을 그냥 묻어버리자는 것은 아니거든요. 희생자를 정말 제대로 추모하기 위해서라도 우리가 걸어온 길에 대한 성찰이 필요합니다. 그게 없으면 희생자들의 죽음이 오히려 더 무용해지죠. 80~90년대에 추구했던 문제의식의 근본 지점으로 돌아가서 현재적 자기 성찰을 하지 않으면, 지금까지 우리가 추구해왔던 모든 노력이 물거품이 된다는 위기를 자각해야 합니다. 이건 과거를 묻자는 것도 아니고 누굴 죽이자는 것도 아닙니다.

| 하지만 80년대의 성과를 특정 집단 혹은 정치세력이 '전유'하고 있는 상황에서는 그러한 작업에 참여하기 위한 일종의 '시민권'이 불가피하게 필요하지 않습니까? 아까도 잠시 말씀드렸지만 "그때는 잠자코 있다가……" 이런 식의 비판 아닌 비난도 그런 거죠. |

예를 들어 문부식 씨를 봅시다. 이 양반은 미문화원 방화에 참여했던 반미의 상징적 인물이죠. 이 사람이 반미 진영으로부터 이탈을 하고 비판을 받아요. 광주항쟁 때 참여했던, 희생되었던 사람들의 노력을 지금 광주의 후예라고 말하는 사람들이 오히려 죽이고 있다고 말합니다. 왜? 광주민주화운동의 법제화와 보상금 수여를 지상

목표로 삼았기 때문이죠. 이게 어떤 식으로 귀결되는고 하니, 광주항쟁이 기본적으로 국민국가의 완성, 국민 통합을 주장한 운동이었다고 스스로 주장하는 격이 되는 겁니다. 그런데 과연 광주에 참여했던 사람들이 그것을 지향했는가는 되물어볼 필요가 있다는 거죠. 문부식 자신은 그게 아니라고 말합니다. 문부식처럼 상징성을 가진 사람이 그런 이야기를 하면 속으로야 뭐라든 함부로 말할 수는 없겠죠. 한데 그렇지 못한 사람이 그러면 "저 XX는 참여도 하지 않았으면서 이제 와서 엉뚱한 이야기를 한다"라는 이야기를 들을 겁니다. 하지만 저는 그런 작업이 모든 사람들한테 필요하다고 생각합니다.

민주화운동이 일부에 의해 혹은 국가에 의해 전유되는 방식을 적극적으로 비판하지 않으면, 결국 국가라는 담론 속으로 회수되고 포섭되고 맙니다. 지금까지 해왔던 민주화운동의 노력들도 결국은 그렇게 될 수밖에 없겠죠.

5
분노와 반성을 넘어, 식민잔재 청산과 대안의 모색

> 윤해동에게 식민잔재의 청산이란 이미 죽은 자의 묘비명을 새롭게 새겨넣는 단순한 일일 수 없다. 남북 모두에게 사회주의·자본주의적 방식으로 재생산되는 식민지의 경험은 어떤 의미에서는 '잔재'라기보다는 '본질' 혹은 '핵심'일지도 모른다. 그렇다면 과연 '청산'이란 말을 붙일 수 있는지, 혹은 '청산'이 가능한지에 대해 심각하게 재고해야 할지 모른다. 민족의 몸뚱아리에 붙어 있는 먼지를 떨어내는 정도로 일제잔재 청산을 말하지만, 어쩌면 먼지 그 자체로 이루어진 것이 민족이라는 몸뚱아리일지도 모르는 일이다.

| 최근 다시 한 번 친일잔재 청산이 사회적인 문제로 대두하고 있는 것 같습니다. 사실 선생님께서 일련의 민족주의 비판 작업에서 가장 먼저 실증적인 문제로 제기하신 것이 친일잔재 청산과 관련한 것인데요. |

친일파 문제를 실증적으로 재구성하는 것이 굉장히 급하다고 생각합니다. 지금은 막연하게 도덕적으로만 재단되고 있습니다. 그 사람들이 어떻게 생각하고 활동했는가에 대해서는 거의 맹목적인 평가만 있는 실정이죠.

| 친일 문제와 관련해서 냉철하게 짚어봐야 한다는 말씀이신데, 좀더 구체적으로 설명해주시죠. |

저는 친일 문제에 두 가지 차원이 있다고 봅니다. 하나는 일본의 식

민지 지배에 대한 한국인들의 협력이라는 측면이고. 또 하나는 동아시아 각국이 우려하는 일본의 우경화나 일본의 전쟁책임과 연관된 것으로, 일본의 총력전체제에 대한 협력이라는 측면이 있습니다. 이건 명백히 구분되어야 합니다. 조선에 대한 식민지 지배와 일본의 동아시아 침략 또는 태평양전쟁 발발의 책임은 다른 문제라는 겁니다. 그런데 한국인들의 입장에서는 이게 굉장히 교묘하게 얽혀 있습니다. 일본 제국주의의 조선 지배에 협력한 부류가 하나 있고, 일본이 침략전쟁을 수행할 때 전쟁에 협력한 부류가 있습니다. 물론 이건 논리적인 문제입니다만, 일반적으로 뭉뚱그려서 친일파라고 하는데 논리적으로는 두 부류를 구분해야 합니다. 일본의 입장에서도 조선이나 대만에 대한 식민지 지배와 그 외 지역에 대한 침략을 구분해서 거론해야 하고, 우리 입장에서도 그 두 가지는 명백히 다른 것으로, 한국인의 책임 문제와도 연관되어 있다는 인식이 필요합니다.

| 전쟁 책임이라고 하면 전적으로 일본인 혹은 일본 군국주의로만 생각하기 쉬운데요. |
일본 제국주의 지배의 수준이 높아지면서 더 많은 한국인들이 지배체제에 포섭되었습니다. 그러면서 일본이 침략전쟁을 수행하자 많은 한국인이 다양한 형태로 일본의 침략전쟁에 참여합니다. 이걸 어떻게 볼 것인가? 단순히 친일이라는 문제로 동등하게 취급하기에는 상당한 어려움이 있죠. 침략을 당한 제3자의 입장에서는 조선이라는 식민지와 일본이 동일시될 수밖에 없거든요. 일본군에 입대했거나, 일본의 공장이나 광산에서 일하고 있는 조선인은, 식민지 피지

배민이 아닌 침략자의 일원으로 비춰지죠. 가령 미군이 한반도를 점령했을 때 미군정 초기 정책이 특히 그런 측면들을 어느 정도 보여주고 있습니다. 일본군의 무장해제를 위해 들어온 미군들에게 조선은 장기적으로 독립할 대상이지만 역시 일본 제국주의를 구성하는 일부분이라는 생각이 강했던 겁니다.

| 이 문제 역시 식민지 조선의 이중적 지위를 보여주는 사례겠군요? |
한국인들이 한쪽으로는 식민지 지배를 받고 있었지만, 또 다른 쪽에서는 침략에 동참하고 있었다는 사실을 부정할 수는 없습니다. 이런 문제에 대한 자각 없이 친일 문제를 일방적으로 거론하는 것은 우리 스스로의 책임을 방기하는 것일 수 있습니다. 식민지 지배나 전쟁책임 문제는, 자기 성찰·자기 책임이 식민지민에게도 동반되어야 한다는 점에서 중요하다고 생각합니다.

| 지금 말씀은 민감하면서도 충격적인데요.(웃음) 특정인 혹은 집단에게 책임을 전가하는 것이 아니라 '집단 전체의 책임'도 되물어야 한다는 말씀은 어떻게 보면 패전 이후 일본에서 나왔던 '1억 총참회론'과도 비슷하게 들립니다. 한데 '1억 총참회론'은 천황 책임론을 피해가기 위한 것이었다고 이해되거든요? |
'1억 총참회론'을 이야기했던 전후 일본 수상이 황족 출신인데요, 그런 사람이 이야기를 하니까 문제가 되긴 했죠. 여기에도 양면이 있을 텐데, 일본의 입장에서 볼 때 전쟁은 명백히 일본이라는 국가와 천황의 책임이죠. 그렇다고 국민이 그 책임으로부터 완전히 면제될 수 있을까요? 국민으로서의 정치적 책임은 엄중하게 물어야 하

한국인들이 한쪽으로는 식민지 지배를 받고 있었지만, 또 다른 쪽에서는 침략에 동참하고 있었다는 사실을 부정할 수는 없습니다. 이런 문제에 대한 자각 없이 친일 문제를 일방적으로 거론하는 것은 우리 스스로의 책임을 방기하는 것일 수 있습니다. 식민지 지배나 전쟁책임 문제는, 자기 성찰·자기 책임이 식민지민에게도 동반되어야 한다는 점에서 중요하다고 생각합니다.

는 것 아닐까요? '1억 총참회론'이 제기된 정치적 맥락을 제외한다면, 일본 국민이 져야 할 책임은 명백히 제기해야죠. 일본 국민들도 식민지배와 전쟁책임으로부터 2차적일 수는 있지만 벗어날 수는 없습니다.

| 충격적인 말씀이 상당히 많은데요. (웃음) 일반적으로 제3세계의 근대화 과정을 보면, 식민잔재의 완벽한 청산이 어떻게 보면 불가능한 듯싶은데요, 선생님이 말씀하셨던 동원체제로서 식민지 유산은 어떤 방식으로 해체될 수 있겠습니까? |

2차세계대전 이후 비자본주의적 발전의 길, 즉 자본주의라는 역사적 경로를 뛰어넘으려는 시도는 완벽하게 실패한 것으로 드러났죠. 한국의 문제만 두고 본다면, 궁극적으로는 발터 벤야민(Walter Benjamin)이 이야기하는 '역사의 천사' 즉 진보란 무엇인가 하는 문제와 관계가 있겠죠. 이건 뒤에서 좀더 자세히 이야기하고요.

북한의 사회주의체제 구축 과정, 즉 50~60년대 초고속 성장은 세계적으로 주목을 받았습니다. 어떤 측면에서는 국가사회주의적 근대화론이죠. 국가 주도 성장전략이 60년대 전반까지는 성공적이었는데, 그 이후 체제가 경화되고 성장이 둔화·퇴행하게 되죠. 제가 보기에는 궁극적으로 '주체'라는 발상 자체가 문제가 되겠지만, 상호 교류와 상호 의존적 세계체제를 이해하지 못한 데서 북한체제의 경화가 시작된 겁니다. 이렇게 보면 시대는 다르지만 남북한 모두 성장 모델로서는 세계적으로 인정받은 셈이죠. 그런데 이게 뭘 의미하는가에 대해서 곰곰이 생각해봅시다. 성장전략 측면에서 모든 책임을 총동원체제로 돌릴 수는 없지만, 총동원체제를 구축했던 역사적·사회적 구성물이 상당히 중요한 역할을 했다는 점은 제가 보기에는 의심의 여지가 없습니다.

| 식민지 잔재가 남북한의 근대 프로젝트 수행에 일정한 역할을 했다는 말씀으로 들립니다. |

50~60년대 북한의 동원체제는 어쨌든 식민지배기 총동원체제와 상당 부분 유사한 측면을 찾을 수 있습니다. 해방 직후 북한에서는 일제하 총동원 시스템을 활용하여 새로운 동원 시스템을 만들어 전쟁체제를 구축합니다. 전쟁 후에도 생산관계는 사회주의적으로 재편되지만 동원 시스템은 계속해서 작동하는 것이 아닌가 합니다.

| 사회적인 동원기제가 아닌 또 다른 측면의 식민잔재 문제로는 어떤 것이 있을까요? |

남북한 주민들의 의식구조도 상당한 역할을 했다고 봅니다. 단적으로 말하면 내일 우리의 일상은 오늘과 달라질 것이다, 내일은 오늘보다 나을 것이라는 전망을 남북한 구성원 모두가 공유하게 되었다는 겁니다. 근대적 발전관을 공유하게 된 거죠. 이게 일본 식민지 지배의 경험입니다. 이런 경험이 존재하지 않았다면 남북한 사회의 성장 경험이 가능했겠냐는 거죠. 물론 문화적인 면이나 성장 전략의 적절한 구사 등 여러 가지 부차적인 요소가 있겠죠.

새마을운동을 진행하던 사람들 중에서 천리마운동을 본받았다고 이야기하는 사람도 있고, 또 몇 년 전에 김정일이 새마을운동의 경험을 배우고 싶다고 이야기하기도 했었죠. 그런 측면에서 보면 천리마운동이나 새마을운동은 거울 효과처럼 서로에게 영향을 주었다고 할 수 있습니다. 그 연원을 거슬러 올라가면 총동원체제의 역사적 경험과 무관하지 않다는 건 분명하죠. 이 점에 대해서는 앞으로 구체적이고 실증적으로 검토해야 할 것입니다. 남북한 사회의 성장 자체를 총동원 체제만으로 설명할 수 있다는 것은 물론 아닙니다.

| 벤야민 이야기는 어떤 의미입니까? |

앞서 몇 번 이야기했던 진보 관념과 관련된 겁니다. "역사에서 진보란 과연 무엇인가? 진보라는 것이 역사에서 존재하기는 하는가?" 하는 문제인데 참 어렵죠. 진보관 자체는 서구에서도 18세기 이전과 그 뒤가 달라졌던 것 같습니다. 19세기 이후 서구에서 직선적 발전관, 진보 관념이 자리를 잡죠. 한국 사회에서는 일본의 식민지시기를 거치면서 진보관이 전 사회구성원들에게 강하게 침투된 것 같아요. 식민지시대의 합리화와 성장 경험을 통해서 강하게 자리잡은 듯합니다.

그렇다면 이것이 피할 수 없는 경로인가? 저는 이 문제를 접할 때마다 벤야민의 '역사의 천사'라는 표현을 늘 떠올리게 됩니다. 역사의 천사가 앞에서 불어오는 바람을 맞으면서 서 있죠. 그 천사의 날개에서 무수하게 잔해들이 떨어지고 있고, 바람은 끊임없이 천사를 향해서 불어오는……, 이것이 인류가 지금까지 만들어낸 진보의 역설이 아닌가 싶습니다. 그러한 진보를 앞으로는 다원화시켜야 한다, 일원적이고 직선적인 진보관으로는 곤란하지 않은가, 그런 측면에서 성장을 중심으로 한 발전론을 재검토해야 합니다. 물론 생태주의를 주장하는 사람들이 그런 이야기들을 많이 하죠. 진보관 자체를 부정하는 사람들도 많고요. 아직은 그런 이야기들에 전적으로 동의

할 수는 없습니다만 진보 관념 자체를 다원화할 필요가 있다는 생각은 합니다.

| 진보 개념에 대한 비판적 입장과는 달리 대안적 방식으로 제기하는 '급진 민주주의'에 대해서는 좀 다르게 생각하고 계신 것 같습니다. |
진보 관념을 다원화시키는 방식의 하나가 급진 민주주의론이 아닐까 합니다.

| 그렇지만 민주주의 역시 진보·발전의 개념과 같이 가는 근대의 산물이라는 비판도 있습니다. |
잘못된 이야기죠. 민주주의의 실험, 민주주의가 이상화된 것은 근대보다 훨씬 더 오랜 역사를 갖고 있습니다. 근대의 산물이랄 수 있는 자유주의가 민주주의와 접합되면서 그런 오해를 하는 것 같은데요, 물론 민주주의가 굉장히 문제가 많다는 생각은 합니다.

칸트는 민주주의가 전제적 성격을 가지고 있기 때문에 바람직하지 않다고 했죠. 왜 그런가 보니까 민주주의가 다수의 지배를 의미하는데, 다수에 따르지 않는 소수는 언제나 남아 있기 마련이고, 소수에 대해서는 전제적일 수밖에 없죠. 그래서 칸트는 거기에 동의할 수 없고 공화주의를 지지한다고 했습니다. 칸트의 민주주의와 공화주의가 뚜렷이 구분되는 것 같지는 않습니다만, 아무튼 민주주의가 전제적 측면이 강하다는 점은 이해가 됩니다. 그래서 민주주의를 급진화시켜야죠. 민주주의가 급진화되지 않으면 그런 약점이 심각한 문제로 드러날 수 있습니다. 자유 민주주의가 문제가 되는 건 바로 그런 점이겠죠. 역사적으로 자유 민주주의가 진보적 측면을 갖고 있지만, 자유 민주주의가 역사의 종착점이 될 수는 없습니다.

│ 이론적 차원에서 진보관 비판이 설득력도 있고 이해도 됩니다만, 그것을 설명하고 구체적인 서술로 내보이기 위해서는 구체적인 역사연구와 매개되어야 할 것 같은데요. 민족 단위의 진보·발전관을 대체할 만한 것으로는 무엇이 있을까요? 사실은 제일 궁금한 점이 그것입니다. │

대안적인 것을 만들어내지 않으면 불안해하는 것 자체가 근대적 정서가 아닐까요?(웃음) 대체할 무엇이 없으면 손안에 쥐고 있는 걸 버리기 불안해하는 정서 말이죠.

│ (웃음) 말씀하셨듯이 현재 우리가 근대 역사학의 압도적 영향하에 있어서 그 문제에서 완전히 자유로울 수가 없는 것이 사실입니다. 한국사를 공부하는 연구자들에게 이건 생존의 문제거든요. │

그게 어려움 중 하나입니다. 메타비평만으로는 역사학에서 백안시되기 때문에 이제 실물을 내거나 구체적인 개념틀을 만들어내야 하는데, 그것이 시간이 걸리고 우회적인 작업을 통해서만 가능하다는 난점이 있습니다. 하지만 그것이 가지고 있는 파괴력이 있을 겁니다. 만들기만 한다면요. 앞으로 한국사학계의 과제 가운데 하나겠죠.
외부적인 효과이기는 합니다만, 굳이 예를 들면 와세다대학의 이성시(李成市) 교수가 '만들어진 고대'[10]라는 발상으로 일본 학계에서도 상당한 주목을 받고 있습니다. 최근에 번역된 책은 대중의 관심

---

10 │ 이성시, 《만들어진 고대 : 근대 국민국가의 동아시아 이야기》, 삼인, 2001.

을 상당히 끌고 꽤 많이 팔렸다는 이야기를 들었습니다. 그게 커다란 현실적 영향력은 없겠지만, 민족국가적 믿음을 고대에 투영시키는 발상 자체를 성찰할 수 있는 효과는 있지 않겠습니까? 이성시 교수는 한국사학계 외부에 있지만, 앞으로 그런 식의 작업이 계속되어야 한다고 생각합니다.

| 발전-진보를 다원화시킬 필요가 있다고 하셨는데, 그렇다면 신채호의 민족주의에 관한 논문에서 지적하는 '민중'이 그런 가능성 중 하나라고 보시는 거죠? |
그걸 만들어낼 수 있는 하나의 가설적 개념틀로 보고 있습니다.

| '민중'이라는 개념에 대해서 좀 짚었으면 합니다. |
저는 신채호가 민중 개념을 전도시켰다고 보는데요, 대중(mass)과 관련한 관념이 부상하는 것은 세계적인 현상입니다. 19세기부터 프롤레타리아가 정치적으로 진출하게 되고, 또 생산력의 발전으로 프롤레타리아에게 할당되는 생산물이 늘어나면서 일정한 생활수준에 이르는 다중-매스가 출현하게 됩니다. 보통선거권도 획득하게 되죠. 여기에 대해서 사회과학 연구자들이 일정한 위기의식을 갖게 된 겁니다.

| 민중의 진출에 대한 지식인의 불안을 말씀하시는 건가요? |
대표적으로 짐멜(Georg Simmel) 같은 사람이 그렇고, 프랑스 사회학자 르봉(Gustave Le Bon)은 노골적인 적의를 드러냅니다. 일정하게 견제하려고 했던 것 같아요. 개인주의를 질적인 개인주의와 양적인

개인주의로 구분할 수 있고, 질적인 개인주의의 차원에서는 개인적 자각이 결여된 다중이 정치적으로 진출하는 것이 상당히 위험하다는 것이죠. 1차세계대전을 전후해서 그 위기감이 상당히 증폭됩니다.

| 우리의 경우에도 그 같은 시기가 물론 있었죠? |
3·1운동 이후에 굉장히 큰 영향을 미치는데, 이광수 같은 사람이 그렇습니다. 아무튼 그 영향하에서 만들어진 조어가 민중이라는 용언데, 사실은 일본인들이 만들었습니다. 일본에서도 매스의 진출을 어떻게 봐야 할 것인가라는 문제가 있었어요.

| 민중도 역시 일본 사람들이 만든 조어로군요. |
한국에서는 총독부 관변에서 먼저 민중이라는 용어를 썼어요. 예를 들어 1910년대 후반부터 '민중의 복지'를 증진시킨다든지 하는 선전을 했죠. 식민통치가 종식될 때까지 민중이라는 말을 썼는데, 그걸 한국 사람들이 전용한 거죠. 그러면서 민중을 상당히 저항적인 개념으로 전도시켰어요. 〈동아일보〉 등의 언론이나 민족운동 진영에서 바꾼 거죠. 가장 박력 있게 전유한 사람이 신채호였습니다. 여하튼 모두가 대중이 정치적으로 진출하게 되면서, 정치적인 맥락에서 이것을 어떻게 평가할 것인가 고민하면서 나온 산물이죠. 서구에서나 일본에서나 한국에서나.

| 신채호에게 민중은 어떤 의미였습니까? |
신채호는 민중을 계급적 실체라든지 단순하게 낭만적으로 피억압자·피해자 집단으로만 보지 않고, 내부적으로는 중층성을 가지고

있지만 새로운 주체가 될 수 있다고 본 점에서 혁명적입니다. 그것을 해방 이후 70년대 민중론자들이 새롭게 재정의하면서 80년대 민중이 새로운 주체로 떠오릅니다. 그런 의미에서 저는 담론적 실체가 있다고 봅니다. 우리가 새로운 내용을 부여하면서 역동적인 개념으로 만들어냈으니까.

| 80년대 사용되었던 민중 개념과는 다른 어떤 실체를 보고 계시는 것 같습니다. |

우리가 활용하기에 따라서는 잘 이용할 수도 있는데, 그걸 계급론적으로 환원시킨다든지 하는 것은 민중의 역동성을 죽이는 일이겠지요. 제가 논문에서 '공간'이라고 한 것은, 공공성의 담론과 연결시킬 수 있는 가능성은 없겠는가 하는 생각에서 사용한 표현입니다. 말하자면 국가에 대응하는 새로운 공간, 곧 일제시대부터 신채호 같은 사람들이 그런 가능성의 공간으로 민중을 만들어내려고 했던 게 아닐까 하는 생각에서 주목했습니다. 일반적으로 1차세계대전 전후 한국 사회의 분화 현상을 반영하는 개념이고, 한국인들의 저항적 담론을 포괄하는 개념이니까, 20세기 한국사의 중요한 성과인 이 개념을 재활용할 필요가 있다고 봅니다.

지금 서구에서 이성 비판이나 개인주의 비판이 나오는데 한국의 민중은 처음부터 개인주의와 연대의 틀을 한꺼번에 담고 있었다는, 좀 모호하고 정의가 불확실한 개념이기는 합니다만, 민중은 개인주의적 문제의식과 연대라는 문제의식을 같이 담아낼 수 있는 개념이라고 생각합니다. 그렇다면 이건 한국적 근대 비판에서 핵심적인 무기로 만들어낼 수 있을 것 같습니다.

| 좀전에 연대라는 말씀을 하셨는데, 현재 외국에 있는 학자들과도 알게 모르게 교류하시는데요, 그런 작업에서 어떤 새로운 가능성을 보시는지요? 대안적 역사서술의 가능성 같은……. |

현재는 좌파·우파 구분이 무용해진 것 같은데요, 일본의 진보적 학자들과의 만남은 그래도 소중하다고 생각합니다. 공유하는 지점을 확보하자는 의미가 아니라, 공유하는 지점이 전혀 없어도 필요합니다. 일본의 상황과 한국의 상황이 다르기 때문에 특히 그런데, 역사적 경험의 측면에서 보더라도 일본의 진보적 지식인들은 한국에 대해서 한 수 접고 들어갑니다. 마음속으로 사죄하는 마음을 가지는 거죠. 그래서 함부로 이야기하지 않으려는 조심성이 있습니다. 그런 걸 넘어설 수 있을 때 진정한 대화가 가능하겠죠. 그런 지점을 확보하려면 시간이 좀 걸리겠지만, 그러기 위해서 교류를 많이 해야죠.

| 일본 학자들과의 교류가 대안적 교과서 서술 문제와도 관련이 있다고 들었는데요?|

몇몇 사람들이 '동아시아 대안교과서 서술'이라는 주제로 처음에 만난 모양이에요. 논의 과정에서 지금으로서는 대안교과서 서술은 불가능하고, 내부적으로 자기 나라의 내셔널 히스토리 서술이나 인식 문제를 비판하면서 접점을 모색해보자고 합의가 되면서 '비판과 연대를 위한 동아시아 역사포럼'이라는 이름으로 꾸려졌죠.

| 그간 진행 상황을 간략하게 설명해주시죠. |

목표는 일단 한국사 인식의 비판과 성찰에 두고 있습니다. 일본과 만나는 접점은 장기적으로 모색하자고 했죠. 한국위원회에는 한국

사 전공자들이 적고 다양한 분야의 사람들이 같이 모였습니다. 한국 근·현대사에 대한 다양한 접근 방식을 공유할 수 있다는 점에서 도움이 많이 됩니다. 결국 출발 자체가 대안적 역사서술이었기 때문에 한국사 서술로 귀결될 텐데, 이걸 어떻게 감당할지는 앞으로 더 두고봐야죠. 그래서 지금 일본 측과 약속한 것은 5년 정도 같이 작업해보자는 정도입니다. 그 사이에 한국사 연구자들의 적극적인 참여가 있어야 할 것 같습니다. 지금은 일단 범위가 좁지만 시간이 가면 젊은 세대들에게 열어야죠. 지금 모인 수로는 불가능하고요.

| 학자들 간에 어느 정도 공감대가 형성되었는지 알 수 없지만, 그게 쉬운 작업은 아니겠지요? |

교과서 문제는 한국 내부의 문제만 따지고 보면 더 답답하죠. 발언의 기회도 봉쇄되어 있고요. '일본 교과서 문제'에 대한 비판적 성찰이 한국사학계 내에서 거의 없다는 것도 좀 망연합니다. 앞으로 만나다 보면 그런 작업의 가능성도 열리겠죠. 지금 필요한 것은 '연대' 관념입니다. '연대'라는 관념도 그간 많이 오염되어서, 한일간의 연대라고 하면 당장 친일파로 규정되고 말죠. 연대라는 말만큼 좋은 것도 없지 않나요? 한데 국가간 연대는 완전히 우파의 전유물이 되어버린 실정입니다.

| 현재의 작업도 일종의 '동아시아 연대'를 위한 출발점이라고 할 수 있군요. |

동아시아라는 지역적인 틀이 하나의 집단적 정체성을 가지게 된다면 좀 곤란하겠습니다만, 동아시아 연대는 동아시아 지역으로 우리

시야를 확장하면서 더 많이 고민해야 할 주제입니다. 동아시아 담론이 90년대 후반까지 간헐적으로 논의되었지만, 그것이 구체화되지 못한 건 유감입니다. 현실 경제나 정치에서의 논의가 더 앞서가고 있는 것은 문제죠. 가령 '한일자유무역지대'나 '아시아자유무역지대' 구성에 관한 논의가 벌써 이루어지고 있어요. 자유무역지대라는 개념은 장기적으로 본다면 경제공동체까지도 상정하는 논의거든요. 경제관료나 자본가들이 벌써 경제공동체를 구상하고 있는데, 학자들이 논의를 더 진전시키지 못하는 것은 문제입니다.

| 현실적으로 학계에서 그러한 논의가 진행되기에는 어려움이 많다는 불가피한 측면도 있겠지요. 과거사 청산이랄지……. |
한국 민족주의 담론의 폐해가 여기에서도 드러납니다. 전근대적 국가질서와 근대적 국가질서를 전혀 구분하지 못하기 때문에 큰 문제가 발생합니다. 가령 전근대 중국과 조선의 관계를, 근대 미국이나 일본과 한국의 관계와 똑같이 바라보는 거죠. 그래서 이건 사대다 이렇게 규정하는데, 개념의 혼란이 이보다 더 심한 경우도 찾아보기 힘듭니다. '사대'의 개념 규정도 일본 식민사학자들과 별로 다르지 않은 것 같습니다.

여하튼 전근대 지역질서와 근대적 국가간 질서를 혼동하기 때문에 연대 관념을 제대로 파악하기 힘들게 되어 있습니다. 그래서 역사적으로 보면 연대 문제가 구체적으로 논의된 경험이 있으면서도 민족주의적 기준에 의해서만 평가되고 마는 거죠. 지금까지 보면 일본 대아시아주의자의 침략주의라든지 손문의 대아시아주의의 기만성이라든지 이런 것만 이야기되었을 뿐, 중국·한국·일본 모두 진

한국 민족주의 담론의 폐해가 여기에서도 드러납니다. 전근대적 국가질서와 근대적 국가질서를 전혀 구분하지 못하기 때문에 큰 문제가 발생합니다. 가령 전근대 중국과 조선의 관계를, 근대 미국이나 일본과 한국의 관계와 똑같이 바라보는 거죠. 그래서 이건 사대다 이렇게 규정하는데, 개념의 혼란이 이보다 더 심한 경우도 찾아보기 힘듭니다. '사대'의 개념 규정도 일본 식민사학자들과 별로 다르지 않은 것 같습니다.

정하고 진실한 연대론이 있었음에도 제대로 평가되지 못하고 있습니다. 이 문제만 놓고 봐도 민족주의 담론의 폐해가 우리 시야를 얼마나 좁혀놓고 있는지 알 수 있습니다.

| '비판과 연대를 위한 역사포럼'의 이후 전망은 어떻습니까? |
우선 한일간에는 앞서 말씀드린 것과 같고, 상황이 되면 중국 측 파트너와 결합할 계획인데 지금의 중국 상황에서는 당분간 어려울 것 같아요. 한국과 일본의 중국 연구자들이 먼저 중국에 대한 논의를 적극적으로 수행하는 것도 방법이겠죠. 그 정도 이야기가 되고 있습니다.

| 이런 작업이 대학 내에서 혹은 기존의 역사학 관련 단체의 틀 속에서 이루어지지 못하고 있는 점 역시 문제라고 생각합니다. 역사학 관련 단체들은 대학이라는 기존의 질서 외부에서 대학 내의 분위기를 변화시켰다는 자부심 같은 것을 갖고 있죠. 가령 대학에서 현대사 강의가 개설된 것처럼 기존 체제가 스스로 만들어내지 못하는 변화의 힘을 외부에서 줄 수 있었다는 점인데요. 말씀하신 한국사 연구의 문제점이랄까, 민족주의적 서술이 결국은 그런 연구가 이루어지는 시스템과 관련될 수밖에 없을것 같습니다. 80년대 후반에 그랬던 것처럼 결국은 시스템에 대한 비판과 자극이 필요하지 않을까요? 그러기엔 아직 역사포럼은 너무 느슨한 단체 같습니다. |
그건 앞으로도 그럴 것 같고, 또 느슨한 결합을 유지해야 한다고 생각합니다. 자발적 참여의 여지를 많이 남겨둬야죠. 그 점은 방금 말씀하신 것처럼 80년대에 출발해서 제도화되어 있는 연구단체들에 대한 비판이기도 한데요. 제도권 비판으로 출발해서 다시 제도권이

되어버리는 것, 이것은 민족주의의 운명과도 같습니다. (웃음) 그건 말이 안 되죠. 현재 대학 외부에서 활동하고 있는 역사단체는 상당히 경직되어 있는 것이 사실입니다. 공공의 공간, 소통을 통해서 계속 변화해나가는 공간으로서의 의미는 많이 퇴색되었죠.

| 좀 전에 말씀하셨던, 80년대의 성과에 대한 진지한 재성찰이 필요하겠군요. |

빨리 본래의 정신으로 돌아와서 스스로를 공적인 공간으로 열어놓을 수 있어야 합니다. 그렇게 되려면 논의 자체를 열어두고, 다른 논의를 수용할 수 있는 관용을 가져야죠. 그게 부족하니까 자신의 성과만을 강조하는 겁니다. 그래도 이만큼 하지 않았느냐 이거죠. 그렇게 스스로를 닫아버리면 오히려 자신들에게도 마이너스예요. 앞으로의 연구단체는 그렇게 되면 곤란할 것 같습니다. 수유연구실 같은 곳은 그런 폐쇄성을 강하게 경계하는 것 같아요.

| 궁극적으로는 결국 대학이 문제겠죠? |

대학도 마찬가지입니다. 대학 밖에서 대학 내에 충격을 줄 수 있을지는 의문입니다. 물론 대학 내에서 이루어지는 지식생산 과정이나 시스템도 혁명적으로 바뀌어야 합니다. 너무 굳어져버렸죠. 어떤 측면에서는 19세기적 혹은 20세기적 학문 분화 양상이 해방 이후 한국사회에 정착되면서 이상한 분과학문의 폐쇄성이 대학사회에 정착되었고, 그래서 대학의 지식생산이 변화하는 사회를 따라가지 못하게 되었습니다. 한국사의 지식생산 메커니즘이나 교육 커리큘럼이 시대적으로 너무나 뒤쳐져 있어요. 이걸 고치지 않고 밖에서 공간을

만드는 방법을 통해서 변화할 수 있을지 의문입니다.

밖에서 따로 모여서 색다른 인식론을 창출하는 것도 필요하지만, 대학의 지식생산 과정에 대한 직접적인 비판도 있어야 합니다. 거기에 대해서는 너무 무관심해요. 대학에서의 커리큘럼 개선이나 논문 지도법 개선 같은 제도적인 문제에 대해 비판하지 않으면 안 됩니다. 그 작업도 매우 중요하고 또한 필요한 일입니다.

| 한국사 분야에서 민족주의적 역사서술이 너무나 당연한 것으로 되어 있어서, 거기에서 벗어나기가 상당히 힘들거든요. 사실 민족주의 비판과 관련된 글들은 잡지나 심포지엄 발표문에서는 볼 수 있어도 한국사 관련 학술지에서 찾아보기는 힘듭니다. |

지금 굉장히 기이하게 공존하고 있어요. 서로 다 알면서 모른 척하는 겁니다. 아니면 진짜 몰라서 그럴 수도 있고. 그런데 이런 상황이 그렇게 오래갈 것 같지는 않아요. 어떤 형식으로든 상호 침투하겠죠. 그래서 지식생산 메커니즘 자체에 대한 분석과 비판이 필요합니다. 새로운 인식론을 개발해나가는 것만큼 중요한 과제일 수 있죠. 지금은 그냥 내버려두고 있는데, 그 자체가 하나의 학문일 수 있습니다.

| 대학질서에 대한 비판이 필요하다고 하셨는데, 연구자들이 그런 마인드를 가지고 자기 전망을 가질 필요는 없을까요? 박사논문 포기운동이랄까,(웃음) 아니면 아예 대학원에 들어가지 말고 연구하자는 극단적인 사람도 있는데요. 연구자로서 자기 삶을 사는 것과 정규 과정을 거치는 것이 병립할 수도 있겠지만, 과정에 들어온 이상 어느 정도는 길들여지거든요. 그래서 그런 탈학교 연대와 같은 마인드를 조금씩 준비할 단계는 아닐까요? |

그런 생각을 하고 그렇게 사는 것은 존중되어야겠죠. 하지만 전체적인 과정으로 다른 사람에게도 일반화시켜야 한다는 발상이라면 그건 곤란합니다. 자기가 그렇게 생각하면 그렇게 가는 것이고 또 존중되어야겠지만, 탈학교는 지금으로서는 굉장히 사치스럽다고 생각합니다. 학교 메커니즘이 아니라면 교육을 받아야 할 수많은 학생들을 어떻게 수용하겠습니까? 탈학교가 그 대안은 아닌 것 같고, 그게 정규 교육 시스템에 가하는 충격이나 비판의 효과는 평가되어야 하지만, 그렇다고 모두가 그런 마인드를 가지고 따르라는 것은 너무 폭력적입니다.

우리의 지식생산도 마찬가지죠. 자기가 그렇게 한다고 해서 다른 사람들도 다 그렇게 하자는 건 곤란합니다. 지식생산 메커니즘을 대학이 압도적으로 장악하고 있고, 끊임없이 재생산되어야 하는 학문 후속세대들을 당장 수용할 수 있는 다른 공간이 없는 상황에서 그런 이야기만 강조하는 것은 공론이죠. 물론 고민은 시급하게 해야지만.

| 아까도 그런 말이 나오긴 했습니다만, 선생님 작업이 정말 제도로서의 역사학을 불안정하게 만드는 것에 있는지 궁금합니다. |

근대 역사학 특히 20세기 이후 역사학 일반이 추구했던 것이 과학성에 대한 지향이었는데, 그것은 바로 현재성의 추구라고 생각합니다. 역사학이 현재 우리 사회를 보는 눈을 더 열어주는 역할을 해야 한다, 현재를 변화시키는 데 힘을 줘야 한다는 것인데요. 이제는 역사학이 더 이상 그런 역할을 할 수 없게 되었습니다. 현실적으로 전혀 무용한 역사학이 될 가능성이 있다는 것이죠.

근대 역사학, 특히 20세기 이후 역사학 일반이 추구했던 것이 과학성에 대한 지향이었는데, 그것은 바로 현재성의 추구라고 생각합니다. 역사학이 현재 우리 사회를 보는 눈을 더 열어주는 역할을 해야 한다, 현재를 변화시키는 데 힘을 줘야 한다는 것이죠. 역사학이 더 이상 그런 역할을 할 수 없게 된다면, 현실적으로 전혀 무용한 학문이 될 가능성이 있습니다.

| 역사학이 무용지물이 될 수도 있다는 우려신데, 사실 지금 한국사가 상당히 효용은 있지 않습니까? (웃음) |

일부 있겠죠. 대학에 자리 잡는 것이 제일 큰 문제니까, 대학에 자리 잡는 데에는 그게 제일 유리하죠.

| 아무튼 그게 대세입니다. (웃음) |

그건 과학 이야기를 하면서도 과학의 본질을 잃어버리는 거죠. 근대 사회과학의 본질이 무언가에 대한 성찰이 없는 겁니다. 그 핵심은 현실과 체제에 대한 끊임없는 비판정신인데, 말은 그렇게 하면서도 체제에 봉사한다는 자각을 못하는 건 비극이죠, 비극!

| 마지막으로 박정희에게 관심이 많으시다고 하셨는데, 이후 연구계획에 대해 말씀해주십시오. |

욕을 먹을 수도 있는데, 저는 박정희 연구소가 하나 만들어졌으면 해요. 박정희 개인 연구가 아니라 박정희로 상징되는 한국의 압축성장의 역사성을 연구할 수 있지 않을까요? 박정희의 궤적이 그걸 전형적으로 드러내죠. 물론 이인화처럼 악마적이고 영웅적인 방식은 아니겠죠.

시간 층위 자체를 중층화시킬 수 있어야 하는데, 박정희 개인이 살아온 시간과 그 밑에 흘러오고 있는 한국 사회의 긴 시간을 아울러 볼 수 있는 시야가 필요합니다. 박정희 연구소, 그건 20세기 한국사 연구소가 되겠지만, 아무튼 박정희를 매개로 공부할 필요가 있다고 생각합니다.

◈

활자화된 윤해동의 인터뷰는 딱딱하면서 또 거칠다. 비판을 위해 의례적으로 늘어놓는 입에 발린 칭찬 따위의 수사가 없고, 한 번 내어놓은 말들을 다시 주워담는 경우도 없다. 이 텍스트들은 인터뷰를 반도 채 살리지 못한다. 생략되어 있는 수사들, 비판 대상에 대한 정당한 가치평가, 미안함 등은 비판에 앞서 언제나 이마를 찡그리거나 가늘게 내뱉는 한숨 속에 진하게 배어 있었다. 표정의 변화와 어조가 생략됨으로써 자신이 몸담고 있는 한국사학계에 대한 거침없는 비판의 진의가 왜곡되지 않을까, 비판의 행간에 들어 있는 한국사와 한국사학계에 대한 그의 애정도 함께 사라져버릴까 조심스럽다. 하지만 진정한 그리고 진지한 독자라면 행간에 숨어 있는 윤해동의 표정과 숨소리 그리고 열정을 알아차릴 수 있을 것이다.

"나비처럼 날아서 벌처럼 쏜다!"

막힘없는 행보와 날카로운 비판정신을 상징하는 이 문구는 윤해동에게 잘 어울린다. 물론 그는 복서가 아니고 또 싸움닭도 아니다. 쉴새없이 발을 놀리고 또 주먹을 내지르는 것은 편안함과 익숙함에 안주하려는 스스로에 대한 채찍이다. 싸움닭이나 복서와 그를 구분해주는 점은 그가 겨루고 있는 대상이 그 자신이라는 점이리라.

인터뷰·정리_고지훈(서울대 강사)

■ 윤해동 저술목록

〈신채호의 민족주의, 민중적 민족주의 또는 민족주의를 넘어서〉, 제5회 단재문화예술제전, 단재사상 대토론회 '단재의 역사의식' 발표문, 2001.
〈식민지 인식의 '회색 지대' : 일제하 '공공성'과 규율 권력〉,《당대비평》13호, 2000.
〈內破하는 민족주의〉,《역사문제연구》5호, 2000.
〈일제잔재청산과 관련하여 제기되는 몇 가지 문제〉,《한국 근현대사와 친일파 문제》, 2000.
〈한국전쟁의 미시적 분석 : 인민군 여자군의관으로 겪은 한국전쟁〉,《역사비평》51호, 2000.
〈한국 민족주의의 근대성 비판〉,《역사문제연구》4호, 2000.
〈친일파 청산과 탈식민의 과제〉,《당대비평》10호, 2000.
〈'統監府設置期'地方制度의 改正과 地方支配政策〉,《韓國文化》20호, 1997.
〈대담 : 혁명과 박헌영과 나〉,《역사비평》37호, 1997.
〈한말 일제하 天道敎 金起田의 '近代' 수용과 '民族主義'〉,《역사문제연구》창간호, 1996.
〈일제의 지배정책과 촌락재편〉,《역사비평》28호, 1995.
〈민족부르주아지에서 황국신민으로〉,《역사비평》22호, 1993.
〈日帝下 物産獎勵運動의 背景과 그 理念〉,《韓國史論》27호, 1992.
〈한일협정에서의 청구권, '배상'인가 '구걸'인가〉,《역사비평》16호, 1992.
〈여운형은 일제에 협력하였나〉,《역사비평》15호, 1991.
〈日帝下 物産獎勵運動의 理念과 그 展開〉, 서울대 국사학과 석사학위논문, 1991.
〈실종된 진상, 日帝下 한국인 徵用〉,《月刊中央》175호, 1990.
〈반탁운동은 분단 · 단정노선이다〉,《역사비평》7호, 1989.
〈여운형 암살과 이승만 · 미군정〉,《역사비평》6호, 1989.

김동춘
발(足)로 생각하는 지식인

예전에 이따금 접한 저술 속에서
김동춘은 엄정하기는 하나 현학자연하지 않는 담백한 학자였던 것으로 기억된다.
그리고 그의 홈페이지를 방문하고 나서는 천성적 소탈함이 김동춘으로 하여금
스스로를 '학문은 좋아하나 학자를 만나는 것은 싫어하는' 사람으로
평가하게 만든 것인지 모른다고 생각했다.
그런데 그는 소위 '잘 나가는' 실천적 지식인이면서도
웅변을 달가워하는 것 같지도 않았다. 상아탑에 갇혀 있는 것도,
그렇다고 해서 달변을 과시하는 광장(廣場)형 인물도 아닌 듯 보이는 김동춘은 실제로
어떤 목소리로 말을 할까? 혹여 육성과 저술 사이에 지나친 비약이 있다면······.
김동춘과의 인터뷰는 이러한 기대와 주저 속에서 시작됐다.
인터뷰는 2001년 12월에서 2002년 1월 사이
성공회대 김동춘 교수 연구실에서 세 차례에 걸쳐 진행되었다.

김동춘

1959년 경북 영주 한절마을(淸道 김씨 집성촌)에서 태어난 김동춘은 유신 말기의 엄혹한 시절이었던 1977년 서울대 지리교육학과에 입학한다. 그의 대학 시절은, 촌티를 벗고 '세련된 근대인'이 되기 위한 연습의 시간이자 마을 어른들의 우려 속에서 '운동권 학생'의 길로 접어든 시기이기도 했다. 1982년 서울대 사회학과 대학원에 진학, 1993년 〈한국 노동자의 사회적 고립〉이라는 자칭 시대착오적(?)인 논문으로 박사학위를 받은 후 2002년 가을 현재까지, 김동춘은 한시도 한가롭게 책 '만' 읽을 여유를 가져보지 못했다. 현재 성공회대 사회과학부 및 NGO학과 교수인 그는 《역사비평》 편집위원(1989~현재)과 《경제와 사회》 편집위원장(1997~2000), 참여연대 정책위원장으로 활동중이며, 6·25 50주년인 2000년에는 '민간인학살진상규명과 명예회복을 위한 범국민위원회'를 조직했다. 김동춘은 경험과 현실이야말로 그 어떤 해박한 지식이나 최신 이론서들보다도 더 자신을 꾸준히 인도하는 충실한 텍스트임을 확신하는 지식인이다.

1
새로운 사회학을 향한 출구

> 김동춘은 토종 기근인 한국 사회학계에 몇 안 되는 국내파 학자이다. 그는 괄호 안에 묶여 있던 한국의 실정을 끄집어내어 구체적인 역사적·실천적 맥락 위에 위치시킨다. 이렇게 길어 올린 한국적 특수성 속에서 보편의 계기 또한 발견하고자 한다는 점에서, 그의 작업은 보편을 표방하는 서양의 패권주의적 논리에 갇힌 '그릇된 특수'와, 자신의 특수성을 보편에서 벗어나는 예외쯤으로 간주해버리는 '그릇된 보편' 모두를 넘어선 것이라 할 수 있다. 이를 위해 김동춘은 역사학과 사회학을 넘나드는 연구를 진행하는 동시에 그의 학문적 지향점을 끊임없이 실천적 운동에 맞추어 조율해나간다.

| 선생님께서는 대학에 입학하신 후부터 지금까지 줄곧 운동가로서의 삶을 살고 계신데요, 그처럼 학문 바깥의 활동과 학자로서의 삶이 교차하게 된 계기부터 이야기해주시죠. |

운동가라는 것은 과분한 이야기입니다. 운동을 하다가 갑자기 방향 전환을 해서 사회학을 공부하게 된 건 아니고, 학생운동 언저리에 있다가 학부 졸업 무렵쯤 공부할 생각을 갖게 되었습니다. 물론 여건이 안 되고 상황도 어려워서 박사 과정을 좀 늦게 다니긴 했지만요.

대체로 80년대 이전 학번은 학생운동하던 사람들 중에 학문 활동을 하는 사람들이 꽤 많습니다. 그 당시 학생운동은 마르크스·레닌주의를 도식적으로 학습하기 전 단계였기 때문에, 학교 다닐 때 비교적 인문주의적 학습을 많이 했어요. 우리 때는 다양한 아카데미즘과 인문학적 교양을 흡수할 수 있었고, 실질적으로 대학에서 대학신문·학생언론·학내 아카데미즘을 주도한 것이 바로 학생운동권이었거든요. 그렇지만 학생운동이 대중운동 스타일로 변해가기 시작한 80년대 초·중반 이후에는 학생운동 내부에서 학문적인 지향을 가진 사람이 극소수였고 학문 활동을 할 분위기도 아니었죠. 대중정치나 직접적인 권력투쟁이 중요했기 때문에 사회과학 학습과 운동을 병행하는 것이 불가능했고, 또 도식적이고 기계적인 학습이 학생운동 문화를 지배했어요. 70년대 중·후반 학번과 80년대 학번 사이에는 이러한 차이점이 있습니다.

| 사회학을 선택하신 특별한 이유가 있습니까? |

솔직히 말하면 사회학과 대학원에 진학할 당시 사회학이라는 학문을 완성시키겠다는 특별한 사명감이나 학문을 계속할 수 있으리라는 자신감이 별로 없었어요. 그보다는 당시의 암울한 상황에서 공부를 하면 뭔가 출구가 열리지 않을까, 우리 사회를 변화시키는 데 도움이 되지 않을까 생각했습니다. 또 워낙 상황이 험악하니까 보호받고 싶기도 했고, 정리되지 않은 지적 욕구를 해소하고 싶기도 했죠. 학부는 사대 지리교육과를 나왔어요.

사회학에 흥미를 느끼게 된 계기는 이렇습니다. 사회과학 분야의 공부를 해보고 싶은데 철학은 현실과 너무 거리가 멀어 보였고, 경제학은 수학에 자신이 없어서 포기했죠. 그래서 철학과 경제학의 중간쯤에 있는 사회학을 하기로 마음먹었습니다. 또 지식인 문제에도 관심이 있었는데 그것이 사회학적 주제와 연결된다고 생각했어요.

| 사회학만이 가지고 있는 학문적 특성이 있다면요? |

사회학이라는 학문은 정치학과 경제학의 중간에 있으면서 동시에 그 둘 위에 있다고 봅니다. 일종의 종합 사회과학적 측면이 있다고 할 수 있죠. 부문 사회과학으로서 사회학과 정치학·경제학의 차이점이라면 사회학은 인간의 행위와 의식, 역사들을 결합한 학문이라고 볼 수 있어요. 사회과학과 인문학의 중간쯤에 있는 학문이죠. 학문 자체의 성격이 굉장히 리버럴하기 때문에 미국, 프랑스, 한국 모두 사회학하는 사람들이 사회운동에 제일 많이 관여해요. 경제학은 돈 버는 데에, 정치학은 권력 잡는 것에 관심이 있다면, 사회학은 권력지향적이지도 않고 자본주의 질서에도 쉽게 편승하지 못하는 어정쩡한 비판자적 역할을 하는 겁니다. 혁명적인 이론을 제공하지도 않지만 체제 순응적이지도 않은 거죠.

| 선생님께서는 '역사에 터잡은 사회과학'의 중요성을 재차 강조하시면서 국사학과 사회학의 경계를 계속 넘나들고 계시지 않습니까? 국사학을 선택하시는 편이 낫지 않았을까 하는 의문이 들기도 합니다. |

물론 역사학도 과학이지만, 사회학은 특히 과학으로서의 성격이 강하죠. 사회학이 당면 사회 현실에 대한 긴장, 현상들의 인과관계 추구에 초점을 두는 데 비해, 역사학은 현재와 완전히 분리되는 건 아니지만 과거 사실의 재구성이라는 측면이 훨씬 강합니다. 그 때문에 역사학 자체에는 그다지 관심이 없었어요. 역사학 자체의 문제라기보다는 학부 시절 우리나라 역사학자들이 저에게 준 인상 때문인 것 같습니다. "학문을 저렇게 해서는 안 되겠다"라는 생각이 많이 들었고, 그것이 역사학에 대한 부정적인 생각을 가지게끔 만들었거든요.

오늘의 한국 역사학은 현실과의 긴장도가 약하다고 봅니다. 서구의 진보적 역사학자들은 항상 현재적 문제와 과거의 문제를 뒤섞어 말할 수 있는 능력을 갖추고 있고, 또 사회과학적 훈련이 되어 있기 때문에 현재진행형인 어떤 문제에 대해서도 언제나 논문·신문 칼럼 등의 방식으로 현실에 개입할 수 있습니다. 우리나라 역사학자들은 그렇지 못한 편이죠. 이러한 문제는 역사학이 분과학문으로 굳어진 데다가, 밥그릇 문제까지 얽히면서 생긴 것 같습니다. 서울대도 국사·동양사·서양사학과로 구분하는 등 학자들 위주의 학과 세분화로 갔고, 그러다 보니 당연히 현실과의 고리를 놓치게 된 겁니다.

사실 역사학은 현실에 많이 기여할 수 있는 학문이에요. 변신할 수만 있다면 충분히 그럴 수 있는데, 그걸 못하고 있죠. 인문학의 위기라고 하면서 인문학을 홀대하는 자들을 비판하지만 사실은 내부에 상당한 책임이 있다고 봐요. 하여튼 저는 대학원에 진학할 때 역사학은 거의 고려하지 않았습니다.

| 1982년에 대학원에 진학하셨는데, 그때는 현대사 연구가 거의 안 되었을 시기 아닙니까? |
현대사 연구는 교수들이 아니라 우리 학생들이 먼저 시작했어요. 우리는 이미 학부 때, 그러니까 1978~1979년 무렵에 현대사 연구를 시작했습니다. 학교 커리큘럼에 들어 있지 않은 것을 학생들이 독자적으로 학습한 것이죠. 학부 동료들 중에는 3·1운동을 민중사적 시각으로 접근해서 재조명한 친구도 있었어요. 제가 관여했던 팀에서는 4·19혁명 20주년 기념 심포지엄을 준비했는데, 5·17 때문에 무산됐죠. 이렇게 민중론적 관점에서 우리나라 근·현대사를 재조

명하는 작업을 학부생 수준에서 했습니다.

어떻게 보면 학생들이 대학의 지적인 분위기를 주도하면서 현대사 연구를 확산시켰죠. 학부생 수준에서 세미나하고 책도 번역하고, 해방정국의 국내 현대사 자료 발굴작업을 했어요. 이후 우리들이 석사 과정생이 되어 우리나라 현대사 연구를 주도하면서 나중에 그것을 강의로까지 제도화시켰습니다. 망원한국사연구실[1]이 1984년에 생겼는데, 저는 1986년에 세미나팀에 합류했어요. 물론 그 이전에 사회학과 대학원에서 석사논문을 마무리할 시점에 대학원 83학번을 대상으로 현대사 세미나를 했고, 그 중 상당수가 현대사로 석사논문을 쓰기도 했지요.

| 현재 한국의 사회학 전반에 대해서 연구 대상이나 방법론, 혹은 전체적인 연구 경향에 대해 말씀해주셨으면 합니다. |

전반적으로 비판적이죠. 제대로 된 역할을 하지 못하고 있거든요. 응당 연구하고 다루어야 할 주제들은 거의 빠지고 접근방식도 지나치게 미국 사회학 일변도입니다. 학자들의 재생산 기제도 90년대에 와서 상황이 더 나빠졌죠. 지금 사회학자들을 보면, 서울대의 경우 대개 75학번부터 80학번까지가 국내에서 공부한 사람들이고, 그 앞뒤로는 모두가 미국 사회학의 수혜자들입니다. 85학번 정도까지 국

---

[1] 광주민주화운동으로부터 1987년 6월항쟁 때까지 이루어진 민족민주운동의 성장은 학계에도 큰 영향을 미쳐, 진보적 계열에 속하는 소장 학자들을 중심으로 80년대 중반 각종 연구단체들이 결성되기 시작하였다. 이러한 흐름 속에서 탄생한 망원한국사연구실(1984~1987)은 "민중 중심의 역사 연구, 서술과 그 성과의 대중화"를 목적으로 한국사 연구의 대중화를 위해 노력하였다.

이른바 주류 학계로 일컬어지는 부류는 진보적 그룹과 학문적으로 단절되어 있다기보다는 정치적 단절을 이루고 있습니다. 주류라는 것이 명확한 실체가 없어요. 정치적 힘은 있지만 학문적 헤게모니는 없는 거죠. 그들은 힘을 장악하고 있기 때문에 가만히 앉아 있어도 지위가 보장됩니다. 한국에 주류 담론, 주류 이론, 주류 방법론이 있는지도 의심스럽지만, 만약 있다면 그건 그러한 힘의 결과입니다.

내에서 공부한 사람들이 약간 남아 있고 그 뒤로는 다시 90퍼센트 이상이 미국으로 공부하러 갔어요. 이런 사실들이 바로 학문 사회에서 정치적 역학관계를 반영하는 겁니다.

우리 이전 세대는 미국에 갔다 와야 자리를 잡을 수 있었고, 우리 세대는 여기서 자리잡겠다는 목적보다는 여기서 공부하겠다는 지향이 강해서 철없이 버티고 앉아 있었던 건데, 그 이후에 다시 분위기가 역전된 거죠. 이것은 학문정치와 관련이 있는데, 대학 사회·학문 사회 내에서 누가 주도권을 쥐고 있느냐에 따라 학생들의 선택이 이렇게 달라집니다.

| 방법론상의 식민성이 극복되지 않았다는 말씀이시군요. |

그렇죠. 하지만 그렇다고 해서 유학 안 다녀온 국내 연구자들이 특별히 독창적인 이론을 내세울 수 있었던 것도 아닙니다. 한창 활발하게 활동할 때는 모두가 석·박사 수준의 학생이었고, 그 사람들이 기성 학계로 진출할 때는 이미 분위기가 바뀌어 있었기 때문이죠. 자신의 신념과 연구 경향을 계속 밀고 나가기에는 기성 학계의 토양이 너무 척박해져버린 겁니다. 어쨌든 노동, 국가, 계급 이런 것을 연구 주제로 선택했던 우리 또래들은 학계에 섬처럼 남아 있게 됐어요.

| 선생님은 학문의 흐름이랄까 경향을 좌우하는 큰 힘으로서 학문 사회의 '정치적' 역학관계를 중시하시는 편이군요. |

이른바 '주류' 학계는 진보적 그룹과 학문적으로 날카롭게 단절되어 있다기보다는 정치적 단절을 이룬다고 보는 게 더 정확합니다. 왜냐하면 주류라는 것이 명확한 실체가 없기 때문이에요. 주류 학계

는 정치적 힘은 있지만 학문적 헤게모니는 별로 없죠. 특정 현상에 대해서 기성 학계와 비판적 그룹이 논쟁하는 일이 없다는 사실만 봐도 그렇습니다. 그쪽은 힘을 장악하고 있기 때문에 가만히 앉아 있어도 자동적으로 지위가 보장되고, 또 이쪽에서는 이론적 재생산이 제대로 이루어지지 않으니까 양쪽 모두 이론적으로 별로 성과가 없다고 보는 것이죠. 보수적 그룹은 이론적 헤게모니가 아니라 정치적 헤게모니를 가지고 있는 겁니다. 한국에서 주류 담론·주류 이론·주류 방법론이 있는지도 의심스럽지만, 있다면 그러한 힘의 결과죠.

| 상당히 비관적으로 보시는 것 같습니다. |
저는 사회학뿐만 아니라 현재 학계 전반을 침몰하는 배와 같다고 봅니다. 상황은 점점 더 나빠지고 있어요. 대학에서 교수와 학생의 관계도 훨씬 예속적·비민주적으로 되어가는 느낌입니다. 어떻게 보면 역사가 거꾸로 가고 있는 게 아닌가 싶어요.

학생들이 공부하는 내용도 그렇습니다. 제가 3~4년 전까지만 해도 가끔 신림동 복사집에 가서 책을 구하기도 했는데, 복사집 주인한테 물어보면 해가 갈수록 복사·제본하는 양이 줄어든다고 해요. 또 옛날에는 학생들이 이것 저것 다양하게 복사했는데 요즘에는 자기 전공 관련 서적 한두 권만 한다고 합니다. 이런 이야기를 들으면 대충 알 수 있죠.

| 이렇게 침몰해가는 학계에서 학제간 연구가 돌파구 중 하나가 될 수 있다고 보십니까? |
학제간 연구가 돌파구가 될 수 있죠. 그렇지만 앞서 이야기했듯이

학문 정치, 학문 사회의 지배구조를 바꾸는 일이 더 시급합니다. 다른 의견, 다른 방법론, 다른 생각을 가지고 있는 연구자들이 자유롭게 클 수 있는 분위기가 돼야 발전을 하지, 자기 지도교수나 출신 학교 줄을 타야만 학계에 자리 잡을 수 있는 분위기에서는 백약이 무효예요. 그런 문제가 해결되어야만 공부할 수 있는 똑똑한 학생들이 더 이상 대학원 진학을 포기하지 않게 되겠죠. 공부할 만한 학생들이 오지 않으면 대학원은 망하는 거 아니겠어요?

| 출구가 안 보이네요. |
대학 자체가 바뀌기는 어렵다고 봅니다. 재야가 힘이 있어서 강력하게 공격해 들어와 변화시키는 방법이 있겠죠. 예전에 우리는 석·박사 과정생이면서 동시에 재야 학자들이었기 때문에 내부에서의 혁신도 가능했지만 이제는 점점 더 어려워지는 것 같아요. 대학이 보수적인 집단으로 되어가고 있기 때문에 그렇습니다.

| 섬처럼 남아 있는 선생님 세대가 따로 연구단체나 큰 흐름을 만들려는 조직적인 움직임을 시도한 적은 없나요? |
지쳤죠, 이미. 또 옛날에 많이 했고. 우리는 20대부터 그 활동을 했거든요. 제 경우에는 1986년부터 '산업사회학회' 간사 등의 활동을 했고, 1990~1991년에는 박사과정생으로 《경제와 사회》 편집주간까지 했어요. 세미나팀도 운영했는데 도전적인 후배들이 안 들어오니까 힘이 빠지더군요. 또 교수로 자리잡은 사람들은 안정이 되니까 치열하게 공부할 필요성을 못 느끼는 듯 보였습니다. 그러니까 모이긴 하되 예전처럼 치열하지는 못합니다. 오히려 동호인 모임 비슷하

저는 사회학뿐만 아니라 현재 학계 전반을 침몰하는 배와 같다고 봅니다. 상황은 점점 더 나빠지고 있어요. 대학에서 교수와 학생의 관계도 훨씬 예속적·비민주적으로 되어가는 느낌입니다. 역사가 거꾸로 가고 있는 게 아닌가 싶어요. 학문 정치, 학문 사회의 지배구조를 바꾸는 일이 시급합니다. 다른 의견, 다른 방법론, 다른 생각을 가지고 있는 연구자들이 자유롭게 클 수 있는 분위기가 되어야 하는 것이죠.

게 된 것 같아요. 서로 가끔 얼굴은 보지만 우리가 학문의 중심이 되고 있지는 못한 거죠. 20대에서 30대까지 열심히 하다가 잘 안 되니까 이제 지쳐 떨어진 겁니다.

| 90년대 이후 연구자들에 대한 마땅찮음도 있으실 테죠? |
연구자 개개인의 탓이 아닙니다. 한두 사람이 노력한다 해도 대세를 바꾸기는 어렵지 않습니까?

| 이제까지 선생님의 연구 경향은 사회학이 하나의 분과학문으로서 인접 학문에 쌓은 공고한 벽을 허물어가는 방향으로 나아가는 것 같습니다. 선생님이 생각하시는 '학제간 연구'의 방향은 어떤 것인지 궁금합니다. 여러 사람이 공동으로 연구한 결과물들을 모두 학제간 연구의 성과라고 보기는 어려울 것 같은데요. |
학제간 연구란 다양한 분야의 전공자들이 모여서, 당면한 문제에 대한 접근방식과 해결방식을 함께 풀어나가는 것을 의미하겠죠. 제가 학제간 연구에 대해 이야기하는 취지는, 문제 혹은 테마 중심의 연구를 하자, 학문을 학자의 것으로만 남겨두지 말자, 학문의 대사회적 기여와 긴장도를 높이자, 이런 겁니다.

기존 학문에서는 밥그릇 문제 때문에 자기 전공 분야의 방법론으로만 대상을 설명해야 하고, 그것을 넘어서는 접근방식에 대해서는 밥그릇을 침해한다고 생각하는 경향이 있죠. 그런 제약들을 뛰어넘는 통합 사회과학, 혹은 통합 인문학을 지향하는 것이 바람직하다고 생각합니다. 하지만 그렇게 되기 힘든 중요한 이유는 방금 말했듯이 세분화된 분야마다 기득권을 가진 층들이 있기 마련이고 그 사람들이 그것을 유지하고자 하기 때문이죠.

학제간 연구가 쉽지는 않아요. 특히 대학원에서는 각 분야마다 각자의 독특한 교과(discipline)를 세우고 학생들을 훈련시키기 때문에, 그것에 익숙해진 사람들이 의사소통하기 위해서는 상당한 정도의 공동 연구의 축적이 필요합니다.

| 현실적으로 학제간 연구의 성과물이 결국은 아무 데서도 인용되지 않는 경우가 종종 있지 않습니까? |

물론 그런 문제가 있겠죠. 우선 학제간 연구가 가능하려면 자기 분야에 상당히 정통해야 합니다. 자기 것도 소화하지 못한 사람이 어설프게 해놓은 것은 오히려 부정적 결과만 가져오죠.

또 하나는 성과가 좋은데도 배타적 학문 분야를 고집하는 풍토 때문에 그런 연구물이 아예 무시되는 경우도 있습니다. 자기 벽을 높이려는 의도로 그 테두리 안에서만 서로 인용해주는 집단(community)을 만들고, 그걸 뛰어넘으려는 시도들을 이단시하는 경향 말입니다.

사실 학제간 연구는 한 연구자의 연구성과 속에 녹아 들어가 있어야 합니다. 국문학과 국사학 전공자 두 명이 함께 연구해서 각각 한 편씩의 논문을 썼다고 해서 학제간 연구 업적이 되는 게 아니라, 각 분야가 상호 침투된 형태로 각자의 연구 속에 녹아 들어가 있을 때 학제간 연구 성과가 되는 거죠. 단순한 집성이 아닙니다.

| 지금의 엄격한 분과체제하에서는 학제간 연구가 한계를 가질 수밖에 없지 않나요? |

분과체제는 원래 전문화를 지향하는 서양 학문에서 도입된 거죠. 물론 이런 체제에서는 심도 깊은 연구를 할 수 있다는 장점도 있지만, 크게 본다면 이것 역시 자본주의적 분업의 산물이기 때문에 생산성 향상에 기여하는 방법으로 학제가 편제되었음을 알 수 있습니다. 학문 편제 원리가 학문 자체에 있지 않고 학문 바깥의 자본주의적 생산 과정에 부응하는 방법을 따른 겁니다. 그래서 전문성이라는 이름으로 지식에 대한 배타적 독점이 가능해지고, 그 지식에 권위가 부여되고, 권위를 통해 그 지식을 가진 사람들의 재생산을 가능하게 하는 물적 기반이 창출됩니다. 때문에 전문성이라는 것이 점점 더 고착되죠. 결국 생산성 향상이라는 분업의 긍정적 효과와 분업이 가진 폐해가 학제간 분화에도 동일하게 존재하고 있어요. 베버(Max Weber)가 말한 자본주의의 장점과 단점이 학문 분과에도 마찬가지로 남아 있는 거죠.

| 앞으로 선생님은 어떤 방향으로 학제간 연구를 밀고 나가실 생각이십니까? 학제간 연구 역시 궁극적으로는 어떤 제도에 의해 뒷받침되고 성립되는 것 아닙니까? |
제도가 조금씩 긍정적인 방향으로 나아가고 있죠. 협동 과정도 그렇고, 학부제도 일종의 그런 취지고요. 물론 학부제가 직업적인 연구자를 양성하는 건 아니지만요.

　대학원 과정을 놓고 본다면 한국이 외국보다 학제의 벽이 훨씬 높아요. 한쪽에 충성을 맹세해야 인정을 받고, 전공이나 대학을 바꾸어 여기저기 왔다갔다하면 버린 자식 취급하죠. 이건 학문 사회의 보수성과 관련되는 문제입니다. 미국만 해도 전공을 쉽게 넘나들 수 있고, 독일에서도 교수 따라 이 대학 저 대학 옮겨 다닐 수 있어요. 우리는 전공이 한 번 굳어지면 평생 따라다니죠. 석·박사 수업에서 협동 과정처럼 학제를 넘어서는 시도들이 있는데, 저는 앞으로 더욱 개방되는 것이 좋다고 생각해요. 개인적으로도 역사학과 사회과학의 소통을 제 연구 속에 녹아 들게 하는 것을 지향하고 있고, 그걸 조금 시도해본 것이 《전쟁과 사회》입니다. 역사적 사실인 한국전쟁을 다루면서도 현재의 한국 사회를 분석하려 한 것이죠. 그람시(Antonio Gramsci)도 말했듯이 정치학과 사회학이 다루는 주제는 기본적으로 동일하기 때문에, 벽을 깨는 일도 중요합니다.

2
제도의 안팎, 그리고 대학 문화

김동춘의 학문적·실천적 삶은 제도권 문화에 대한 반성 혹은 도전과 맥을 같이 한다. 우리 학문 세계에서 소위 '주류'는 이론적 헤게모니가 아닌 정치적 헤게모니를 장악하고 있다는 김동춘의 지적은 매우 날카롭다. 그러나 이를 회피하거나 도전하다가 주저앉는 것은, 누릴 수 있을 때까지 누려보겠다는 오만한 발상과 다르지 않음을 기억해야 한다. 자기 자신을 끊임없이 객관화시키고 스스로가 '또 다른' 주류가 될 때 진정으로 자유로워질 수 있으므로, 끊임없이 무언가를 의식하고 그것으로부터 벗어나려고 할수록 점점 굴절되고 왜곡될 수밖에 없으므로. "들어가서 바꿔라, 밖에서 기다리지만 말고."

ㅣ 1993년 박사논문을 쓰신 후 1997년에 성공회대로 오셨죠. 그 사이에는 역사문제연구소, 《경제와 사회》 편집주간, 산업사회학회 등의 단체 활동을 많이 하셨는데, 공부하는 후배들에게 들려주고 싶은 단체 생활의 경험담이 있다면 이야기해주세요. ㅣ

우리가 4·19 이후 진보적 사회과학의 새 학풍을 만든 세대니까, 그런 작업에 대해서 상당히 많은 열정이 있었죠. 학부 때도 대학의 정규 커리큘럼보다 자취방 아카데미에서 주로 학습했고, 대학원 때도 학생들 세미나에서 주로 공부했어요. 이런 식으로 제도권 학문으로부터 상대적으로 거리를 두었기 때문에 재야단체 활동을 더 적극적으로 할 수 있었던 거죠. 그런 활동을 한 대부분의 사람들은 재학 시절 학생운동을 했거나 하여튼 경력이 좀 있는 사람들이니까 어디 가서 조직을 만드는 데 익숙했고, 자기 성과를 독식하겠다는 관념이 별로 없었으니까 자연스럽게 모임이 만들어졌어요.

산업사회학회는 1984년에 창립되었는데 그때 저는 군대에 있었기 때문에 가담하지 않았고, 1986년에 제대한 후 활동하기 시작했어요. 망원한국사연구실이라는 역사학자들 모임에서도 활동했고요. 산업사회학회에서는 주로 간사 역할을 하면서 세미나를 조직했죠. 그때 회장급은 40대 이상의 선생님들이었지만 20대 말에서 30대 초반이었던 우리들이 사실상 최고 선배였죠. 그 밑에 멋모르고 선배를 따라온, 그래서 나중에 신세 망친 (웃음) 그런 후배들이 있었고요. 1988년에는 학술단체협의회도 만들었어요. 대학에서 한국 현대사, 한국 근대사, 정치경제학 같은 진보적이고 새로운 학과 커리큘럼을 만드는 과정에도 개입했습니다. 그때 그런 일을 했던 사람들은 대개 신출내기 대학강사였고, 또 우리가 선동하지는 않았지만 학부생들도 알아서 잘 싸웠죠. 대학에 진보적인 교수들을 채용해야 한다면서 대학원생들이 교수 채용 과정에 개입하기도 했고, 교수 채용 과정을 발표하게 하는 방식도 우리 연배들이 싸우면서 도입한 제도입니다.

| 현재 학계에 몸담고 있는 학자들 중에서 비제도권 단체 활동경력으로 치자면 선생님이 거의 최고가 아닐까 싶네요. |

한쪽 다리는 제도권에 걸치고 다른 쪽 다리는 비제도권에 걸치고 있었던 거죠. 비제도권에서는 학회나 잡지를 만들고, 책을 출간하고, 번역하고, 이런 작업들을 했고 제도권에서는 학위를 받았어요. 그래야 먹고살 수 있으니까. (웃음) 그런데 이런 것들이 나중에는 원죄로 작용해서 그런 경력을 가진 대부분의 사람들이 대학에서 자리를 잡

는 데 고배를 마셨어요. 80년대에 이미 교수가 됐던 사람들은 괜찮았지만, 대학원생이었던 저 같은 사람들은 계속 고배를 마신 거죠. 제도권 학계에서는 찍혔으니까. 또 80년대 분위기가 교수와 학생 사이의 거리감이 굉장히 커서, 학생들이 교수들을 많이 비판했기 때문에 교수들도 상처를 입은 측면이 있었고, 그래서 더욱 배제한 거죠. 그 과정에서 저도 상당히 많은 고초를 겪었습니다. 많이 괴로웠죠.

| 어떤 경로로 성공회대로 오시게 됐나요? 1997년이죠? |

1997년 봄이죠. 1996년에 학술진흥재단 지원으로 미국에서 포스트닥(post-doc)을 하고 돌아왔죠. 미국에는 1년 계획으로 갔었는데 가기 전에도 시간강사 생활을 하면서 3년 정도 여러 군데 대학에 지원해봤는데 그 과정에서 정신적으로 굉장히 피로감을 느꼈어요. 아예 공부를 때려치우고 대중적인 글쓰기를 해볼까, 참 잘할 것 같은데,(웃음) 그런 생각도 해봤고. 출판사에 취직하거나 잡지를 만들어볼까 하는 생각도 했어요. 그러다가 미국으로 나가게 됐죠. 갔다 오니까 성공회대에 자리가 났어요. 공개 채용을 해서 된 거죠.

| 제도권 안팎을 넘나들던 선생님 세대를 가리켜 "학계에 섬처럼 남아 있다"고 하셨는데요. |

네, 대가 끊어졌죠.

| 그렇다면 적극적으로 다시 대를 이어야겠다는 입장이신지, 아니면 좀더 지켜보겠다는 쪽이신지? |

어느 정도 대가 끊어졌다고 봅니다. 특히 사회과학은요. 이렇게 된 중요한 이유는 90년대 이후 우리 사회의 급격한 보수화에 있어요. 그렇지 않았더라면 우리 또래들이 좀더 큰 대학에 많이 자리잡고 후배와 제자들을 확실히 키워냈을지도 모르죠. 하지만 한국 사회가 보수화되면서, 1989~1990년 잠시 반짝했을 때를 제외하고는 진보적 학자들이 대학에 자리잡는 것이 점점 더 어려워지는 분위기가 됐어요. 앞장서서 유학 안 가고 겁없이 여기서 공부했던 사람들이 어떻게 되는가 지켜본 후배들이 아무래도 안 되겠다 싶었겠죠. 이런 후배들이 급격히 이탈했습니다.

물론 유학을 가고 안 가고가 절대적 기준은 될 수 없지만, 학계의 분위기는 항상 정치적 상황이 좌우하거든요. 정치적 상황이 바뀌면 논문 주제도 바뀌죠. 제가 80년대에 다루었던 주제들 중에 지금까지도 제가 다룬 것이 유일한 것으로 남아 있는 게 몇 개 있어요. 이제 아무도 그런 주제를 안 다루는 겁니다. 그때 반공 이데올로기라든지 사상전향에 관련된 글을 쓰면서 나중에 같은 주제의 글들이 많이 쏟아져 나오려니 했는데 그 이후에는 아무도 연구하지 않더라고요. 이렇게 돈 되는 쪽으로 논문 주제 자체가 바뀌면서 재야 학계의 대가 끊어진 겁니다.

| 아예 포기하신 건 아니죠? |

우리 사회가 보수화되었다고는 하지만 서구 사회는 다른 의미에서 더 교묘하게 보수적인 필터링을 해서 사회에 진출하지 못하게 하는 시스템이 있거든요. 그런 의미에서 한국은 진보의 힘이 굉장히 강한 편이라고도 볼 수 있어요. 오히려 너무 강하기 때문에 보수 쪽이 더

학계의 분위기는 항상 정치적 상황이 좌우합니다. 정치적 상황이 바뀌면 논문 주제도 바뀌죠. 제가 80년대에 다루었던 반공 이데올로기나 사상전향과 같은 문제는 그 이후 아무도 연구하지 않고 있어요. 돈 되는 쪽으로 논문 주제 자체가 바뀌면서 재야 학계의 대가 끊어졌습니다. 아쉬움이 많죠. 답답하기도 하고. 그래도 아직은 우리 세대가 젊으니까, 제가 아직 노인이 된 건 아니니까요.

방어적으로 나오는 것일 수도 있죠. 계속 공격하지 않으면 정말로 힘이 커질 것 같으니까. 상대적으로 한국만큼 진보세력의 힘이 센 나라도 없을지 몰라요. 하지만 그래도 우리 기대에는 훨씬 못 미치죠.

최장집 교수가 한창 우리 학계에 진보의 분위기가 무르익었던 1988~1989년경에 일본 그람시 학회에 갔는데, 거기서 그람시를 연구하는 사람들은 전부 다 나이가 많더라는 거예요. 그런데 한국에 와보니까 20~30대 젊은 사람들이 치열하게 토론하는 그 모습이 너무 좋았다고 하셨습니다. 하지만 그것도 잠시고, 지금은 세미나나 학술 토론회 같은 것도 거의 없죠. 대학원 자체 세미나가 거의 붕괴된 걸로 알고 있어요. 아쉬움이 많죠. 답답하기도 하고. 그래도 아직은 우리 세대가 젊으니까, 제가 아직 노인이 된 건 아니니까요. (웃음)

| 보수적 그룹들이 이론적 헤게모니가 아니라 정치적 헤게모니를 쥐고 있다는 말씀을 들으면서, 학문 내적으로 방법론의 혁신이 선행되어야 하는 것인지, 아니면 재야단체 활동을 더욱 활성화시켜서 그야말로 정치적인 힘을 키우는 것이 급선무인지 의문이 듭니다. |

학문 분야별로 약간 차이는 있겠지만 재야단체가 제도권에 대항하는 힘을 키우기는 좀 어렵지 않을까 싶습니다. 80년대 분위기에서는 그게 가능했는데, 지금은 제도가 워낙 확고한 주도권을 가지고 있기 때문에 재야단체 사람들이 안 모일 것 같아요.

그렇다면 어떻게 할 것인가? 어쨌든 제도권에 들어가서 바꾸는 것이 현재로서는 더 바람직하죠. 아니면 정말로 다른 방식의 글쓰기를 통해 제도권의 입지 자체를 왜소화시켜야 하는데, 이건 굉장히 어려운 대안이죠. 여러 사람이 선택할 수 있는 것도 아니고, 한두 사람의 용감한 선구자가 장렬하게 전사할 각오를 해야 할 수 있는 일이니까요.(웃음) 현재 제도권을 크게 위축시킬 만한 새로운 형태의 재야대학 내지는 대안대학이 만들어진다면 모르겠는데 지금으로서는 좀 어렵지 않나 싶어요. 미국에는 'New School for Social Research' 같은 재야대학 유사한 것이 있기는 합니다.

| 제도권 외곽의 지적 서클들이 활성화되는 것에 대해서는 어떻게 생각하십니까? |
아주 좋다고 봐요. 많이 활성화될수록 좋죠. 그러나 그것이 곧 대안이 되기는 어려울 겁니다. 물론 먼 미래에 거기서 새로운 학문이 꽃필 수는 있겠죠. 제도권이 할 수 없는 주제도 다루고 깊이 있는 학문적 성과가 나올 수도 있을 텐데, 조건이 너무 열악하기 때문에 힘들다는 거예요. 사람이 너무 어려우면 좋은 성과를 내기 힘든 측면도 있거든요. 재야에 있으면 독립적으로 독자적인 연구를 할 수 있다는 장점도 있지만 제도권 진출을 포기하지 않는 이상 그쪽을 계속 의식하기 때문에 오히려 굴절될 수도 있고요. 딜레마죠.

| 어쨌든 선생님께서는 지금 제도권 안에서 예전에 재야에서 하시던 일을 계속 하고 계시는 거네요? |
어느 정도는 그렇죠.

| 성공회대가 그런 장을 마련해주고 있는 것 아닌가요? |
맞아요. 성공회대 교수들은 일반 사립대 교수들에 비해 상대적으로 운신의 폭이 넓어요. 우선 일반 사립대에는 언론의 자유가 없어요.

무언의 압력이 들어오는 경우가 많죠. 그런 부분들이 교수들의 바깥 활동을 상당히 위축시키거든요. 그 점에 있어서 성공회대는 굉장히 열려 있기 때문에 상대적으로 자유롭죠.

| 선생님 세대의 학문적 경향들을 후배와 제자들에게 대물림하지 못하는, 그러니까 후발 주자가 쭉 뻗어나가지 못하는 데서 오는 답답함이 성공회대 에서는 해소가 되십니까? |

우리 대학원에는 자원해서 오는 사람들도 있고 정말 우수한 학생들도 있어요. 세상 사람들의 기준에서 보자면 이른바 일류대학 출신들도 꽤 많고요. 그래서 지금 말씀하신 부분을 여기서 어느 정도는 충족시킬 수가 있죠. 그럼에도 두터운 학벌 사회의 벽을 넘지는 못하기 때문에 우리 학생들이 가지고 있는 좌절감까지도 제가 다 치료해줄 수 있는 형편은 못 됩니다. 또 학생들의 진로를 보장해줄 만한 조건도 마련돼 있지 않기 때문에 그 한계는 고스란히 남아 있다고 봅니다.

| 학자로서 학생들에게 기대하시는 부분은 어느 정도 됩니까? |

학생들의 지적 관심과 요구가 강하면 교수들이 자극을 받아서 더 열심히 공부할 수 있겠죠. 유능한 조교들이 있으면 연구를 보완해줄 수도 있겠고요. 하지만 현재 그 부분이 만족스럽지는 못합니다. 모든 것을 저 혼자서 해결할 수밖에 없는 거죠.

| 선생님 입장은 어쨌든 대학 내부의 개혁 혹은 대학제도 자체의 개선이 이루어져야 한다는 것이라면, 성공회대라는 공간 혹은 이와 유사한 대안대학

이나 진보대학에 어느 정도의 가능성을 두고 계신가요? ㅣ

현재의 대학 서열구조가 고착되어 있는 한은 한계가 있을 겁니다. 한국의 대학 서열구조는 재벌체제와 유사하게 기득권을 지닌 몇몇 대학이 물적·인적 자원을 독점하는 체제입니다. 때문에 한두 사람의 정열로는 그 기득권을 깨고 넘어서는 것이 기본적으로는 힘들죠. 물론 성공회대가 지금보다 더 나아질 수는 있을 거예요. 교수들에 의해서가 아니라 학생들에 의해 이름이 날 수 있는 조건이 되어야 하고, 더 새로운 학문 공동체가 될 수 있는 분위기가 조성돼야 하겠죠. 하지만 현재의 대학 서열구조 속에서 성공회대는 약간의 숨쉴 수 있는 공간은 되지만 변화의 한 동력이 되기는 어렵다고 봅니다.

현재까지는 가능했죠. 교수 몇 사람의 지명도나 활동, 연구업적을 가지고 바람을 일으킬 수는 있었어요. 사람들이 "아, 이런 것도 있구나" 하면서 신기하게 느낄 정도는 가능했다는 겁니다. 그 다음 문제는 이러한 실험실이 우리 사회의 냉정한 권력관계 속에서 어떻게 존재해나갈 것인가 하는 것이죠. 여기에는 상당한 물적 자원이 동원돼야 하고, 대학간의 자유로운 경쟁이 가능한 분위기가 조성되어야 하는데 현실이 어디 그렇습니까? 어려움에 봉착할 가능성이 크죠. 성공회대 학생들의 경우를 하나의 지표로 본다면, 입학하는 학생들의 수능성적이 매년 약간씩 올라가기는 하지만, 우리 사회의 대학서열을 뒤집을 만큼의 힘은 못 됩니다.

ㅣ 김대중 정부의 신지식인론을 비판한 글 〈'신지식인'론의 문제점〉《독립된 지성은 존재하는가》)에서 선생님께서는 사실상 우리나라 대학은 지나치게 실용적 지식만을 추구해왔고 이제까지 한 번도 대학이 우리 사회에서

진정한 지식의 중심에 서본 적이 없다고 하셨습니다. 그래서 우리에게 필요한 것은 오히려 대학이 제대로 된 지식 생산의 중추가 되도록 만드는 일이라고 하셨는데, 이 점을 서울대 폐지론과 관련시켜 말씀해주십시오.

우리나라 대학은 연구 중심 대학이 된 적이 한 번도 없었고 항상 교육기관이었어요. 자꾸만 대학원 중심 대학 이야기를 하는데 구조적으로 그렇게 될 수 없게 돼 있어요. 우리나라가 기본적으로 학문 수출국이 아닌 학문 수입국이기 때문이죠. 연구 성과물들을 생산해야 그 생산물을 가지고 학생들을 가르치는데, 우리나라 대학은 스스로 연구·생산할 수 있는 기지로서 출발하지 못했고 그건 지금도 마찬가지입니다.

우리나라 지식 인프라의 문제는 바로 대학을 연구 생산의 기지로 만드는 문제와 직결된 거죠. 그건 단순히 대학에 돈을 투자한다고 되는 일이 아닙니다. 'BK 21'을 도입한다고 해결될 문제가 아니죠. 돈 이전에 더 중요한 문제는 스스로 생산물을 만들 수 있다는, 연구의 종속성을 극복할 수 있다는 문제의식을 연구의 출발점에 놓는 겁니다.

서울대도 마찬가지예요. 제가 1977년에 입학했는데, 그때 이미 대학 입학 안내책자에 "대학원 대학을 지향한다"라는 말이 있었습니다. 20년이 지난 지금도 하나도 안 바뀌었잖아요. 이 상태로는 안 되죠. 대학을 이루고 있는 사람들이 변해야 합니다.

근본적으로 교육기관에서 연구 생산 기지로 변해야 하는데 투자를 많이 한다고 해결될 문제는 아니죠. 현재의 서열화된 대학구조 속에서는 교수나 학생이 열심히 노력할 필요성 자체가 없거든요. 학생들은 졸업장이 필요해서 오고 교수들은 그 지위 자체에 만족하기

우리나라 대학은 연구 중심 대학이 된 적이 한 번도 없었고 항상 교육기관이었어요. 자꾸만 대학원 중심 대학 이야기가 나오는데, 구조적으로 그렇게 될 수 없습니다. 우리나라가 기본적으로 학문 수출국이 아닌 학문 수입국이기 때문이죠. 우리나라 지식 인프라의 문제는 돈을 투자한다고 되는 일이 아니라, 스스로 생산물을 만들 수 있다는, 연구의 종속성을 극복할 수 있다는 문제의식을 연구의 출발점에 놓을 때 그 실마리를 찾을 수 있습니다.

때문에 피차일반인 겁니다.

| 대학 서열구조를 없애는 것과 연구 중심 대학을 설립하는 것을 같은 차원에 놓고 보시는 거군요. |

네. 선의의 학문적 경쟁과 논쟁이 일어날 수 있는 풍토가 조성되기 위해서는, 우선 대학의 서열구조가 사라져야 합니다. 물론 사회 자체가 먼저 변해야 하겠죠. 서울대 역시 대학 서열화 고착의 원인 제공자라기보다는 그 결과물이지만, 우리 교육 문제의 정점에 있는 서울대를 어떤 형태로든 바꾸지 않으면 안 됩니다.

제가 이야기하는 서울대 개혁론은 일종의 국립대 평준화론으로, '국립 한국대학' 이런 걸로 만들자는 겁니다. 그래서 학생과 교수의 교류를 활발히 하고, 출신 지역 국립대를 가면 장학금 특혜를 주고, 대전 충남대는 대덕단지와 연결시켜 특화시키는 식으로 국립대를 평준화하면 대학 서열구조를 완전히 깨지는 못하겠지만 나머지 사립대들로 하여금 통폐합이나 특성화를 통한 쇄신으로 나아가게 할 수 있을 겁니다. 대학별 경쟁체제가 아닌 학과별 경쟁체제로 만들면 학문도 발전하고 교수·학생 모두 열심히 공부하지 않겠냐는 거죠.

서울대 분할론에도 타당한 측면이 있어요. 인문사회대를 순수 학문 분야로 분리하고, 국립농과대학·국립공과대학 등으로 나누자는 거죠. 국립대 평준화론과 서울대 분할론, 이 두 가지 정도를 생각해보자는 겁니다.

| 학생들 스스로가 대학을 바꾸어나가는 데 대해 놀라울 정도로 무관심하

다는 지적을 하셨는데요. |

우리나라 거의 모든 대학생들이 대학 개혁 운동이랄까 교육 문제 해결의 주체가 되지 못하고 있죠. 특히 이른바 이류대·삼류대 콤플렉스를 가지고 있는 학생들은, 자기 자신이 공부를 못해서 이렇게 되었다는 이데올로기에 함몰돼서 모든 걸 자기 탓으로 돌리기 때문에, 공부 못하는 사람도 얼마든지 다른 방식으로 인간답게 살 권리가 있다는 생각을 못합니다. 부르디외(Pierre Bourdieu)도 말했지만 학력 콤플렉스는 종교보다도 더 무섭습니다. 모든 사람들이 차등화를 자연스럽게 받아들인다는 거죠.

우리 학생들에게서 무언가 바꾸려는 동력이 안 나오고 있어요. 피해자들이니까. 우리나라에서 서울대, 그 중에서도 인기 있는 몇몇 학과를 제외하고는 거의 모든 사람들이 학력 콤플렉스를 가지고 있을 겁니다. 그러면서도 바꾸려고 하지 않죠.

| 학력 콤플렉스를 덜 느끼거나 전혀 느끼지 않을 이른바 명문대 학생들은 어떻습니까? |

지금 일류대 학생들은 기득권을 누리려고 하는 입장에 있어요. 경제적·사회적 차원에서 자신들이 누리는 부분들에 대해 가능하면 누리겠다고 생각하는 거죠. 자신을 객관화시키지 않고, 수혜자라는 사실을 인정하지 않습니다. 그러니까 사실은 둘 다 마찬가지예요. 한쪽은 피해자인데도 스스로 개혁하려고 하지 않고, 다른 한쪽은 수혜자이기 때문에 당연히 누리려고 하고. 우리 사회가 진정한 의미에서 계급 사회가 되어가는 징후예요.

사실 80년대까지는 우리 사회를 계급 사회라고 보기 힘들었죠. 부잣집 아들하고 가난한 집 아들이 친구가 될 수 있었거든요. 그런데 90년대가 되면 이게 불가능해지잖아요. 끼리끼리 클럽에 의해서 대학 사회 자체가 쪼개지고 공통분모가 안 만들어지는 겁니다. 특히 90년대 중반 이후에 심해졌죠.

신문보도를 보면, 서울대를 개혁하려는 일부 학생운동 그룹의 목소리가 굉장히 소수화되어서 다수 학생들의 지지를 못 받는다는 걸 알 수 있어요. 수혜자로서 자기 자신을 사회 속에서 객관화하지 않고, 설사 객관화하더라도 자기 희생을 각오하면서까지 그 문제를 제기하지는 않는다는 겁니다. 학생들이 더 이상 같은 '학생'이라는 아이덴티티로 묶여지지 않습니다. 우리 사회 계급문화가 학생들 속에 이미 침투해 들어와서 그들의 행동을 좌우하는 상태에 온 거죠.

| 선생님께서 사용하시는 계급이라는 개념은 그 외연이 확장되거나 내포가 변용된 듯한데요. 한국 사회를 계급론적 관점에서 다시 쓰신다는 선생님의 계획 속에는 지금 지적하셨던 문제들이 모두 포함됩니까? |
그렇죠. 80년대까지는 우리 사회에서 사회 이동이 비교적 활발했지만, 90년대는 우리 사회가 계급 사회로 정착해가는 시기죠. 개천에서 용이 날 수 없는 시기니까.

Tip 1__한국사회과학에서의 탈식민의 과제*

90년대는 사회주의 붕괴 및 자본의 전지구화(globalization)와 맞물린 새로운 자본주의 질서가 전세계인의 삶을 지배한 시기이다. 민족·종족 단위의 자족적 공동체가 무너지면서, 이제 지구상에서 시장 문명과 신자유주의의 물결에 거역할 수 있는 공간은 완전히 사라진 것처럼 보인다. 다국적 기업이 과거 제국주의의 총과 칼을 대신하는 새로운 점령군으로 등장했으며, 세계 각 지역의 젊은이들과 주민들은 이제 새로운 형태의 노예화 앞에 노출되어 있다. 우리는 과거 20세기 초·중반의 제국주의시대와는 분명히 구별되는, 식민화의 새로운 국면을 맞게 되었다. 군사력 대신 자본의 논리와 결합된, 정보와 문화를 전면에 내세운 이러한 '부드러운 식민주의'에서는 가시적 억압과 폭력이 완화되었을 뿐, 그것의 제국주의적 지배력과 장악력 자체가 과거에 비해 완화된 것은 아니다. 그것은 오히려 일상생활 및 내면의 식민화, 혹은 식민화 상황의 철저한 은폐 및 합리화로 특징지어진다.

우리 사회는 일차 미국화(해방 후 군사정치적 종속 과정에서 발생한 미국화)와 이차 미국화(미국 자본주의의 세계화로 인한 미국화)가 공존하는, 거의 세계 유일의 지역이다. 식민지의 사회과학이 풀어야 할 가장 어려운 과제는 '근대/서구=보편'이라는 관념에서 벗어나는 일이다. 60년대 이후 최근까지 한국 사회과학 논문에 자주 등장하는 '후진적' '파행적' '기형적' '왜곡' 등의 형용사와 명사들은 모두 '서구=보편·정상'이라는 인식의 반영이다. 식민화의 정신구조는 '그릇된 보편성'과 '그릇된 특수성'의 공존이다. 그릇된 보편성이 특수한 것, 개별적인 경험이 매개되지 않는 무조건적인 일반론의 패권적 군림이라면, 그릇된 특수성이란 자신에 대한 객관석 인식의 결여 혹은 내부에 일반화·보편화의 계기를 내장하지 않는 자기 중심주의를 가리킨다. 따라서 서구 추종주의와 민족주의가 표면적으로는 대립하는 듯 보이지만 실상 둘은 동일한 정신구조의 반영이다.

연구자가 자신이 목격하는 사회 현상을 노골적으로 무시하면서 서구에서 유행하는 최신 이론만을 추구하는 것, 이는 '구체적 현실'을 대면해야 하는 고통으로부터 자유로워지길 바라는 식민화된 정서의 반영일 가능성이 높다. 사회과학 논문을 읽다보면 '주인보다도 하인을 더 멸시하는 마름'의 노예적 퍼스낼리티(personality)의 편린을 엿보게 되기도 한다.

이론 및 사상 영역에서의 탈식민화를 위한 첫 단계는, 무시되고 억압된 기억들을 부활시키고 억압된 앎을 발설시키는 것이다. 이러한 앎들은 비체계적이며 인과관계가 불투명할 수도 있다. 그러나 중요한 것은 발설 그 자체이다. 물론 사회과학자의 작업은 단순한 역사적 재구성과는 차별적이다. 그것은 앎들의 내용을 손상시키지 않는 범위 내에서, 앎들의 질서를 하나의 권력관계의 반영 혹은 효과로 보면서, 앎의 의미를 현재적 권력관계 혹은 사회관계와의 연관 속에서 분류·정리·계열화하는 작업이다.

90년대 이후 탈식민주의 논의는 전지구적 자본주의의 지배를 정치경제적 현상으로 보기보다는 문화와 지식의 현상으로 보는 경향이 강하다. 그러나 문화주의적인 탈식민 담론에서 제기하는 비판은 정치·경제 현상을 건드리지 않는 한 진정한 비판의 힘을 가지지 어렵다. 또한 사회과학에서의 이론적 발전이라는 것은 결국 인문학의 깊이, 문제제기의 심도에서 나온다는 평범한 사실을 인식할 필요가 있다. 인간 사회를 다루는 학문으로서의 사회과학은 한 사회의 정신과 문화의 깊이와 수준만큼 발전한다. 한 사회의 정신의 깊이를 보여주는 것이 바로 인문학이며 따라서 인문학적 고민과 절연된 상태에서 사회과학이 발전하는 것은 불가능하다. 오늘의 사회과학 특히 진보 사회과학이 갖는 한계는 외국의 선진이론을 보다 빠르고 확실히 흡수하지 못한 데 기인하는 것이 아니라, 한국 사회의 민중들이 처한 고통에 대한 공감의 깊이가 얕기 때문이라는 점을 잊어서는 안 될 것이다.

* 김동춘이 2000년 《비평》에 실었던 같은 제목의 글을 요약하였다.

3
비약 없는 역사

> 김동춘은 가만히 서서 활을 쏘기보다는 스스로가 하나의 활이 되어 과녁을 향해 날아간다. 보폭을 너무 넓혀 걷다보면 결국 뒤로 처지게 마련이듯, 그는 근대를 훌쩍 뛰어넘은 탈근대의 한국 사회 혹은 통일 이후의 공동체 모델을 섣불리 그려 보이지 않는다. 그러나 그의 문제제기만큼은 신중함보다는 파격에 가깝다. 조금 기묘한 이야기이지만 한국의 사회학자인 그가 진정으로 '한국'의 실정을 본격적인 연구 대상으로 삼았기 때문일 것이다. 한편으로는 서구보다도 더 서구적이면서 다른 한편으로는 전근대적 사회관계들을 고스란히 재생산하고 있는 '한국의 근대인'을 비추는 거울이 여기 있다.

| 한국의 근대화 문제를 다룬 《근대의 그늘》(2000)에서 가족 문제를 핵심에 놓음으로써 의도하셨던 효과는 무엇입니까? |

가족은 우리 사회 문제의 축소판입니다. 한국식 근대화의 핵심에 다가가기 위한 결정적 실마리를 저는 가족에서 찾은 겁니다. 그래서 저는 가족 이기주의와 같은 문제를 유교문화의 잔재로 돌리는 데 수긍하지 않고, 오히려 한국식 근대화와 정치체제에서 그 원인을 찾고자 합니다.

| 서양에 비해 우리의 가족전통이 훨씬 공고했던 것은 사실 아닙니까? |

그렇죠. 가족, 혈연에 대한 집착이 전통 사회에서 무척 강했죠. 중국이나 일본보다 훨씬 더 가문 중심적이었거든요. 전통 사회의 가족

중심주의는 지배층의 전유물이었는데, 왜냐하면 가족에 집착함으로써 얻을 수 있는 기득권이 있었기 때문이에요. 이를테면 과거시험 볼 때도 할아버지가 누구냐에 따라 가산점이 있고, 또 지역 사회에서도 어디 김씨, 어디 박씨다 하면 대접을 받았으니까요. 이렇게 지배층에게는 가족, 혈연이 신분과 맞물린 문제였죠. 사실 전통 사회의 가문 중심주의는 조선 후기 신분질서의 동요 과정에서 위기에 처한 지배층이 기득권을 지키기 위해 더욱 고착화시켰어요. 하지만 피지배층들의 경우에는 가족에 대한 집착이 그렇게 강하지 않았죠.

| 가족 이기주의 문제가 50년대라는 특정 시기에만 결부되는 문제가 아닌데도, 그 시기 한국 사회를 분석하는 데 있어 '가족' 문제를 부각시키신 이유는 무엇입니까? |

근대 사회로 넘어오면서 모두가 평등해지니까 지배층 문화도 보편화되었죠. 지배층의 가족·혈연 중심주의도 이런 방식으로 우리 모두의 것이 된 겁니다. 거기에 전쟁의 시련이나 국가 억압과 같은 과정을 겪으면서, 가족에 대한 집착이 더욱 고착화되는 경향을 보이게 됩니다. 가족밖에는 믿을 곳이 없게 됐으니까요.

게다가 근대화 초기부터 우리에게는 '소사이어티(society)' 개념이 굉장히 약했어요. 우리의 경우에는 '소사이어티'보다는 혈연으로 얽힌 '패밀리(family)' 개념이 사회 개념을 대신합니다. 가족이 사람들의 행동과 생활양식을 결정하는 가장 중요한 사회적 단위였고 가족을 떠난 사회 단위에 대한 관념이 애초부터 굉장히 약했죠. 1945년부터 한국전쟁이 일어나기 전까지 해방 공간에서는 서구적 근대를 대표하는 흐름들, 즉 공익성과 이익집단, 계급 충돌 등의 현상이 나타나기도 했지만 모두 전쟁으로 인해 해체될 수밖에 없었습니다. 전통적인 농촌 공동체뿐 아니라, 해방 직후 우리 사회에 형성되기 시작했던 '소사이어티' 개념, 이익집단, 그리고 계급, 이 모든 것이 해체된 후 남은 건 모래알 같은 가족들밖에 없었던 겁니다.

| 가족이나 혈연에 대한 집착은 전근대의 잔재이기도 하지만 한국전쟁 이후 근대화 과정에서 심화된 근대의 문제이기도 한 거군요. |
그렇죠. 지금 20~30대 젊은 주부들도 굉장히 근대화된 인간인 동시에 전근대적인 인간이기도 해요. 핵가족주의·마이홈주의를 주장하는 걸 보면 무척 근대적 인간으로 보이는데, 죽기 살기로 자식한테 모든 걸 거는 모습에서는 도저히 서구적 인간형이나 개인주의적 면모를 찾아볼 수가 없죠. 만약 정말 개인주의적이라면 부부만 좋으면 됐지 자식이 무슨 소용입니까? 그러니까 가족 속에 모든 게 녹아 있는 거예요. 더 좁혀 말하면 중산층 주부들에게서 모든 게 그대로 나타나고 있습니다.

| 우리 사회에 진정한 '소사이어티' 문화가 정착되지 못하는 것도 같은 맥락에서 볼 수 있겠군요. |
보편주의적 관념이 없는 상황에서 사람들이 만드는 조직은 모두 가족을 모델을 해서 이루어질 수밖에 없습니다. 정당, 교회, 이익집단이 그렇죠. 다른 이익집단이나 노동조합이 잘 안 되니까 향우회, 동창회가 활성화되는 거예요. 사람들이 그런 방식으로밖에 모이지 못하는 겁니다. 교회도 우리 교회 혹은 우리 가족의 교회라는 식으로, 가족 개념이 확대된 교회가 되는 겁니다. 기업도 마찬가지죠. 1인

총수가 지배하는 재벌체제가 만들어진 게 50년대부터인데, 재벌 역시 가장 근대적이면서 또 가장 전근대적인 것이죠.

| 한국의 역사 발전 단계가 세계체제의 시간과 불일치하면서 근대와 전근대가 중첩된 사정을 가족을 통해 보여주시는 거군요. |

맞아요. 그런데 한국만 그런 건 아닙니다. 압축 성장을 한 후발 국가들이 다 비슷한 경험을 했죠. 그 중에서도 우리나라는 그런 측면에서 아주 전형적인 모습을 띤 경우라고 볼 수 있습니다. 경제는 빨리 변하고 정치는 그보다는 좀 천천히 변하고 사회·문화는 더 천천히 변하는 거예요. '장기지속'[2]이 바로 그런 걸 말하는데, 말하자면 위에서 파도는 치지만 밑바닥에 흐르는 물은 아주 서서히 움직인다는 겁니다. 밑에서 흐르는 그 물이 바로 가족이에요.

가족은 사람을 만들어내는 일종의 세포 역할을 하기 때문에 가장 변하지 않죠. 게다가 2백여 년 동안 자본주의가 서서히 발전한 나라와, 30년 만에 자본주의화를 완성한 나라가 어떻게 같을 수 있겠어요? 후자의 경우, 겉모습은 발전된 자본주의 사회지만 그 속을 가만히 들여다보면 씨족 사회의 모습이 그대로 있습니다. 사람들의 관계

---

[2] 아날 학파의 2세대로 분류되는 페르낭 브로델이 사용한 개념. 경제사와 정치사 위주의 역사학에 반기를 든 그는 유럽 및 세계의 근대사를 새롭게 이해하기 위해 시간과 공간의 변증법적 산물인 '구조'라는 개념을 내세운다. 브로델에 의하면, 이 구조의 제일 아래층에는 거의 변하지 않는 무한히 길고 느린 시간, 즉 '장기지속'의 시간이 흐른다. 주어진 지리적 환경 속에서 인간이 벌이는 기본 활동들은 반복되고 누적되면서 문명을 이루는데 '지리적 시간'이라 부를 수 있는 이 시간성이야말로 인간 존재의 가장 기본적인 조건을 결정한다는 것이다.

가 여전히 대인적 관계에 그치고, 공식적 관계는 사적 관계로 매개되지 않으면 유지되기 힘들죠. 사회운동 조직을 하나 꾸려도 사람들은 이 조직이 어떤 이념을 가지고 있는가보다는 누가 하는가를 먼저 봅니다. 진보적이라는 사람들조차도 그렇죠.

사람들은 이걸 전근대의 잔재라고 보는데 저는 그것을 잔재라고 생각하지 않아요. 전근대적인 것과 근대적인 것이 결합해서 계속 재생산되면서 굴러가는 거라고 봅니다. 물론 전근대적인 게 좀 약화되긴 했지만, 전근대/근대가 이분법적으로 구분되고 한쪽이 다른 한쪽을 대체하는 문제는 아니라는 거죠.

| 어쨌든 결과만을 놓고 볼 때 우리 사회에서 가족이 여러 모순들을 확대·재생산하는 역할을 맡고 있다면, 어떤 식으로든 가족의 모습이 바뀌거나 발전적 해체의 과정을 걸어야 한다고 보십니까? |

그렇게 래디컬하게 주장할 수도 있겠죠. 사실 한국의 가족은 이미 급격히 해체되고 있어요. 이혼률 증가 속도가 세계 1위 아닙니까? 이혼률 자체도 지금 동아시아 1위예요. 문제는 그것이 여성들의 각성이나 권리의식에 의해서가 아니라, 밑에서부터 그냥 그렇게 해체되어간다는 데 있습니다. 바람직한 방식을 통한 가족의 변화는 꼭 필요합니다. 우선 생각해볼 수 있는 건 이혼 문제입니다. 이혼한 여성들이 좀더 대접받고 살 수 있게 이혼제도가 변해야 한다는 거죠. 가족 이데올로기, 특히 화석화된 일부일처제의 신비주의는 깨질 필요가 있어요. 결혼 문화도 바뀌어야죠.

이렇게 현재의 방식에서 벗어나 서서히 변화하는 과정은 우리 사회를 민주화하고 다양화하는 데 도움을 줄 겁니다. 서구에서도 역시 가족이 해체되고 있고 보수적 입장에서는 그것을 위기 상황으로 보고 있지만 아직까지 대안은 없어요. 해체된 가족을 다시 복원시키는 과정이나 가족 개념 자체가 상당히 달라지고 있기 때문인데, 기본적으로 가족의 기능은 예전보다 훨씬 축소되고 있습니다. 옛날에는 가족이 교육과 생산 기능까지 모두 담당했는데, 이제는 인구 재생산 기능·정서·애정 등 몇 가지로 극도로 축소됐다는 겁니다. 복지 기능도 국가로 다 가버리고, 결혼하지 않는 단신가구도 많죠. 어쨌든 저는 가족의 변화, 바람직한 가족관계에 대한 우리 사회의 합의가 필요하다는 입장입니다. 꼭 합의 형태를 띠지는 않더라도 가족 문제를 더 이상 쉬쉬하지 말고 공론의 자리로 나오게 해야 한다는 거죠.

| 한국의 근대화는 서구적 근대의 과잉인가, 미달인가, 혹은 그 자체가 하나의 보편인가 라는 문제 설정에 대해 어떻게 생각하십니까? |
근대 사회를 합리화, 국민국가 형성, 자본주의 경제체제 수립으로 본다면 기본적으로 한국도 보편의 한 과정 속에 있습니다. 한국의 근대는 서구의 근대와 크게 다르지 않아요. 비록 수동적이긴 했지만 근대는 분명히 근대죠. 그런데 근대를 국가권력과 자본의 지배로 단순화한다면 어떤 점에서 한국은 서구보다도 더 근대적이고 자본주의적이라고 할 수 있습니다. 서구에서 만들어진 근대 국가체제가 한국에 와서 가장 강력한 형태로 정착되고, 서구 자본주의적 생산방식과 돈의 지배가 훨씬 강한 힘으로 존재하기 때문이죠. 후발 국가가 서구를 따라가는 과정에서 보이는 과잉 근대화(over-modernization) 현상을 한국에서도 발견할 수 있습니다.

제국주의의 침략을 받았던 나라에서는 봉건적 잔재가 더 철저하

근대를 어떻게 넘어서야 하는가의 문제에 있어서 우리 사회가 안고 있는 고민은 기본적으로 서구 사회가 안고 있는 문제와 동일한 지평에 놓여 있습니다. 하지만 우리에게 드러나는 더 서구적인 부분과 덜 서구적인 부분들에 초점을 맞춘다면, 근대를 완성하는 문제와 근대를 넘어서는 문제가 공존하고 있다고 할 수 있습니다.

게 청소되기 때문에 거기 속한 사람들은 더욱 근대적인 인간으로 만들어지죠. 그러나 동시에 후발 국가이기 때문에 덜 근대화된 모습을 보이기도 합니다. 결국 근대의 여러 기준들을 놓고 봤을 때 한국에서 나타나는 현상들 속에는 더 근대적인 것과 덜 근대적인 부분이 공존하고 있어요.

말하자면 근대를 어떻게 넘어서야 하는가의 문제에 있어서 우리 사회가 안고 있는 고민은 기본적으로 서구 사회가 안고 있는 문제와 동일합니다. 국민국가체제를 어떻게 바꿀까, 자본주의적 생산양식을 어떻게 바꿀까 하는 점에서는 동일한 지평에 놓여 있거든요. 하지만 우리에게 드러나는 더 서구적인 부분과 덜 서구적인 부분들에 초점을 맞춘다면, 한국의 근대에는 근대를 완성해야 하는 문제와 근대를 넘어서야 하는 문제가 공존하고 있습니다.

| 선생님은 이 두 가지 중 어느 쪽에 초점을 두고 계시나요? |
저는 오히려 더 철저한 근대화가 필요하다고 생각하는 편입니다. 근대를 넘어서야 한다는 것도 사실이지만, 근대를 완성시키는 것에 더 큰 비중을 두어야 한다는 거죠.

| 그렇다면 탈근대화 담론에 대해서는 비판적인 입장이시겠군요. 지금의 한국 사회에서 탈근대를 논하는 것은 시기상조라고 보시는 건가요? |
우리 사회에 탈근대적인 징후들이 분명히 있기는 해요. 특히 소비자본주의 문화와 맞물려서 중심적 이념이나 담론이 해체되어나가는 것이 그렇죠. 하지만 기본적으로 저는 사회학자로서 사회의 '관계'들을 봅니다. 외형적 지표, 특히 인구구성·청소년과 노인의 변화·

학력 수준 등은 많이 변했지만, 시민 사회·정당·노동조합·이익집단·선거 행태·사회운동 등에서 보이는 관계의 질적 측면은 크게 변한 것이 없습니다.

어쨌든 '근대 완성하기'와 '근대 넘어서기'라는 두 가지 문제를 같이 고민하되, 무게중심을 후자에 두지는 않습니다. 저는 역사에는 비약이 없다고 보는 편입니다. 우리 사회는 우선 자유주의 단계를 거치지 않았기 때문에 그것이 결여된 데서 오는 문제가 사회 곳곳에 편재되어 있습니다. 우리 사회가 아직 통과하지 못한 근대의 많은 지점들이 분명히 존재하는데 그것을 그냥 뛰어넘어버리고 곧바로 탈정치화된 삶을 강조할 때 과연 사람들이 행복할 수 있을까 하는 의문이 드는 거죠. 물론 이런 입장에 대해 단계론적 사고라는 비판을 가할 수도 있겠지만, 어쨌든 우리 사회에는 아직 정리되지 못한 문제들이 산적해 있어서 그 다음 문제가 제기되지 못하는 측면이 많은 것 같습니다.

| 한국식 근대화에 대한 선생님의 연구는 한국전쟁을 중심으로 진행된 듯합니다.《전쟁과 사회》에서 두드러지는 경향이긴 합니다만, 한국전쟁은 물론 한국 현대사를 분석하는 선생님의 관점은 기본적으로 계급론이 아닌 민중론에 입각한 것 같습니다. 민중이라는 개념을 동원함으로써 의도하시는 효과에 대해 구체적으로 말씀해주세요. |

예전에는 계급이란 말을 쓰면 안 됐기 때문에 민중이라는 말을 사용했죠. 그와 달리 제가 지금 계급보다 민중이라는 개념을 선호하는 것은 우리 사회 계급구조의 복합성 때문입니다. 우리는 자본주의 발전 과정에서 식민지 경험과 압축 성장 과정을 거쳤고 또 지금은 분

단 상황에 놓여 있기 때문에, 어떤 사회적 세력들이 경제적인 이해관계를 중심으로 해서 단일한 주체로 묶여지지 않습니다. 거시적으로 보면 하나의 사회를 분석할 때 계급이라는 개념이 유용하지만, 우리 경우에는 계급 자체가 굉장히 굴절된 형태로 존재하거든요. 민족모순, 분단, 친일파 문제 같은 것을 어떻게 계급적 관점으로 접근하겠습니까? 말하자면 명백하게 계급이 있음에도 사람들이 계급적 자각을 하지 못한다는 차원, 곧 마르크스주의적인 단순한 접근보다는 훨씬 더 깊이 들어가야 합니다. 그럴 때 보이는 것이 바로 정치적 업악/피억압이라는 구도예요.

제가 사용하는 민중이라는 용어 속에는 정치적 소외, 정치적 박탈감, 억압 등이 포함됩니다. 또 그 안에는 문화적으로 스스로를 주체화하지 못할 정도로 심각한 피해의식에 사로잡혀 있고 즉자적인 눈앞의 이익밖에는 챙길 수 없는, 그런 형태로 생존을 도모할 수밖에 없는 인간 군상들이라는 의미가 들어 있죠.

| 현대사 연구가 꾸준히 진전되었음에도 정작 '억압된 앎'에 관해서는 여전히 많은 부분이 은폐되어 있다는 것이 민중을 중심에 놓고 한국전쟁을 연구하시는 선생님의 기본 문제의식일텐데요. 그렇다면 학살 같은 문제를 제대로 다루지 않는 한국사 전공자들의 연구 경향에 대해 비판적 견해를 갖고 계실 것 같습니다. |

한국사 연구가 소재주의로 빠져서는 안 된다고 봅니다. 또 현재와의 긴장감을 놓쳐서도 안 되죠. 옛날로 거슬러 올라가더라도 쟁점은 더 현재적일 수 있거든요. 인권 문제나 공권력의 폭력 문제 같은 것을 현재화시키는 것이 바로 역사학의 몫이라 할 수 있어요. 제 불만은

역사학 쪽에서 그런 부분을 포착하지 못한다는 데 있습니다. 좀더 가까운 시기를 대상으로 한다고 해서 더 현재적인 것은 아니거든요. 독립협회나 임진왜란도 정말 생생하게 다룰 수 있지 않습니까? 문제는 시기와 소재가 아니라, 어떤 관점과 문제의식에서 다루는가에 있어요. 현재적 긴장감이 가장 중요한 거죠. 저는 《전쟁과 사회》를 쓸 때 계속 사람들 이야기를 취합하면서 현장을 돌아다녔어요. 자료만 가지고 쓴 게 아니고요.

| 민간인 학살 문제를 다루실 때 선생님의 기본적 입장은 '서발턴(Subaltern)'[3] 연구와 크게 다르지 않다고 보입니다. 그런데 민중의 목소리를 복원해야 함에도 그렇게 복원된 목소리를 '재현'할 때는 반드시 재현하는 주체로서 학자의 목소리가 개입될 수밖에 없을텐데, 혹시 그 과정에서 굴절이나 왜곡이 존재하게 되는 것은 아닌가요? |

분명 존재하죠. 그러나 그러한 굴절의 긍정적 측면을 간과할 수 없어요. 민중의 경험들을 일반화·보편화시키는 과정에 개입하고, 또 민중이 가지고 있는 본능적이거나 편협한 요구를 다른 문제와 연관시켜 볼 수 있도록 만드는 데 지식인들의 몫이 있는 겁니다. 민중들의 생생한 주장과 요구들을 통해서 사회를 고발하거나 비판하고, 사회가 나아가야 할 방향을 제시한다는 측면에서 지식인들의 개입이

---

3 | '서발턴'이란 그람시의 이론에서 차용된 개념으로, '종속계급'의 구성원을 뜻한다. 이 개념을, 인종과 계급에 대한 서구 학계의 맹목성을 비판하는 탈식민주의자론자들, 특히 스피박(G. Spivak)은 '하위 주체(억압된 주체)' 또는 좀더 넓은 의미에서 '열등한 계층'을 뜻하는 단어로 사용한다.

필요하죠. 물론 지식인들의 아카데믹한 경향이 민중들의 구체적인 요구를 왜곡하거나 지나치게 추상화할 가능성도 존재합니다. 어차피 지그재그로 가면서 상호보완하는 겁니다.

| 휴전 이후에도 한국전쟁이 남북한 모두에서 재생산되고 있다고 보시는 선생님 입장에서 과연 통일은 무엇일까라는 의문이 듭니다. 여전히 이데올로기 문제를 중시하는 쪽에서, 남북한 정권 모두 국가의 폭력이라는 측면에서는 자유로울 수 없다는 선생님 의견에 쉽사리 동조하기 힘들 것 같은데요. |

정통성을 따지는 것은 굉장히 고루한 논쟁이 되기 쉬워요. 물론 통일 이후의 체제 모델을 만들기 위해서는 어떤 체제가 인간을 배려하고 더 민주적인가에 대한 나름의 기준을 세우고 비교하는 작업도 필요하죠. 하지만 역사학적인 관점에서 정말 중요한 것은 미국과의 관계라고 봅니다. 분단 문제는 우리 내부의 갈등이라기보다는 냉전 및 자본주의 세계체제의 산물이기 때문에, 미국과의 관계를 부각시키는 것이 더 중요하다는 거죠.

| 아직도 불완전 국가인 남북한이, 국가의 완성을 이루기도 전에 밀어닥친 세계화나 신자유주의 물결 앞에서 어떠한 돌파구를 찾아야 한다고 보십니까? 선생님께서 염두에 두신 새로운 공동체랄지. |

한반도가 사실상 전쟁 상황(Technically at War)에 있으니까 이걸 종식시키는 것이 새로운 공동체로 나아가는 출발점이 되겠죠. 전쟁 상황을 종식시킨다는 것은 일단 휴전 당사자인 북한과 미국이 휴전협정을 평화협정으로 대체하는 것을 의미합니다. 그 선결과제를 고

려하지 않는 것은 관념적 모델링에 불과하죠. 저는 개인적으로 그러한 관념적 모델링 작업을 하지 않습니다. 사람은 자기가 풀 수 있는 문제만 제기하거든요. 저는 지금 제가 풀 수 없는 문제에는 관심이 없고, 사실상의 전쟁 상황을 종식시키는 것이 일차적 과제가 아닌가, 그래야 국민을 책임지는 국가다운 국가가 되고 국가가 가진 한계를 뛰어넘을 수 있는 공동체가 만들어지는 게 아닌가, 그렇게 생각합니다. 왜냐하면 근대 국가만이 우리가 생각하는 이상적 공동체는 아니거든요. 물론 무정부주의로 나아가는 것이 대안이라고 생각하지는 않습니다. 국가를 국가답게 만드는 일과 국가를 넘어서는 일을 같이 고민해야 된다는 것이죠.

| 선생님은 전쟁 상태가 남북한체제 모두에서 재생산된다고 하시는데, 사실 남한에 사는 젊은 사람들은 북한을 동떨어진 사회로 생각하고 현 상황을 전쟁 상태로 인식하지 못하는 것이 사실입니다. |
일종의 집단마취 상황이라고 볼 수 있어요. 워낙 익숙해서 뭐가 잘못되었는지 모르는 것이죠. 막대한 군사비 지출 때문에 우리에게 돌아와야 할 복지와 서비스가 줄어드는데도, 왜 그렇게 되었는지를 몰라요. 다른 한편으로 우리 사회에서 어느 정도 기득권을 가지고 있는 사람들은 그런 복잡한 문제를 고려하지 않는 것이 오히려 속 편하겠죠.

물론 전쟁 상태가 지속적으로 재생산되고 있다는 제 주장에 과장된 측면도 있을 겁니다. 준전쟁 상황, 그러니까 5·18 당시 사람이 잡혀가 죽고 고문당하는 것을 체험한 세대에 속하는 제가, 그러한 체험을 지나치게 확대한다는 혐의를 받을 수도 있을 거예요. 하지만 완화는 되었지만 징집, 징병, 사찰, 국방예산, 서해교전 등을 보면서 저는 그런 생각을 했어요. 아, 전쟁 나면 또 비슷하게 가겠구나, 지금 우리가 누리고 있는 개화·문명·자유도 한 순간에 끝장나겠구나, 그러면서도 사람들은 왜 이렇게 됐는지도 모르고 죽겠구나, 이런 생각이 들었어요.

│ 통일과 같은 문제가 사람들의 일상에 실질적으로 큰 의미를 가지지 못하기 때문 아닐까요? 혹은 이제 더 이상 통일만이 당위는 아닌 시점에 다다른 것 아닙니까? │

한국 자본주의가 눈부신 발전을 거듭하면서 생활 수준이 향상되고 먹고살 만해지니까 그런 문제가 안 보이는 거죠. 그래서 저는 젊은 사람들이 특별히 생각을 잘못하고 있다기보다는 우리 사회가 그만큼 자족적인 사회 단위가 되었다고 봅니다. 1960년 4·19 혁명 때 학생들이 외친 구호가 "이북하고 통일해서 배고픔 해결하자"는 거였어요. 그때만 해도 북한의 경제 수준이 남쪽보다 앞섰기 때문에 통일이 물질적 문제와 직결돼 있었거든요. 그렇지만 지금은 남쪽이 더 잘살고 배가 부르니까 민족 문제에 앞서 우리 것, 내 것을 그들에게 나누어주어야 하는 문제로 바뀐 거예요. 남한에서는 통일을 가난한 북한 주민의 생활 수준으로 하향평준화하는 걸로 이해하고 있습니다. 당연한 거죠.

하지만 문제는 제가 말했던 그 마취 상태가 곧 자본주의적 마취이기도 하다는 데 있습니다. 이 물질적 풍요가 승승장구, 무한히 이어질 것이라는 착각 말입니다. 당장의 물질적 풍요를 누리는 사람들은 소수자들이 배제되었다는 사실을 잊어버리게 되죠. 자기 스스로 그 발전의 사다리를 타고 올라갈 수 있으리라 착각하고요.

| 참 해결하기 힘든 문제 같습니다. |

더 큰 문제는, 자기에게 닥친 문제를 개인만의 문제로 착각하는 거예요. 예를 들어 청년 실업자, 대졸 실업자 문제는 자본주의 한국 사회의 구조적 모순 그 자체거든요. 사회적인 수요 이상으로 대학정원을 팽창시켜서, 직업전선에 바로 충돌해야 할 사람들을 완충시키는 역할을 하게 만들었어요. 대학이 일종의 실업자 저수지가 된 거죠. 그런데도 사람들은 이걸 순전히 개인적인 문제로 돌립니다. 모순을 총체적으로 파악하지 않고 "나는 학점도 좋고 토플 점수도 높은데 왜 취직이 안 될까" 이런 신세타령만 하는 겁니다. 우리나라에서 국방비로 지출되는 막대한 예산을 일자리 창출로 전용한다면 해결될 문제인데, 그런 생각들을 안 해요. 오히려 막대한 국방예산을 기정사실화하거나 건드릴 수 없는 문제로 보거든요.

더 심각한 건 아프가니스탄처럼 남북한이 전쟁 상황으로 돌입하면 우리가 누리던 것들이 하루아침에 종이조각처럼 찢어진다는 사실 자체를 사람들이 전혀 인식하지 못하고 있다는 점입니다. 한국전쟁 때도 그렇고, 미국의 9·11 테러 사태도 마찬가지 아닌가요? 월드 트레이드 센터에서 죽을 거라고 누가 상상이나 했겠어요? 일상적으로 존재하는 전쟁의 위협을 잊고 사는 거죠.

| 일상에 자리잡고 있는 전쟁의 위협은 역시 한반도가 실질적 전시 상황에 놓여 있기 때문에 더욱 증폭될 텐데요. 이러한 전시 상황을 종식시키는 방식이 꼭 통일이어야 하는 것은 아니지 않습니까? |

그럼요. 평화하고 통일이 반드시 같은 것은 아니죠.

| 선생님께서는 그래도 통일은 반드시 이루어져야 한다고 보시는 입장이시죠? |

그렇죠. 남한 인구만으로는 하나의 경제권·시장권을 이루기 어려워요. 국제적인 경제 위기가 와도 내수시장은 돌아가야 하는데 그 내수의 기반이 적어도 인구 7천만은 돼야 합니다. 아무리 세계화했다고 해도 내수시장이 없으면 하루아침에 무너질 수도 있어요.

또 하나는, 통일이 되지 않고 남북한 긴장 상황이 지속되면 중국·일본·미국이 자국의 이익을 위해 계속 각축을 벌이고, 그렇게 되면 우리는 원하든 원하지 않든 계속 전시 혹은 준전시 상황으로 군비 강화를 해야 한다는 겁니다. 복지나 기타 다른 데로 돌아가야 할 상당한 재원이 군사력 유지에 동원될 수밖에 없으니까, 복지는 많은 한계를 가질 수밖에 없겠죠. 또한 통일을 해야 대외관계에서도 하나의 목소리를 내고 자주성을 가질 수 있어요. 장기적으로 볼 때 단일한 정치 시스템을 갖춰야만 우리의 행복이 보장된다는 겁니다. 그렇지 않으면 우리가 누리는 복지나 행복이 한계를 가질 수밖에 없잖아요. 그래서 통일은 반드시 필요하다고 봅니다.

| 선생님의 통일론은 우리 민족은 하나가 되어야 한다는 당위론적 입장이라기보다는 상당히 실리적인 문제들과 직결되는 듯합니다. 그런데 선생님께서 말씀하신 단일 내수시장이나 대외적 자주권 확보는 국가라는 실체를 강화하는 쪽으로 나아갈 때 이루어지는 게 아닌가 하는 의문이 드네요. 아까 근대 국가만이 우리의 이상적 공동체는 아니고, 통일 이후의 공동체 역

시 반드시 근대 국가여야 할 필요는 없다고 말씀하시지 않았습니까? |
지금 지적한 대로, 어떻게 보면 저는 아직은 국가 중심적 사고를 하는 근대론자일 수도 있습니다. 탈국가적인 대안들은 국가를 완성하는 과정 속에서 나와야 한다는 것이 제 기본적인 생각입니다. 예를 들어보죠. 우리가 일제 식민지 치하에서 노예 취급을 당하다가, 국가가 생기고 나니까 비로소 인간 대접을 받을 수 있었잖아요. 또 재일교포, 재중교포가 인간답게 사는 문제도 한국의 자주성과 직결되어 있습니다.

탈국가적 공동체는 바로 재일교포, 재중교포, 한국에 있는 외국인 노동자까지 포함한 전체적인 삶의 질이 향상됐을 때 비로소 생각할 수 있는 문제입니다. 그 단계가 되면 국가라는 단위가 오히려 거추장스럽게 느껴질 겁니다.

하지만 현재로서는 우리가 단일국가를 이룸으로써 얻을 것이 더 많다고 봅니다. 물론 그렇다고 해서 그것이 최종 대안이라고 주장하는 건 아닙니다. 단일국가를 만든다 하더라도 소수자와 약자의 문제는 해소되지 않을 것이고, 바로 거기서부터 탈국가 공동체의 대안에 대한 고민이 시작되어야 한다는 거예요.

| 계급이나 민족이라는 거대 담론이 결국은 배제의 논리일 수 있고 그 속에서 인종이나 젠더(gender)와 같은 요소들이 무시되어왔다는 탈근대적 논의에 대해서는 어떻게 보시는지요. |
저는 그런 문제에 대해 열려 있는 편입니다. 계급 담론이나 민족 담론이 젠더 문제를 억압하는 측면이 있다는 것을 인정합니다. 물론 저는 민족이나 계급에 좀더 무게를 두는 편이긴 합니다만, 양자택일

의 문제로 보지는 않습니다. 정신대 할머니의 예를 든다면, 이것은 '식민지 시골의 가난한 여성'이라는, 즉 민족·계급·성(性)의 문제가 중첩된 사안이죠. 저는 이런 요소들을 다 고려해야 한다고 봅니다. 물론 이렇게 말하는 것은 상당히 관념적이죠. 만일 이 문제를 현실적으로 풀어야 한다면, 전적으로 성 담론 위주로 가는 데 대해서는 거부감을 느낄 겁니다. 아까 이야기했다시피 저는 근대론적 사유를 하는 입장이기 때문에, 김활란의 친일이 선각자적 여성이라는 평가에 의해 가려지는 것에는 반대합니다. 당시 상황에서는 민족 모순이 다른 제 모순들을 압도하였기 때문입니다.

시대마다 상황이 다르고 여러 요인들이 접합하는 양식과 부위가 달라질 수 있지만, 기본적으로 아직은 계급 담론이나 민족 담론을 억압의 담론이라고 보기는 힘들고 해방의 담론이라고 보는 편이 바람직하다고 생각합니다. 물론 그것이 억압의 담론으로 작동하는 시점이 있으리라고 생각합니다.

| 요즘 역사학계에서는 민족주의의 억압적 성격에 대한 논의가 상당히 활발히 이루어지고 있는데요. |

90년대 이후 민족 혹은 민족주의의 억압성이 많이 부각되고 있는데, 예전의 저항적 민족주의도 따지고 보면 억압적이었다는 식으로 이야기하는 것은, 너무 멀리 나간 듯합니다. 이는 단순히 지나치다는 의미가 아니라, 아직도 민족이 지탱되어야만 자기 생존을 도모할 수 있는 사람들이 우리 사회에서 더 중요한 범주로 존재한다는 사실을 잊고 있다는 거죠. 우리나라에서는 억압 민족으로서의 혜택을 누리기보다는 피억압 민족으로서 불이익을 당하는 측면이 아직까지는

훨씬 더 지배적입니다.

| 사실 선생님의 글을 보면 '민족' '민족주의'의 의미가 맥락에 따라 약간씩 달라진다는 생각이 듭니다. 국가나 민족이 성립하기 위해서는 반드시 소수자(minority)의 희생이 따르기 마련이라는 점을 강조하시면서도, 민중의 보편적 정서를 중시하는 입장에 서실 때는 민족주의를 쉽게 폐기할 수 없다는 입장을 보이시는데요. |

저는 민족 문제를 민중의 '정서'가 아니라 '생존' 문제로 봅니다. 민중이란 자기가 살던 땅에서 다른 곳으로 쉽게 이동할 수 없는 사람들을 의미해요. 언어·문화·생활터전·생계수단을 쉽사리 바꾸기 힘든 사람들, 세계화 바람을 타고 일본에서 월급을 더 많이 준다고 해도 곧바로 건너갈 수 없는 사람들, 그런 사람들을 민중이라고 보는 거죠. 바로 그런 사람들에게 민족이라는 테두리는 굉장히 중요합니다. 그래서 저는 국가를 완전히 무시한 민족론, 정치 공동체에서 생존할 수밖에 없는 사람들을 무시한 지식인들의 지적 논쟁 차원으로서의 민족주의 담론의 위험성에 대해 말하고자 하는 겁니다.

| 민족을 괄호 치고 '시민' 적 이슈에만 함몰된 시민운동의 한계와 위험성을 지적하신 글 〈시민운동과 민족주의〉(2001)에서 공동체에 소속되고자 하는 인간의 보편적 심성을 민족 개념과 연결시키셨는데요. 이렇게 되면 민족이 '소속에의 열정'이라는 다소 일반화된 정서로 퇴행하는 것 같습니다. |

그건 저의 이론적인 고민입니다. 민족주의나 민족 문제를 사회학적 문제의식으로 접근해보자는 거죠. 민족 문제를 정치적 문제로 보지 않고 의식의 문제로 본다면 민족주의는 좀더 보편적인 문제, 말하자

저는 민족 문제를 민중의 '정서'가 아니라 민중의 '생존' 문제로 봅니다. 민중이란 자기가 살던 땅에서 다른 곳으로 쉽게 이동할 수 없는 사람들을 의미해요. 언어·문화·생활터전·생계 수단을 쉽게 바꾸기 힘든 사람들, 그런 사람들을 민중이라고 보는 거죠. 그런 사람들에게 민족이라는 테두리는 굉장히 중요합니다. 그래서 저는 국가를 완전히 무시한, 정치 공동체에서 생존할 수밖에 없는 사람들을 무시한, 지식인들의 지적 논쟁 차원으로서의 민족주의 담론을 경계합니다.

면 종교의 문제와 유사하게 보일 수 있다는 거예요. 인간은 합리적이면서 동시에 비합리적인 존재인데, 합리적 인간을 전제하고 모든 인간의 행동을 계량화하는 미국식 사회과학에서는 민족 문제가 놓일 자리가 없습니다.

우리나라가 근대화되었다고는 하지만 아직도 우리나라 사람들은 어딘가에 소속되고자 하는 열망이, 개인주의적이고 타산적인 열망을 압도하는 경우가 많아요. 그래서 민족 문제를 하나의 사회적 이슈로 접근해보자는 겁니다. 이걸 통해서 한국에서 민족주의의 힘이 왜 이렇게 강했는지 되물어볼 수 있겠죠. 이때의 민족주의는 지식인들의 정치노선으로서의 민족주의가 아니라 민중들의 민족주의입니다. 자기가 속한 세계 안에서 구원을 찾으려고 하는 마음, 정치적 공동체에 속해서 그것으로부터 존재를 확인받고 싶어하는 민중들의 마음으로 접근해보면 어떨까 하는 문제의식인데요, 아직까지는 문제제기 차원이고, 실제 연구된 바가 거의 없기 때문에 가설적인 겁니다.

| 민족이라는 혈연적 공동체 내에서 보호받고자 하는 민중적 민족주의 논리는, 한국전쟁 이후 가족이라는 최후의 보루에 집착하는 가족 이기주의에 대한 선생님의 비판과 다소 어긋나는 듯합니다. |

저는 민족을 혈연 공동체로 보지 않고 정치적 단위로 봅니다. 아까 말했다시피 민중은 민족이라는 정치 공동체에서 벗어나 쉽게 이동할 수 없는 집단을 말합니다. 부르주아들은 돈을 따라서 어디로든 움직일 수 있기 때문에 민족이 없어요. 하지만 민중들은 자기 의지와 관계없이 민족적일 수밖에 없는데, 이는 이동이 쉽지 않기 때문

입니다. 이동이 쉽지 않은 건 돈이 없기 때문이기도 하지만 우선 언어 장벽을 넘기가 힘듭니다. 일제시대만 보더라도 40년 동안 일본의 지배를 받았지만 일본말을 능숙하게 구사한 사람이 전체의 30퍼센트도 안 되었다고 합니다. 만약 지금 영어 공용화를 시도한다 하더라도 1백년 후에 영어를 제대로 하는 사람은 50퍼센트 정도밖에 되지 않을 겁니다. 민중들은 기본적으로 모국어를 쓸 수밖에 없고, 자기가 어렵기 때문에 자기를 보호해줄 수 있는 사람들과 더불어 살 수밖에 없는 거예요.

| 민족주의 문제를 지식인 담론의 하나로서만 다루지 않고 민중의 문제로 접근하는 것이 앞으로의 연구에서 큰 비중을 차지하겠군요 |

이론적인 차원에서는 그렇죠. 민족 문제를 좀더 보편적인 문제로 다룰 수 있다는 겁니다. 인간은 이해관계를 추구하면서도 자기 존재에 대한 답을 추구하는 존재입니다. 그 중 후자의 측면이 오히려 더 강력한 힘을 발휘할 때도 있는데, 그것을 일종의 종교 현상으로 설명할 수도 있습니다. 사회과학자들이 우리 사회의 지역주의 문제나 종교 문제에 대해 많이 떠들지만, 그건 사회과학적으로 접근하기 힘든, 민중들의 의식 저류에 있는 무의식의 영역이기 때문에 설명하기 참 힘들어요. 이를테면 전라도 사람들이 DJ가 대통령 선거에서 떨어졌을 때 울고불고했지만, 만약 노동자 후보가 떨어지면 노동자들이 울고불고하겠는가? 그렇지 않다는 거예요.

| 미국 사회학에서는 연구 대상에 포함시키지 않는 인간의 비합리적 측면들을 아우를 수 있는 민족주의에 대해 연구하겠다는 말씀이신가요? |

민족주의 자체를 다룬다기보다도 일반 민중들의 행동방식을 통해 사회를 설명해보겠다는 거죠.

ㅣ그렇다면 선생님의 가설 속에서 이미 민족주의라는 개념이 내파된 것이 아닐까요?ㅣ

그렇게 볼 수도 있어요. 그런데 민족주의 자체가 제 연구의 주된 관심사가 된 적은 아직 없어요. 지금까지 여러 논문에서 민족주의 문제를 언급했던 것은, 대개 민족주의가 왜 이렇게 방해꾼이 되는가를 문제삼기 위해서였습니다. 민족주의를 이론적으로 탐색하면서 그 자체를 연구의 중심에 놓은 적은 아직 없고, 민족주의가 이렇게 거치적거리면서도 우리 사회에서 강한 영향력을 발휘하는 이유를 보기 위해서 다룬 거죠. 그러니까 사실 민족주의의 내용과 방향 같은 문제는 제 연구 관심은 아닙니다.

Tip 2__시민과 '민족' '민족주의' *

90년대 초까지만 해도 한국 사회에서 '민족주의'는 개혁적이고 진보적인 담론이었다. 그러나 언제부터인가 '민족'은 역사의 퇴물, 시대와 맞지 않은 낡은 구호처럼 받아들여지게 되었다. '민족'이 '계급'과 동반 퇴조하면서 새롭게 주목을 받은 것이 바로 시민운동이나 비정부기구(NGO)의 활동이다. 이는 넓은 의미에서 개인주의의 부활과 맞물려 있다.

그렇다면 WTO체제, 전지구적 자본주의 경제질서, 미국의 아프가니스탄 보복 공격과 같은 일련의 급박한 정치·군사적 도전 속에서 한국의 시민운동은 민족이라는 정치 단위를 대신할 수 있는 물리적·정신적 방어력을 갖고 있는가? 민족 문제를 포기하고 '시민'적 이슈에 집중하는 것은 국가 내지 민족 단위의 자기 방어력과 생존 전망을 포기하고 미시정치에 몰두함으로써 스스로를 무장해제하는 것은 아닌가? 한국의 시민운동은 한반도 긴장과 남북 관계, 북미 관계 등의 민족 문제에 어떻게 접근해야 하는가?

탈냉전과 권위주의 국가의 붕괴는 시장 경제와 시민 사회의 활성화를 촉진시켰다. 이와 함께 개인의 자각과 권리의식도 함께 향상된다는 것은 분명하다. 그러나 신자유주의적 시장논리의 확대가 곧바로 민주주의의 확대를 의미하는 것은 아니다. 민주화 과정에서 시민 사회의 자기 방어력은 대체로 국가 내에서 법의 지배 형태로 보장되어왔는데, 이제 자본에 대한 국가의 규제력이 약화되고 초국적 기업에 대한 국가의 자율성이 약화됨으로써 개인의 의사 표현의 자유, 정치적 대표성과 참여가 크게 약화되었기 때문이다. 미국과의 관계 속에서 한국의 자율성이 상대적으로 제고되고 자본주의 발전에 따른 저항적 민족주의가 약화됨으로써, 우리 사회에서도 비정치적 시민운동이 활성화되었다. 물론 반미/반제 저항 민족주의가 개인주의적 시민 담론에 압도당하는 것은 저항적 민족주의 자체의 논리적·실천적 한계에 기인하는 바 또한 크다고 할 수 있다.

저항적 민족주의와 마찬가지로 시민권리의 담론과 실천 역시 한계를 가질 수밖에 없다. 그 한계는 바로 '시민' 혹은 '권리'는 모두 국가 내에서 보장받을 수밖에 없다는 엄연한 사실에 기인한다. 시민 사회를 단순히 국가와 대립적인 차원에 놓고 시민 사회와 국가의 동시적 존립기반인 시민 사회의 정치·경제적 규정성을 주목하지 않는다면, 시민의 권리가 적용되고 구체화될 수 있는 근거지를 찾지 못하게 된다. 적어도 세계 국가, 세계 시민 사회가 실재하지 않는 현재의 조건에서 시민적 권리는 국가에 의해 보증될 수밖에 없는 한계를 갖는다. 주권의 부재는 곧 개인적 권리의 부재를 의미한다.

  전통적인 반미/반제국주의론이 민족 문제를 오직 정치적인 문제로만 파악하는 한계를 지녔다면, 그에 대한 반정립으로 나타난 90년대의 시민운동은 민족 문제를 시민적 영역 밖으로 추방했다는 점에서 그 시야를 좁혔다. 그러나 한국의 시민운동은 한반도에서 분단의 장벽을 허물고 독립된 주권국가가 탄생하는 '급진적 자유주의' 단계를 거치지 않고서는 시민적 권리, 법의 지배, 약자의 보호와 대변 기능을 발휘할 수 없을 뿐만 아니라, 권력의 남용을 막을 수 있는 명분을 확보할 수 없다는 것을 보다 분명히 인식할 필요가 있다. 문화·정치적 현실로서 민족의 위상을 고려하지 않으면 '구체적 사회' 즉 사회관계와 사회의식을 분석할 수 없다. 민족이라는 상징은 곧 소속에의 열정이고 이는 사회의 보편적 현상이기 때문이다. 따라서 민족주의를 병리적인 것, 특수주의에 매몰되어 있는 것으로 보는 자유주의적 시각은 교정되어야 한다. 문화적 현상으로서의 민족주의는 곧 인종주의, 종교적 열정, 지역주의 등과도 통하는 것이며, 민족주의를 심각하게 고려한다는 것은 바로 대중들의 생활세계에 바탕을 둔 정치적 실천에 주목한다는 것을 의미한다. 시민운동의 대중적 기반을 확고히 만들기 위해서는 늘 역사적·정치적 현실에 눈뜨고 있어야 한다.

*김동춘이 2002년 《시민과 세계》에 실었던 같은 제목의 글을 요약하였다.

4
발로 생각하는 지식인

> 김동춘에게 있어 알면서 행동하지 않는 것만큼 지식인을 지식인답지 않게 만드는 일은 없다. "내 자신을 수습할 수 없는 상황"으로 치닫지 않기 위해 무엇보다도 아카데믹한 글쓰기라는 '중심'을 잃지 않기 위해 애쓴다는 김동춘과의 마지막 인터뷰에서, 우리는 학자로서의 엄정한 논리와 운동가로서의 신념이 한 사람의 '지식인' 김동춘의 삶을 얼마나 들끓게 하는지 어렴풋이 알 수 있었다. 평탄한 표정과 정리된 입장들의 저 밑바닥은, 조금은 울퉁불퉁하지 않을까 하는 궁금증을 불러일으킨다.

| 선생님께서는 학자와 지식인을 분명히 구분하시는데, 현실에 다리를 걸치고 있지 않은 사람은 지식인이라고 부르기 힘들다는 말씀이시죠? |

그렇죠. 지식인은 현실에 대한 해석자입니다. 해석자가 되기 위해서는 현실의 문제를 자기 문제로 인식해야 하는데, 학자의 경우는 좀 다르죠. 학자가 반드시 그래야 하는 건 아닙니다. 현실 문제들로부터 약간 거리를 두고, 현실적 쟁점이 되지 않는 부분도 탐구하면서 거기에서 새로운 사실들과 인과관계를 밝혀내는 사람이 학자예요. 지식인은 현실을 바꾸고 움직이는 운동 과정에 어떤 형태로든 개입을 하는데, 직접 개입할 수도 있고 말로 개입할 수도 있죠.

| 운동가 혹은 실천하는 지식인으로서 선생님의 삶에서 참여연대는 어떤

의미를 가지는지요. |

참여연대 활동은 우리 사회에서 기본을 세우는 운동 중 하나입니다. 사상적으로는 자유주의적 성격을 가지고 있죠. 저는 이런 운동이 확산될수록 좋다고 보는데, 우리나라도 이러한 자유주의 운동의 단계를 거치지 않고는 제대로 된 사회가 될 수 없다고 생각하기 때문입니다.

하지만 우리 사회에서 참여연대 같은 데 관심을 두는 사람은 인구의 5퍼센트도 안 되요. 민주주의가 발전된 다른 나라들에 비하면 형편없는 수준입니다. 예산 규모도 서울에 있는 교회 하나 정도밖에 안 되고요. 이 세상에는 공짜가 없기 때문에 시민들이 스스로 돈 내고 시간 내는 만큼 세상은 변하는데 말입니다. 우리 사회 역량이 아직 이 정도밖에 안 되는 거죠. 사람들에게 "당신 우리 사회 이렇게 될 때까지 뭐했소?"라고 묻는다면 별로 할 말이 없을 거예요. 대개는 방관자로서 그저 지켜보고만 있고, 돈이나 시간까지 내는 적극적인 참여자는 극히 드물죠. 옛날에 운동했다는 사람들도 마찬가지예요. 그러니까 세상이 안 변하는 겁니다.

물론 제가 참여연대를 만든 창립 멤버 중 하나이긴 하지만 참여연대의 운동 방향이 학자나 연구자로서 제 입장과 반드시 일치하지는 않습니다. 그건 아직 우리 사회가 학자로서 제가 가진 생각을 정책의 형태로 표현할 단계에 이르지 못했기 때문이죠.

| 참여연대의 운동 방향과 연구자로서 선생님의 입장이 잘 안 맞는 부분은 구체적으로 어떤 것들입니까? |
우선 재벌 개혁, 소액주주 운동에는 완전히 동의하지 않습니다. 또

사회복지 문제나 정책적 사안, 남북 평화 문제를 다루지 않는 시민 운동적 한계, 그러니까 '시민의 권리'에 대한 협소한 이해와 서구주의적 경향에 대해서도 비판적입니다. 하지만 지금 우리 사회에는 현재까지 참여연대의 활동과 같은 운동이 필요하다고 보기 때문에 참여하고 있는 겁니다.

학자란 기본적으로 자기 주장을 가진 사람인데, 그 주장이 그대로 관철된다는 것은 세상이 더 급진적으로 바뀔 수 있다는 의미 아닙니까? 그런 일은 불가능하죠. 왜냐하면 일반 사람들의 의식은 훨씬 천천히 변화하거든요. 그래서 학자는 아예 자기 주장만 하면서 실천에는 개입하지 않거나, 아니면 목소리를 좀 낮추어서 사회운동을 택하거나 해야 합니다. 참여연대에 관여하는 것은 제가 후자 쪽을 택한 것을 의미합니다.

앞으로는 참여연대와 같은 시민운동도 변화해야 한다고 봅니다. 권력감시운동만으로는 한계가 있죠. 우리 사회의 첨예한 이해 대립적 사안에는 무기력하거든요. 시민운동 단체가 일종의 대안세력을 형성해야 하는데 탈정치화된 지금의 형태로는 어렵다는 겁니다.

| 말씀을 듣다 보니 '노동 운동의 적이 노동자가 되고 시민운동의 적이 시민'이 될 수밖에 없는 이런 상황을 타개하기 위해서는, 가족과 사회라는 '생존과 행복'에 사로잡힌 상상력에서 벗어난 새로운 상상력이 필요하다는 선생님의 지적이 떠오릅니다. 새로운 상상력이란 구체적으로 어떤 겁니까? |

우리가 보통 이야기하는 '소사이어티'에 대한 상상력을 말하는 겁니다. 앞에서도 잠깐 언급했는데요, 원래 우리 머릿속에는 소사이어

티라는 개념이 없었습니다. 수입된 개념이죠. 우리나라 보통 사람들에게 '소사이어티'는 가족과 친지이고, 그 외 직장에서나 오다가다 만나는 사람들은 다 남입니다. 남과 내가 구분이 되고, '내 집단(Inner Group)'과 타집단이 구분되고, 그래서 다른 사람들과 만날 수 있는 공간을 어떻게 개척할 것인가가 중요한 문제로 대두되는 거죠.

결국 이건 근대의 문제이기도 한데요, '남이 아닌 우리'에 대한 과도한 집중으로부터 벗어나는 것이 필요합니다. 가족에 대한 여성들의 과도한 집착도 분산시킬 필요가 있죠. 사실 주부들뿐 아니라 대부분의 한국 사람들에게는 다른 지역 공동체나 동호인, 사회단체에서 지내는 시간과 공간 자체가 거의 없어요. 친지 외에는 거의 모이는 일이 없다고 해도 과언이 아닙니다. 어릴 때부터 다양한 사회관계를 형성해나가는 훈련을 받는 것이 굉장히 중요합니다. 우리 가족, 우리 회사에 대한 과도한 집착에서 벗어나 다른 공동체에 대해 사유하는 것 말이죠.

| 참여연대 운동이 지닌 시민운동으로서의 한계에 대해 좀더 말씀해주셨으면 합니다. 앞에서 탈정치화된 시민운동의 한계를 지적해주셨는데요, 또 다른 글 〈진보, 생존의 논리에서 삶의 논리로〉(《독립된 지성은 존재하는가》)에는 중앙정치 일색형의 시민운동을 비판하는 대목이 나옵니다. 시민운동이 일상의 미시적 차원으로 좀더 침투해들어갈 필요가 있다는 말씀이신데요. |

참여연대 운동은 아직 일상의 영역과 관련되는 운동은 아니죠. 제 이야기는 참여연대와 같은 시민운동이 장기적으로는 사람들의 삶을 변화시키는 방향으로 나아가야 우리 사회도 변할 수 있다는 것이지,

이제까지 우리가 했던 운동의 결과가 대부분 다람쥐 쳇바퀴 도는 형태였습니다. 정권을 무너뜨리고 나면 다시금 구세력이 등장하는 악순환이 계속되지 않았습니까? 그 악순환의 고리를 끊고 새롭게 운동의 저변을 넓혀나가는 방식을 택해야 합니다. 이제는 더 이상 'All or Nothing' 그러니까 100퍼센트 헌신했다가 아니다 싶으면 완전히 그만두는 형태를 고집해서는 안됩니다. 장기적으로 자기 생활 주변, 주민운동, 지역정치 부문에서 변화를 일으키기 위해서는 생업을 지키면서 조금씩 변화를 꾀하는 방식으로 가야 합니다.

지금 당장 그 쪽으로 몰려가야 한다는 건 아닙니다. 아직 우리 사회는 중앙정치 중심으로 돌아가고 있기 때문에, 중앙정치 비판을 도외시하고 생활 정치나 주민 문제 쪽으로 모두 가버리면 안 된다고 생각해요. 일본형 시민운동이 바로 그런 식이죠. 보수우익이 정치권력을 잡고 있는 일본에서는 시민운동이 굉장히 활성화되어 있기는 하지만, 그것이 사회를 전혀 변화시키지 못하고 있습니다. 그에 비해 한국 사회에는 아직 큰 변화의 동력과 잠재력이 있기 때문에 중앙정치 비판형 운동이 여전히 유효하다고 봅니다.

사실 이제까지 우리가 했던 운동의 결과가 대부분 다람쥐 쳇바퀴 도는 형태였거든요. 학생운동만 해도 정권을 무너뜨리고 나서 다시금 구세력이 등장하는 악순환이 계속되지 않았습니까? 그 악순환의 고리를 끊고 새롭게 운동의 저변을 넓혀나가는 방식을 택해야 합니다. 중앙정치 비판만 하다 잘 안 되면 자기도 그쪽으로 들어가버리는 행태를 운동권들이 계속 보여왔어요. 이제는 더 이상 'All or Nothing' 그러니까 100퍼센트 헌신했다가 그게 아니다 싶으면 완전히 그만두는 형태를 고집해서는 안 됩니다. 장기적으로 자기 생활 주변·주민운동·지역정치 부문에서 변화를 일으키기 위해서는, 생업을 지키면서 조금씩 변화를 꾀하는 방식으로 나가야 합니다.

| 선생님께서는 민간인학살 진상규명위원회[4] 활동에도 많은 정성을 쏟고 계시는데요. 어떤 계기로 이 단체를 결성하게 되셨습니까? |

2000년 2월 저를 포함한 몇 명의 교수들이 제안을 해서 모임이 만들어졌어요. 한국전쟁 50주년을 이렇게 보낼 수는 없다는 취지였죠. 한국전쟁의 가장 중요한 사실이 아직까지 제대로 밝혀지지 않고, 가

장 큰 피해자들이 제 목소리를 내지 못하고 있는 상황을 세상에 알려야 한다는 문제의식이 통해서 자연스럽게 모임이 만들어졌습니다. 유족들이 주체가 된 것이 아니고, 피해자와 아무 관련이 없는 연구자 · 변호사 · 신문기자 · 사회운동가들이 만든 조직이죠. 나중에 유족들이 가담해서 지금까지 오고 있고요.

| 이 모임의 현황을 구체적으로 알려주셨으면 합니다. |

거창 사건과 제주도 4 · 3 사건은 국민들에게 알려진 사건이죠. 이 외에도 50만에서 100만 가까운 한국전쟁 당시 민간인 피해 진상을 규명하고, 빨갱이 가족이라는 멍에를 지고 있는 사람들의 명예를 회복시켜주는 것이 우리 활동의 목적입니다. 이 문제에 대해 영국의 BBC를 비롯해서 외국에서는 계속 터뜨리고 있는데 대한민국 정부에서는 계속 모른 체하고 있고 언론 역시 가만히 있죠. 외국 언론사인 AP 통신에서 취재하면 그걸 받아서 보도하기는 하지만 자체 취재는 절대로 안 하죠. 한국 사회에서 건드릴 수 없는 성역으로 남아

4| 민간인학살 진상규명과 명예회복을 위한 범국민위원회(www.genocide.or.kr)는 한국전쟁을 전후하여 국군과 경찰, 미군, 인민군 등이 전투 수행이라는 명분 아래 비무장 민간인을 적으로 간주, 그들을 집단적으로 학살한 사건들의 진상을 규명하기 위해 결성된 단체이다. 피학살자들과 남은 가족들은 지금까지 '빨갱이' '빨갱이 가족' 이라는 억울한 누명을 쓴 채 오랜 기간 침묵으로 살아왔다. 관(官)과 민(民)의 신뢰 회복을 위해서도 반드시 이들의 억울한 사연이 밝혀지고 명예가 회복되어야 한다는 것이 이 모임을 결성한 각 지역 유족들과 학계, 법조계, 종교계, 사회단체 인사들의 한결같은 뜻이다. 김동춘 교수는《전쟁과 사회》를 쓰는 과정에서 대대적인 양민 학살 문제를 정면으로 다루지 않고서는 제대로 된 한국전쟁사가 쓰여질 수 없다는 사실을 절감하고 뜻을 같이하는 사람들과 함께 이 모임을 만들었다고 한다.

있는 게 바로 이데올로기 문제 아닙니까? 이런 부분들을 들추어냄으로써 20세기 역사 청산의 중요한 고리의 하나를 해결할 수 있으리라 봅니다.

또한 이 문제는 우리 사회 공권력과 민 사이의 신뢰 관계의 근본이라는 점에서 매우 중요합니다. 삼청교육대·의문사·수지 김 사건 같은 이런 문제들이 일상적 인권의 수준, 그러니까 우리나라 사람들이 받는 인간적 대접의 수위와 맞닿아 있습니다. 이런 문제들은 한국전쟁 당시 민간인 학살의 연장이기도 하죠. 또 좀더 가면 미국과 한국의 관계 역시 그 근본은 이런 문제들과 직결됩니다. 그래서 민간인 학살 문제가 들추어지면 우리 사회에서 미국은 무엇인가라는 물음에 대한 대답 자체가 180도 바뀔지도 모릅니다. 민간인 학살 문제가 현대 한국 50년사에서 차지하는 비중은 생각보다 엄청나게 큽니다. 한일 관계·대한민국 정통성·이승만 정권의 성격·군 문제, 이 모든 것이 민간인 학살 문제와 연동되어 있어요. 20세기 한국의 최대 미스터리이자 언젠가는 반드시 해결되어야 할 문제라고 할 수 있죠. 우리가 죽은 다음에 들춰질 수도 있는데, 그렇게 되면 20세기 역사를 다시 쓰게 될 겁니다.

| 지식인은 이른바 잡문을 쓸 수 있는 자세를 갖춰야 한다고 말씀하시면서도 사회학자들의 저널리즘적 개입에 대해서는 그다지 큰 점수를 안 주시는 듯한데, 그 차별성을 좀 말씀해주세요. |

논문 중심의 글쓰기를 고집하는 데는 반대하지만, 그렇다고 해서 논문이라는 중심이 없어져도 된다고 생각하지는 않아요. 아카데미즘 없이는 저널리즘적 개입이 무의미해진다는 겁니다. 학자라면 누구

나 자기 주장을 논리적으로 펴기 위해서 반드시 엄밀한 자료와 관찰적 방법에 기초한 글을 써야 하는데, 그런 사전 작업이 전제되지 않은 채 매스컴만 좇아가는 글쓰기를 경계하는 겁니다. 매스컴은 선동적이고 항상 표피적인 현상만을 다루거든요. 학자로서 일관된 자기 주장과 매스컴이 요구하는 것 사이에는 반드시 간극이 생기게 마련이죠. 그 간극을 없애버리고 일방적으로 매스컴을 따라가는 경향이 생기면 문제가 된다는 겁니다. 학자로서 가지고 있는 기본적인 철학이나 입장, 분석력을 갖추고 나서 그것을 표현하는 방식으로 매스컴을 이용하는 건 좋지만 매스컴의 논리를 추수하고 거기에 영합해서는 안 되겠죠. 그렇게 되면 매스컴에 받아들여질 수 있는 이야기만 쓰게 되고 결국 거기에 종속되는 결과를 낳게 됩니다.

| 잡문도 쓸 수 있으되 아카데미즘적 글쓰기도 놓치지 않아야 한다는 말씀이시네요. |

그렇죠. 그게 전제가 되어야 한다는 거죠.

| 제도권의 입지를 왜소화하는 방법 중 하나로 혁신적인 글쓰기를 말씀하셨는데요, 혹시 염두에 두신 새로운 글쓰기 방식이 있으신가요? |

글쎄요. 저는 아마 지금까지 해온 방식대로 해나갈 겁니다. 특별히 도발적인 시도를 할 것 같지는 않아요. 박사논문처럼 아주 엄격한 논문성의 글, 《근대의 그늘》(2000)처럼 약간 부드러우면서도 문제 중심으로 읽힐 수 있는 글, 그리고 일반인을 대상으로 하는 칼럼 같은 글, 이런 것들을 제 나름으로 구분해서 쓰죠. 글이란 항상 누가 읽을 것인가를 염두에 두고 쓰잖아요. 그래서 엄격한 논문은 학자나 동

료 연구자들을, 그보다 약간 부드러운 글은 일반 연구자들이나 학생을, 칼럼은 학문 세계와 전혀 관련 없는 일반인들을 염두에 둡니다.

| 논문을 쓰실 때와 그 외 글들을 쓰실 때의 글쓰기 태도와 방식을 확연히 구분하시는 건가요? |
사실 그렇게 확연히 구분이 안 될 때도 있죠. 논문을 쓰다가도 흥분이 돼서 (웃음) 엄격하게 쓰지 못할 때도 있고, 일반 칼럼을 쓰다가도 논문처럼 되는 경우가 있어요. 하지만 누구를 향해, 왜 쓰는가는 항상 의식하려고 노력하죠.

| 혹시 의도적인 장르 파괴적 글쓰기를 시도하실 생각은 없으신가요? |
그 정도까지의 모험은 안 하고 있고 아마 앞으로도 그럴 거예요. 진중권 씨나 강준만 씨가 쓰는 방식에 유혹을 많이 느끼기는 하는데, 그러한 글의 설득력보다는 아직 제가 논문 형식으로 쓴 글의 설득력이 더 크다고 보기 때문에 아직은 그렇게까지 생각하지는 않고 있어요.

| 그 각각의 글을 쓸 수 있는 긴장력을 유지하기란 참 힘들 텐데요. 그 긴장을 유지시키는 힘이 어디에 있나요? |
중심이 있어야 활동할 수 있다고 생각하기 때문에 그 중심을 지키려고 노력하죠. 중심 없이 운동이나 저널 쪽으로 가버리면 제 자신이 수습할 수 없는 상황으로 갈 수도 있기 때문입니다. (웃음) 중심이 있어야 오래 버틸 수 있으니까요. 사실 지금도 웬만한 청탁은 거의 다 거절하고 이미 약속한 몇 군데 원고만 쓰고 있어요.

20세기 한국인들은 끊임없는 자기 부정에서 나오는 공허감과 피해의식을 계속 바깥에서 권력과 물욕을 통해 보상받으려는 인간형이라고 할 수 있습니다. 스스로의 문화적 자존심을 내팽개치고 자기를 확실히 버리는 과정이 근대 100년사 아닙니까? 하지만 이런 모습들은 근대화 과정의 실패에서 온 것이기 때문에 초역사적인 민족성으로 설명할 것까지는 없습니다. 중요한 것은 이런 문제를 어떻게 해결할 것인가 고민하고, 돌아보고, 성찰하는 일입니다. 그것이 지금 우리에게는 어떠한 정치적 변화보다도 중요한 일일 수 있습니다.

| 학문의 길로 들어선 것이 운동을 하다가 갑자기 방향 전환한 결과가 아니라 매우 자연스러운 결합이었다고 하셨지만, 그 두 가지를 같이 밀고 나가는 데는 굉장히 어려움이 많으셨으리라 짐작됩니다. 특히 시간이 많이 부족하시죠? |

그럼요. 부족하죠. 사실 논문들도 좀더 꼼꼼하게 고쳐서 내고 싶은데, 그렇게 하지 못한 경우도 있어요. 냉정하게 보면 허점이 많을 겁니다. 또 운동 역시도 제대로 하지 못할 때가 많아요. 사실 상당히 괴롭습니다. 할 수 있으면 운동을 줄이고 싶지만 그렇게 하지 못하는 것이 가장 안타깝죠. 개인적으로는 상당히 고통스럽고, 사람들을 원망하기도 해요. 대학교 다닐 때 같이 아카데미즘 운동했던 사람들은 이제 거의 다 떨어져 나갔어요. 그 나름대로 고민이야 많겠지만, 가만히 생각해보면 왜 내가 이런 짐들을 다 짊어지고 살아야 하는지 원망의 마음이 들기도 합니다. 물론 제가 다 짊어진다고 말하면 좀 주제넘은 소리입니다만, 그 사람들이 약간만 해주면 저는 연구자 역할을 훨씬 더 충실히 할 수 있는데, 선언문 쓰는 것부터 후원자 자금 모으는 일, 국회의원 방문, 1인 시위까지 하다 보면 힘든 것이 사실이에요. 작년에는 1인 시위를 세 번이나 했어요. 교수가 1인 시위를 나가야만 그래도 언론에서 사진이라도 실어주고, 이런 시회가 우리 대한민국 사회예요. 아직 한심한 수준이죠.

| 마지막으로 선생님께서 생각하시는 21세기 새로운 지식인상에 대해 말씀해주시기 바랍니다. |

지식인상보다, 한국 사람의 상을 생각하는 게 더 좋을 것 같습니다. 20세기 한국 사람들의 상을 어떻게 극복할 것인가 하는 문제겠죠.

지식인이 변함으로써 우리 사회가 확 바뀐다고는 생각하지 않아요. 물론 나름의 역할은 있겠지만, 기본적으로 지식인도 정치적·사회적 변화의 종속변수니까요.

20세기 한국인들은 끊임없는 자기 부정에서 나오는 공허감과 피해의식을, 바깥에서 권력과 물욕을 통해 보상받으려는 인간형이라고 할 수 있어요. 스스로의 문화적 자존심을 내팽개치고 자기를 확실히 버려야만 다른 것을 얻을 수 있다고 생각했던 것이 근대 100년사 아닙니까? 최근에는 극단적 형태로 아이들 영어 잘하라고 혀까지 자르는 엽기적 행동을 보이기도 하고, 갈 데까지 간 거죠. 가능한 한 나를 죽이고 내가 가진 걸 부인하고 힘센 저쪽의 것을 택하는 게 한국 사람들의 행동기준이 되어왔습니다.

스스로에 대한 자신감이 없는 사람들은 사회학적으로 표현하면 타자 지향적인 인간이 됩니다. 자기 성찰의 계기나 자기 중심이 없으니까 남이 어떻게 볼까, 남이 어떻게 생각할까를 행동기준으로 삼게 되고요. 물론 여기서 타자는 힘센 쪽이 되겠죠. 지식인도 마찬가지예요. 어떻게 하면 서양에서 유행하는 것을 빨리 받아들일 수 있을까, 빨리 유학 가서 번듯한 졸업장을 따올까가 관건이 되면서 내실은 없이 간판과 외형만 추구하게 됐습니다. 번드르르한 간판은 출세하고 좋은 직장 얻고 돈 버는 데 효용가치가 있지만 일단 그걸 얻고 나면 별 가치가 없어지죠.

하지만 이런 모습들을 한국인의 민족성이라고까지 말할 수는 없습니다. 근대화 과정의 실패, 근대화의 좌절이 한국 사람들을 이런 식으로 몰아갔기 때문에, 이런 특징들을 초역사적인 민족성으로 설명할 것까지는 없다고 봐요. 그렇다면 문제는 이걸 어떻게 해결해나갈 것이냐 하는 겁니다. 한국적 인간형을 어떻게 바꾸어나가야 하는가에 대한 고민을 반드시 해야 합니다. 우리 사회에서는 자기 자신을 돌아보고 성찰하는 것, 그것이 어떠한 정치적 변화보다도 훨씬 중요한 일이 되겠네요.

학자다운 논리정연함이 실천적 지식인의 열정과 자연스레 호응할 수 있다는 사실에 놀라워할 때쯤 인터뷰가 마무리됐다. 신중한 사람의 현실 대처 능력은 상대적으로 떨어지고, 실천 지향적 인물에게는 반성적 사고의 계기를 거칠 시간이 다소 부족한 것이 아니었던가? 그런 것만은 아니라고, 김동춘의 학문적·실천적 삶이 한꺼번에 몰려오면서 대답을 하는 것 같다.

김동춘은 항상 천천히 걷는다. 빨리 지치지 않고, 얼마든지 자주 그리고 급작스레 발걸음을 멈출 수도 있다. 움직이는 것은 움직이는 것을 관찰하고 이해할 수 없기에 무작정 걸을 수만도 없는 일이다. 하지만 그 길이 어디서 어떻게 끝나게 될지에 대해서는 누구도 예측하기 어렵다. 지나가는 길의 굴곡이 목적지의 모양을 미리 보여줄 수는 없을 테니까.

이제 막 터지려는 김동춘과 독자들의 만남의 물꼬를 막아버리지 않는, 사족(蛇足) 아닌 후기(後記)를 쓸 수 있는 방법은 없을까?

인터뷰·정리 _ 손유경(서울대 국문과 박사 과정)

Tip 3__민중과 지식인*

　민중들은 혁명의 주체로 이상화되거나 역사의 희생자 혹은 복종의식을 내면화한 방조자로 폄하되었다. 80년대의 민중 예찬론은 운동의 퇴조 분위기 속에서 성급하게 민중 환멸론으로 돌아섰다. 그러나 민중의 의식과 무의식 속에 남아 있는 구시대의 잔재들, 권력에 대한 굴종의식, 혹은 단세포적 이기주의 등을 현상 그 자체로만 강조하면 진실의 오직 한 측면만을 본 것이다. 우리는 민중들이 그러한 모습을 갖게 된 연유에 대해 더 관심을 기울여야 한다. 역사에서 주인으로 대접받지 못하고 살았던 사람들의 태도나 의식은 언제나 왜곡되어 있을 수밖에 없다. 민주주의라는 것도 하나의 생활방식이고 습관인데 억압과 독재하에 살았던 사람들이 그러한 습관을 획득할 기회를 가지지 못한 것은 오히려 당연한 일이다. 따라서 습관과 의식은 비판의 대상이 되기 어렵다. 습관을 형성한 역사적 상황을 먼저 문제 삼지 않을 경우 그러한 진단은 반드시 허무주의에 도달하게 된다.
　현상 그 자체로만 보면 민중의 모습은 대단히 굴종적이지만 나는 먹고살기 위해서 이 험한 세상에서 납작 엎드려 살아온 민중들이 파시즘권력의 조력자라는 생각에 동의하지는 않는다. 그러한 발상은 민중이 지배층, 지식인과 같은 정도의 선택의 기회와 사고의 자유를 가졌다는 전제에서 나오기 때문이다.
　노예적인 정서와 문화를 갖는 민중들은 고통이 인내의 한계를 넘을 때, 분노가 극에 달할 때 강한 저항의식을 보여주기도 한다. 그런데 이들의 저항행동 중에는 자신의 주장을 사회의 진보와 전혀 연결시키지 못하는 집단 이기주의의 모습을 지닌 경우도 있다. 아니 민중들의 최초의 저항은 모두가 이러한 집단 이기주의적 양상을 지닌 것이라고 해도 과언이 아니다. 그러나 설령 그것이 집단 이기주의의 양상을 띤다고 할지라도 개인적으로 불평만 하다가 이제 저항행동을 감행했다는 것은 대단히 중요한 전환으로 보아야 한다. 더 나아가 그러한 행동이 미치는 결과, 그러한 행동에 대한 탄압들, 행동 과정에서 보여준 동료들의 모습을 통해 그들은 단순한 피해자 의식에서 벗어날 수 있는 가능성을 획득하게 된다. 물론 저항 그 자체가 민중이 주체로 등장할 수 있는 충분조건이 되지는 못한다. 교육이 개입할 수 있는 지점이 여기이다. 교육은 상황에 대한 해석이고 자신의 행동을 전체적 맥락에서 고찰하게 해준다.
　지식인들이 민중을 저항으로 유도할 경우에는 반드시 결과에 대한 책임 문제를 고려해야 한다. 지식인들은 감옥에 갔다 와도 살아나갈 방도가 여러 갈래로 나 있지만 민중들은 그렇지가 않다. 노동자는 해고되면 그날로 온 집안 식구가 살아갈 길이 막막해진다. 지식인들이 이 같은 상황을 이해하지 못하고 자신이 설정한 합리성과 당위성을 민중에게 일방적으로 강요한다면 많은 문제가 발생할 것이다. 저항으로 인해 치러야 할 대가가 민중들에게 더욱 심각한 고통을 가져왔다면 지식인들은 그것을 함께 해석하고 다음의 행동을 준비할 수 있는 행동지침과 교육자료를 준비하고 있어야 한다. 만일 지식인들이 그러한 역할을 하지 않은 채 빠진다면 민중들의 뿌리깊은 불신과 불평의 퇴적층에 새로운 층 하나를 더 쌓아올리는 결과를 초래할 것이다.

노동자의 해방은 먼저 지식인의 해방에서 출발해야 한다. 지식인의 자기 해방이란, 지식인 자신이 안다고 생각하는 일이 과연 진리인지, 그리고 그것이 실재를 반영하고 있는지 되물을 수 있는 능력을 갖추는 것을 뜻한다. 검토와 비판, 비교와 종합을 거쳐 그것에 대한 확신이 섰을 때 그러한 지식에 충실해져야 할 것이다. 지식 노동은 분명히 생산자의 노동과는 성질을 달리한다. 하나의 측면에만 시야를 고정시키고 그것을 진실이라고 믿는 지식인은 노동자들보다 더 경직된 존재이다. 지식인의 자기 해방은 노동자의 해방과 함께 가야 한다.

*김동춘이 2000년 《당대비평》에 실었던 같은 제목의 글을 요약하였다.

■ 김동춘 저술목록

〈시민과 민족, 민족주의〉,《시민과 세계》창간호, 2002.
〈일상적 파시즘론에 대한 논평〉,《당대비평》14호, 2001.
〈한국 사회과학의 반성과 21세기 전망〉, 부경대인문연구소, 2001.
〈탈분단 시대의 지식인의 역할〉,〈숙대통일연구소〉, 2001. 11.
〈국가폭력과 과거청산〉,《인권과 평화》2집.
〈자민족중심주의〉,《실천문학》64호, 2001.
《독립된 지성은 존재하는가》, 삼인, 2001.
〈시민운동의 위기〉,《참여사회》, 2000년 7월호.
〈한국사회과학에서의 탈식민의 과제〉,《비평》3호, 2000.
〈민중과 지식인〉,《당대비평》13호, 2000.
〈한국사회운동의 현주소〉,《황해문화》29호, 2000.
〈의사의 지위〉,《문예중앙》92호, 2000.
《근대의 그늘》, 당대, 2000.
《전쟁과 사회》, 돌베개, 2000.
《한국의 자유주의자》, 삼인, 1999.
《한국사회과학의 새로운 모색》, 창작과비평, 1997.
《분단과 한국사회》, 역사비평, 1997.
《한국사회노동자연구》, 역사비평, 1995.
《1960년대의 사회운동》, 1991.(공저)

인텔리겐차

- 2002년 11월 23일 초판 1쇄 발행
- 2002년 12월 20일 　　　 2쇄 발행
- 지은이 ──────── 장석만 외
- 기획 ────── 퍼슨웹
- 사진 ────── 김명신
- 펴낸이 ────── 박혜숙
- 편집 ────── 노경인, 김주영, 김유나
- 영업 ────── 양선미
- 관리 ────── 정옥이
- 인쇄 ────── 백왕인쇄
- 제본 ────── 정민제본
- 펴낸곳　　도서관 푸른역사
　　　　　우 140-170 서울시 용산구 동자동 5-1 성사빌딩 207
　　　　　전화: 02 · 756-8956(편집부) 02 · 756-8955(영업부)
　　　　　팩스: 02 · 771-9867
　　　　　E-Mail: bhistory@hanmail.net
　　　　　등록: 1997년 2월 14일 제13-483호

ⓒ 퍼슨웹, 2002
ISBN 89-87787-63-X 03900

· 잘못 만들어진 책은 교환해드립니다.